POOR RICHARD'S ALM

集幽默 × 智慧 × 生活哲學於一體，將經典格言

超譯富蘭克林的
窮理查年鑑

對富蘭克林智慧的現代化詮釋
將經典格言轉化為今日讀者能應用的人生智慧

留下 25 年間對生活與社會的思考
「窮理查」以幽默風趣筆觸記錄對時局的觀察
為讀者呈現 18 世紀中期美國社會的生動縮影

班傑明・富蘭克林 著
(Benjamin Franklin)

伊莉莎 編譯

目　錄

前言
富蘭克林的智慧

- 富蘭克林的智慧百科 ⋯⋯⋯⋯⋯⋯⋯⋯⋯⋯⋯⋯⋯⋯⋯⋯⋯ 012
- 波瀾壯闊的人生旅程：班傑明・富蘭克林的啟示 ⋯⋯⋯ 012
- 富蘭克林的智慧人生 ⋯⋯⋯⋯⋯⋯⋯⋯⋯⋯⋯⋯⋯⋯⋯⋯ 013
- 智慧之光照耀人生 ⋯⋯⋯⋯⋯⋯⋯⋯⋯⋯⋯⋯⋯⋯⋯⋯⋯ 015
- 智慧人生的啟示 ⋯⋯⋯⋯⋯⋯⋯⋯⋯⋯⋯⋯⋯⋯⋯⋯⋯⋯ 017
- 人生真諦：愛與付出 ⋯⋯⋯⋯⋯⋯⋯⋯⋯⋯⋯⋯⋯⋯⋯⋯ 019
- 卓越品格 —— 富蘭克林的永恆智慧 ⋯⋯⋯⋯⋯⋯⋯⋯⋯ 021
- 人生智慧的光輝 ⋯⋯⋯⋯⋯⋯⋯⋯⋯⋯⋯⋯⋯⋯⋯⋯⋯⋯ 023
- 智慧之語：洞見人性與社會的真知灼見 ⋯⋯⋯⋯⋯⋯⋯ 024
- 智慧之光照耀人生 ⋯⋯⋯⋯⋯⋯⋯⋯⋯⋯⋯⋯⋯⋯⋯⋯⋯ 026
- 寫作的力量與生活智慧 ⋯⋯⋯⋯⋯⋯⋯⋯⋯⋯⋯⋯⋯⋯⋯ 028
- 人生智慧：點滴啟示 ⋯⋯⋯⋯⋯⋯⋯⋯⋯⋯⋯⋯⋯⋯⋯⋯ 030
- 富蘭克林的生命智慧 ⋯⋯⋯⋯⋯⋯⋯⋯⋯⋯⋯⋯⋯⋯⋯⋯ 031
- 一個出塵的人生智慧 ⋯⋯⋯⋯⋯⋯⋯⋯⋯⋯⋯⋯⋯⋯⋯⋯ 033
- 有所為有所不為：時間管理的智慧 ⋯⋯⋯⋯⋯⋯⋯⋯⋯ 034
- 人性的堅韌與智慧的力量 ⋯⋯⋯⋯⋯⋯⋯⋯⋯⋯⋯⋯⋯⋯ 036
- 人生的價值塑造 ⋯⋯⋯⋯⋯⋯⋯⋯⋯⋯⋯⋯⋯⋯⋯⋯⋯⋯ 038
- 生命價值的勇敢追尋 ⋯⋯⋯⋯⋯⋯⋯⋯⋯⋯⋯⋯⋯⋯⋯⋯ 039
- 富蘭克林的珠玉良言 ⋯⋯⋯⋯⋯⋯⋯⋯⋯⋯⋯⋯⋯⋯⋯⋯ 041

目錄

富蘭克林的智慧光芒 ……………………………………… 042
內心的平靜與喜悅 —— 富蘭克林智慧箴言啟示錄 ……… 043
勇往直前 —— 昂揚的人生洞見 ………………………… 045
真理的追尋者 —— 富蘭克林的信函啟示錄 …………… 046
誠實度考驗時代 …………………………………………… 048
勇往直前，探索無限可能 ………………………………… 048
智慧的力量：從歷史洞見到生活箴言 …………………… 050
人生的智慧感悟 …………………………………………… 051
審視自我，正直領導 ……………………………………… 052
克服懶惰，擁抱卓越 ……………………………………… 054
追求正直，築夢獨行 ……………………………………… 055
富蘭克林的孤獨與堅韌 …………………………………… 056
人際關係的藝術：保持適度的社交距離 ………………… 058
生命的真諦：洞察死亡，珍惜當下 ……………………… 059
以勤勉償債為人生指引 …………………………………… 061
幸福與節制 —— 富蘭克林的生活智慧 ………………… 062
活出節制的智慧人生 ……………………………………… 064
自律與健康之道 …………………………………………… 065
精神修養與生活智慧 ……………………………………… 067
生命中的繽紛色彩 —— 品味人生的智慧之道 ………… 068
如何在內心培養敬畏之心 —— 從富蘭克林的睿智警言出發 ·· 070
自我與社交的平衡之道 …………………………………… 071
立足當下，揚帆遠航 ……………………………………… 073
語言的力量：富蘭克林睿智洞見的啟示 ………………… 074
富蘭克林的婚姻智慧 ……………………………………… 075

星雲中的人生智慧 ……………………………………… 077

重拾先賢的智慧 ……………………………………… 078

堅毅與奮鬥 —— 通向勝利的唯一道路 ……………… 080

實踐的智慧：從富蘭克林的洞見到戰場勝利 ………… 081

智慧的警示：富蘭克林的人生箴言 …………………… 083

生命的智慧：豐碩成果與感恩之心 …………………… 084

真理永存 —— 富蘭克林的睿智洞見 ………………… 086

明智言語的力量 ……………………………………… 087

在嚴寒中生存的智慧 ………………………………… 089

寒冬中的生存智慧 …………………………………… 091

北極探險的艱辛與啟示 ……………………………… 092

人性之光與黑暗 —— 兩代克倫威爾的人生探索 …… 094

生命的啟示：從微小到偉大的洞見 …………………… 095

微不足道中的力量 …………………………………… 096

智慧與仁愛 —— 走向人生高境的指引 ……………… 098

馬丁・路德的生命啟示 ……………………………… 099

培根的智慧與品行之爭 ……………………………… 101

愛情的智慧與生命的意義 …………………………… 103

憲政思想的歷史傳承 ………………………………… 104

追尋自我的智慧之旅 ………………………………… 106

追求卓越，超越自我 ………………………………… 108

生命的二元性 —— 擁抱時間的恩賜與考驗 ………… 109

人類知識的謙遜 ………………………………………110

實踐智慧的力量 ………………………………………112

小錢累積之大智若愚 …………………………………113

目錄

英雄的責任：細節如何影響歷史走向 ……………………… 115
堅韌自我，開創新篇 ……………………………………… 116
信仰的力量：洞見智慧與成長的歷程 …………………… 117
責任與諒解：面向挑戰的勇毅精神 ……………………… 119
發現內在的光芒 …………………………………………… 121
占星術的榮耀與沒落 ……………………………………… 122
洞見與成長：當「看似對立」的關係融合 ……………… 124
時光流轉，珍惜當下 ……………………………………… 125
人生智慧：富蘭克林的啟示 ……………………………… 127
智慧的箴言 ………………………………………………… 128
人類大家庭：一個驚人的數學真相 ……………………… 130
人性的複雜與自制的力量 ………………………………… 132
時間的綿延與計量 ………………………………………… 133
智者的創造與智慧的孕育 ………………………………… 135
時光密碼：古人的計時智慧 ……………………………… 136
曆法的精準之道 …………………………………………… 138
時光之痕：英國曆法改革的歷史轉折 …………………… 139
富蘭克林的智慧金燈 ……………………………………… 141
憤慨悲嘆：成人與兒童的共同命運 ……………………… 143
寅、戌之時的英明決策 …………………………………… 144
成功的真諦：保持清醒與謙遜 …………………………… 146
智慧的啟示：從微小處著眼 ……………………………… 147
權力與自由的平衡 ………………………………………… 149
掌握人生關鍵，成就非凡人生 …………………………… 150
知足常樂：祕領內心平靜 ………………………………… 152

曆法的傳統 —— 農民的占星守護者 ······ 154
真誠與謙卑：生活中的智慧指引 ······ 154
時間與金錢的智慧之道 ······ 156
智慧的力量：歷史上最偉大掌權者的忠誠友誼 ······ 157
富蘭克林筆下的科學探險 ······ 159
幸福人生的智慧啟示 ······ 160
智慧與內在力量：生命的本質探尋 ······ 162
智慧的邀請 —— 探尋人性的深度與高度 ······ 164
富蘭克林的智慧箴言 ······ 165
以智慧之名：從舊時格言中汲取生命力 ······ 167
充滿智慧與希望的歲月 ······ 168
懷著節制的心態 —— 追求完善的生活與治國之道 ······ 170
度過逆境，珍惜真情 ······ 172
富蘭克林的智慧箴言 ······ 173
生命的真諦：超越物質，守護心靈 ······ 175
富蘭克林智慧箴言：洞見人生 ······ 176
富蘭克林智慧指引人生航向 ······ 177
真誠 —— 領導者的根本品格 ······ 179
中庸之道：生活智慧的恆久定律 ······ 180
內心的偽裝 ······ 182
尊重信仰，建構和諧人際 ······ 183
宗教探討的智慧和同理心 ······ 185
驕傲的代價 ······ 186
堅韌不拔：遠離懶散的誘惑之路 ······ 188
堅韌不拔的精神 —— 從投石手到英國人民的不屈意志 ······ 189

目錄

堅韌與勇氣 ── 富蘭克林與邱吉爾的生命智慧 ………… 191

正直人格，不可磨滅 ………………………………… 193

金錢與慈善的和諧之道 ……………………………… 194

滿足和幸福來源於感恩 ……………………………… 195

善行勝過虛名 ………………………………………… 197

窮理查的智慧人生 …………………………………… 198

掌握時光 開創人生 …………………………………… 198

今日行動勝將來 ……………………………………… 200

如何在人生道路上把握時光、累積財富與權力 …… 201

從懶惰到勤儉：窮理查的箴言與人生智慧 ………… 203

追求自由，遠離債務 ………………………………… 204

自由與豐盛的奧祕 …………………………………… 206

智慧勝過武力：談希臘神話與二戰英國 …………… 207

追尋內心的富足 ……………………………………… 209

人生指南針 ── 從富蘭克林的睿智格言探尋真理的自我啟蒙 210

從蜂蜜到高峰：面對生活挑戰 ……………………… 212

一個智慧巨擘的金錢哲學 …………………………… 213

附錄　格言

前言

美國開國元勛班傑明·富蘭克林的《窮理查年鑑》承載著他獨特的智慧與洞見，為讀者奉獻了一場難得的思想盛宴。這部作品不僅在政治和科學領域有卓越成就，更以其獨特的文學才華展現了作者豐富的內心世界。

西元 1733 年至 1758 年，富蘭克林以「窮理查」的筆名，在這 25 年間留下了對生活、社會的深邃思考。他以幽默風趣的筆觸，記錄下自己對時局的觀察與洞見，為讀者呈現了 18 世紀中期美國社會的生動縮影。

富蘭克林的睿智遠遠超越了他所處的時代。他洞察人性，深刻分析社會現象，為我們提供了一套實用、有價值的生活哲學。無論是勸誡人們勤儉持家，還是敦促大眾關注公共利益，富蘭克林的言論無不洋溢著智慧和遠見。

在這部作品中，我們可以一窺這位偉人的思考軌跡。他的觀點和洞見，有時幽默諷刺，有時深沉警示，但無一例外都令人耳目一新。讀者可以從中汲取滿滿的人生經驗，學會如何過上更充實有意義的生活。

每一個年分，富蘭克林都以獨特的視角，審視社會的變遷與人性的本質。他以睿智的筆觸，探討了勤勞、節儉、健康等生活要素，引領我們反思生活的意義與價值。他的見解既中肯又富有洞察力，啟發讀者在日常生活中不斷完善自我，追求更美好的人生。

富蘭克林的《窮理查年鑑》堪稱是一部充滿智慧與洞見的經典之作。這部作品不僅是一本啟迪人心的生活指南，更是一扇通往 18 世紀中期美國社會的窗口。

前言

　　作者以獨特的觀察視角，深入探討了人性的複雜面貌，並以幽默諷刺的方式，展現了當時的社會百態。他的見解時而寓意深遠，時而直白切中要害，但無一例外都能引發讀者深思。從財務管理到社會責任，從個人修養到公民意識，富蘭克林的洞見無所不包，為我們呈現了一幅立體的生活藍圖。

　　透過這部作品，我們不僅能欣賞到富蘭克林卓越的文學才華，更能領略到他作為開國元勛的遠見卓識。他以睿智的視野，洞察人性，剖析社會，為我們指明了通往更美好生活的道路。

　　無論是對當下的啟迪，還是對未來的指引，這部經典作品無疑都是一次難得的精神盛宴。讀者不僅能在其中找到解答人生疑惑的智慧，更能感受到作者對美好社會的追求和對個人修養的重視。這部作品無疑是一部值得反覆品讀的佳作，必將對讀者產生深遠而持久的影響。

富蘭克林的智慧

從富蘭克林筆下，我們看到了一個智慧與幽默兼具的人物形象。他以自己的獨特視角，給予讀者全新的思考方式，令人耳目一新。透過這部開悟之作，我們得以一窺這位偉人的內心世界，汲取他的智慧，並將之轉化為自己的人生指南。

這本書融合了富蘭克林的睿智和人生哲理，在當年引起轟動，至今依舊對讀者有著深遠的啟發。

富蘭克林於西元1732年首次推出了《理查‧桑德斯》年鑑，後來以《窮理查年鑑》的名字流傳開來，開啟了一段出版冒險的非凡歷程。這本年鑑持續發行了25年，成為家家戶戶必備的實用工具書，銷量更是高達近萬冊，可見其深受普羅大眾的歡迎。

富蘭克林在這本年鑑中，巧妙地將勤奮和節儉的美德融入其中。透過精心挑選的箴言，他為奮鬥中的普通民眾指明了前行的方向，教導他們如何在日常生活中實現富足和成功。「空口袋站不直」這句金玉良言，生動地闡述了誠實與財富之間的密切連繫，成為了該書眾多智慧結晶中的代表作。

富蘭克林筆下流露的睿智和人生哲理，不僅在當年意義非凡，對今天的讀者而言亦具深遠啟發，這部經典著作值得我們繼續深入探索，汲取其中的精華。

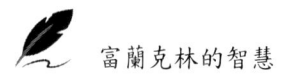

富蘭克林的智慧百科

富蘭克林的箴言集匯聚了全球古今的智慧精華,並非純屬個人見解。這部作品傾注了眾多智者的睿智,不僅啟迪人心,還贏得了廣泛讚譽。在英國,民眾將這些箴言印製成紙張,懸掛家中,作為家庭教育的重要組成;在法國,不僅有兩種譯本問世,更成為傳教士和紳士餽贈貧困信徒與農民的珍貴禮物。這些箴言的影響力更遠及賓夕法尼亞州,勸誡民眾節儉度日,避免購買無用的舶來奢侈品,為該州累積了可觀財富。書籍出版後幾年內,當地貨幣的增長便是其影響力的明證。

富蘭克林的《窮理查年鑑》堪稱一場思想與出版的雙重探索。這位睿智先驅以獨特的洞見,塑造了一個將勤勉和節儉視為時尚與美德的社會風氣,進而影響了眾多人的生活方式。縱觀歷史長河,諸多偉人皆以其思想和行動重塑時代風貌,富蘭克林無疑是其中翹楚。《窮理查年鑑》不僅是一部傑出著作,更是一部智慧與美德的傳承史詩,其影響遠超年鑑本身的功能,成為了一代人的精神指引。

這樣的箴言集不僅是一部流傳至今的智慧著作,更是富蘭克林巧思妙語的綜合呈現。其中璀璨的智慧結晶,不僅宣揚了勤勉努力、樸實節儉的生活理念,更為後人指引了通往成功的道路。正如富蘭克林所言:「讀書可以充實我們的思想,寫作則可以表達我們的思想。」這些智慧箴言無疑成為了思想傳播和精神啟迪的重要載體,成為我們今日生活中不可或缺的寶貴財富。

波瀾壯闊的人生旅程:
班傑明・富蘭克林的啟示

恰如班傑明・富蘭克林所言,人生旅途中每一步都蘊含著挑戰與契機。富蘭克林毫不諱言,他投身創作的原因之一乃是迫於生計,這番坦

富蘭克林的智慧人生

誠之詞讓我們得以窺見這位傑出人物的真實面貌。他不僅是享譽盛名的科學家和政治家，同時也是一個平凡人，需要應對家庭壓力和經濟困境。

富蘭克林的人生歷程往往展現出一種矛盾的力量。一方面，他以卓越的成就和無數創新成果蜚聲世界，成為歷史上最具影響力的人物之一。然而，在獲得這些成就的同時，他也在生活中面臨著許多挑戰和困難。正是這些曲折的經歷，讓富蘭克林的人生更加生動鮮活，也替後世留下了寶貴的啟示。

富蘭克林伉儷的關係頗具啟發性。夫人對丈夫的嚴格要求，與歷史長河中眾多傑出人物背後的推手如出一轍。拿破崙曾慨嘆自身成就源於一位卓越女性的扶持，此言亦可套用於富蘭克林身上。其妻的嚴厲態度非但未成阻礙，反而化作激發富蘭克林創作靈感的催化劑。這一現象引發深思：諸多輝煌成就的背後，往往隱藏著看似平凡卻舉足輕重的推動力量。

富蘭克林的人生歷程再次證明，即使面臨重重困難，只要堅持不懈、勇於創新，終會開創出前所未有的成就。他的故事啟迪我們，告訴我們人生就如一場曲折多變的歷程，但只要抓住機遇、克服挑戰，必將能夠實現自己的理想和抱負。無論是平凡人還是傑出人物，只要堅持夢想，終會在人生的長河中創造出屬於自己的輝煌。

富蘭克林的智慧人生

富蘭克林與摯友泰坦・利茲的論辯，充分展現了人類智慧的碰撞與火花。像是牛頓與萊布尼茲在微積分優先權上的爭論，或是達爾文與華萊士在進化論上各抒己見，這些思想家們的交鋒，不僅推進了科學的前

進，更彰顯了人類智慧的無窮潛力。富蘭克林與利茲的論戰，正是這樣一場智者間的切磋交流。在這番你來我往中，雙方都得到了豐富的啟發和成長。

富蘭克林的卓越之處，不僅體現在他的天文學造詣，更見於其在多個科學領域的淵博學識。他精準預測利茲的辭世時間，不僅反映了他在天文學上的卓越成就，也昭示了他在電學、氣象學等領域的開創性貢獻。富蘭克林對各種科學現象的敏銳洞見和嚴謹態度，奠定了他作為傑出科學家的基礎。事實上，科學的核心，往往依賴於這種精確預測和嚴密推理的能力。

富蘭克林的幽默感，也讓人印象深刻。他毫不掩飾寫作的商業目的，坦言希望讀者慷慨解囊。這份直率讓人倍感親切，讓我們想起了邱吉爾那句「除了血汗與淚水，我別無所獻」的名言。偉人們往往以這種幽默與坦誠，贏得眾人的敬仰。

富蘭克林的文字，不僅彰顯了其科學家的嚴謹本質和智慧，還流露出他作為普通人的真誠與幽默感。正是這種科學家與凡人身分的完美融合，使他成為了歷史上的傑出人物。他的言行可以激勵我們每個人，勇敢應對生活的種種挑戰，並以智慧和幽默的態度克服困難。《窮理查年鑑》中蘊含的精練人生哲理，如同戰場謀略般簡練鋒利，直擊人心。富蘭克林的智慧箴言，無疑是我們每個人追求幸福生活的寶貴指引。

富蘭克林的箴言不僅引發了人們對本質的深思，更觸及了生活智慧的多方面。他那句「良醫治未病」的睿言，對映出「預防勝於治療」的重要理念。醫療工作不應局限於對症下藥，更應著眼於疾病的預防，以洞察力和遠見來化解潛在的危機。這種思考方式亦適用於人生的許多領域，無論是個人生活還是社會互動，都需要我們具備敏銳的觀察力和前瞻性思考。

智慧之光照耀人生

　　富蘭克林的智慧之語「品嚐牧師釀造的醇酒，享用烘焙師精心製作的甜點」，體現了他對生活美好事物的珍視。在戰火紛飛的年代，這種樂觀積極的心態顯得尤為珍貴。我們必須在最艱難的時刻保持昂揚的精神狀態，以最大的勇氣迎接挑戰，同時也要懂得欣賞生活中的細微光芒。

　　富蘭克林的箴言「訪客切忌久留，以免惹人厭煩」，為人際互動中如何拿捏分寸提供了寶貴的智慧。無論面對盟友還是對手，能夠掌握得宜的分寸往往會事半功倍，贏得他人的尊重與信賴。

　　「囊中羞澀，憂慮滿懷」這句箴言生動地描繪出經濟困境對人心的沉重壓力。這段歷史再次突顯了經濟穩定對國家安寧和民眾福祉的關鍵作用。因此，審慎理財、未雨綢繆的重要性不言而喻。唯有如此，我們才能在逆境來襲時保持內心的寧靜與堅韌，以應對人生的各種挑戰。

　　富蘭克林的睿智箴言彷彿一面照進生活縮影的明鏡，映照出了人性的多面向。他的這些智慧之語，不僅告誡我們要具備洞察力和遠見，更教導我們如何以積極正面的態度面對人生的喜憂。這些箴言無疑為我們展現了一扇通向更廣闊視野的窗口，值得我們細細品味、內化，以期在未來的人生旅途中完成我們的自身使命。

智慧之光照耀人生

　　富蘭克林的箴言如同智慧的結晶，對個人成長和社會認知都有著深遠影響。這些金句宛如指引明燈，為我們的人生道路帶來光明。正如一句名言所道：「勇於前行才是人生真諦，成功非終點，失敗亦非盡頭。」富蘭克林的睿智之言無一不體現了積極進取、勇於承擔的人生態度。

　　邱吉爾所說的「準備好居所和爐火」道出了人生的一大真諦。營造安穩的生活環境及和睦的家庭氛圍，應當是每個人孜孜以求的理想。這不

僅涉及物質層面的舒適，更觸及心靈深處的寧靜。富蘭克林的箴言「不要娶妻，除非你有房子（和爐火）安置她」不僅僅是婚姻建議，更體現了一種生活哲學。若未能構築溫馨的家園，我們又怎能承擔愛情和責任的重擔？這份智慧不僅適用於現代家庭生活，也為國家治理提供了深刻啟示。

富蘭克林的警示「慎防重煮之肉，警惕舊敵之和」也讓人耐人尋味。重複烹煮的肉失去原有鮮味，恰如人生諸事，一再重複終將喪失初衷的價值。與宿敵言和表面看來是邁向和平的善舉，實則可能潛藏新的危機。這一智慧在政治外交領域尤為關鍵。以二戰時期的邱吉爾為例，面對錯綜複雜的局勢，他深諳與敵方談判的每一步棋都須審慎周詳，不容絲毫大意。

深入剖析這些箴言，可以發現它們不僅僅是浮於表面的諺語，而是蘊藏著深奧的人生哲理和智慧結晶。這些格言啟示我們，在人生的每個關鍵時刻和決策點上，都應保持清醒的頭腦和審慎的態度。不論是處理親情、友誼，還是應對敵對關係，我們都需要運用深思熟慮的智慧。唯有如此，才能在這個錯綜複雜的世界中站穩腳跟，遊刃有餘地應對各種挑戰。

富蘭克林的格言堪稱智慧的結晶，深刻地指引了我們在人生旅途中應當以何種態度前行。正如英國首相邱吉爾所言，我們應當從失敗的教訓中汲取養分，在成功中茁壯成長。富蘭克林的箴言為我們提供了珍貴的指引，啟發我們在生活的各個領域都應以審慎、明智和負責任的態度行事。

富蘭克林對新事物的興趣短暫易變的洞見，深刻揭示了人性中易變的本質。人們初遇新事物時往往滿懷熱情，但這股熱情如朝露般轉瞬即逝，隨著時日流逝，新鮮感逐漸消退，取而代之的是一種平淡乏味的心

境。從古羅馬帝國到大英帝國的殖民地，歷史長河中處處可見這種人性弱點的印證。可見，人類對新奇事物的短暫熱衷與迅速厭倦，似乎是一種亙古不變的規律。

控制飲食攝取量是延長壽命的關鍵策略，這一觀點長期以來得到醫學界的廣泛認同。大量研究顯示，適度節制飲食不僅有助於維持理想體重，還能預防多種慢性疾病。相比之下，暴飲暴食往往導致肥胖，並增加罹患心血管疾病和代謝紊亂的風險。奉行節制飲食的生活方式，不僅能夠提升整體健康水準，還可能延緩衰老過程，為健康長壽奠定基礎。

考驗如鏡，照出本性。烈焰煉金，彰顯其價值；金錢試女，對映其本心；紅顏考男，折射其品格。這三重考驗層層深入，剝開人性的外衣，呈現內在的真實。縱觀古今，多少英雄豪傑曾在這些試煉中顯露本色，或堅韌如金，或軟弱如泥。人生如戲，每一場考驗都是對靈魂的拷問，考驗著我們的底線與原則。

每場盛宴背後都有其精心設計的動機。表面上的熱情款待往往掩蓋著錯綜複雜的利益考量，這種現象跨越時空，在不同文化中普遍存在。宴會主人在觥籌交錯間，實則在暗中編織著自身利益的網絡，將社交場合巧妙轉化為達成目標的工具。洞見此深層真相，有助於我們在社交中保持警惕，維護自身的利益。

智慧人生的啟示

沉溺於茶飲的女性，恐怕難以專心縫紉。這番話蘊含著人生的深刻哲理，警示我們要在享受與責任之間尋求平衡。過度追求享樂，容易滋生懈怠和散漫，使人忽視了應盡的義務，最終陷入生活的混沌。因此，明智之舉是在生活中適度放鬆，同時不忘肩負應盡的責任。

親近劣犬者，難免沾染蚤蟲。此言生動地描述了環境對個人的潛移默化。身處不良氛圍或與品行不端者為伴，難逃其負面影響。我們應該謹慎篩選社交圈與居所，以防染上惡習，貽誤前程。

豐衣足食之人，常見意志不堅。這顯示了物質豐盛與精神懈怠之間的緊密連繫。人一旦衣食無憂，便容易陷入懶散，喪失奮鬥的動力。這一現象反覆出現，印證了物質富足對人心志的潛在影響。

謹慎與懷疑是安全的基石。這警示我們要時刻保持警覺，不輕易被他人的言行所迷惑，以免遭受不必要的傷害或陷入危險境地。在當今社會中，這種謹慎的生活態度顯得尤為關鍵。

人性的深奧莫測，表象往往具有欺騙性。這啟示我們在下定論時須三思而後行，不應輕易以貌取人。人心宛如一枚密封的果實，唯有細細品味，方能體會其中的滋味與本質。

天才對一國的價值，恰如黃金之於礦脈。這個比喻生動地闡釋了卓越人才的珍貴性。若國家能妥善發掘和利用這些稀有的人才資源，無異於開採出一座座智慧和創新的金礦，為國家帶來無可估量的財富和進步。

總之，這些智慧箴言為我們指引了人生的方向，提醒我們要在享受與責任、物質與精神之間保持平衡，謹慎行事，培養優秀人才，以實現更加豐碩和睿智的人生。

歷史往往會教導我們一些重要的教訓。二戰敦克爾克大撤退就是一個極佳的例子。當時英軍面臨德軍的猛烈進攻，情勢危急。但是他們並沒有掉以輕心，而是謹慎應對每個威脅，最終得以全身而退，保存實力。這一歷史事件生動地體現了「勿視敵為微小」這個至理名言的重要性。

人生真諦：愛與付出

　　同樣，「失馬靴而得馬刺」這句諺語也蘊含著極其寶貴的人生哲學。它教導我們即使處於逆境，也要積極尋找事物中的積極因素。這正是溫斯頓·邱吉爾在二戰期間所展現的堅韌不屈精神。面對納粹德國的猛烈攻勢，他毫不動搖，堅定地宣告「我們絕不言棄」。這番豪言壯語生動地體現了這則諺語所倡導的堅毅精神。

　　然而，並非所有的人生經驗都是正面的。過早將財產轉讓給子女，就像是未就寢便褪去衣衫，實為不智之舉。這一警示引人深思，財富分配當謹慎為之。不禁讓人聯想到莎翁名劇《李爾王》中的主角，他將國土分予諸女，卻釀成一連串慘劇。倉促決斷財產歸屬，不僅可能激化家庭紛爭，更有可能導致難以彌補的損失。

　　相比之下，細細品味乳酪與鹹肉的滋味，方能領略其中的奧妙。這番話反映了一種生活哲學，呼應了法國人對美食的執著與追求。法式飲食文化強調慢食、細品，不僅能充分感受食物的質地與風味，還能適度控制攝取量，達到享受與健康的平衡。這種飲食藝術不僅豐富了生活，更為身心帶來益處。

　　最後，富蘭克林的箴言超越了日常建議的範疇，深入觸及人類心靈的核心。他的洞見如同一盞明燈，照亮了充滿智慧的廣闊天地，引領我們探索生命的深層意義。這些生命智慧無疑是我們通往成就的不竭泉源。

人生真諦：愛與付出

　　生命中最珍貴的，莫過於能為他人帶來歡樂與快樂。這樣的境界超越了個人得失，成就了一種美好的互惠關係。不論是掌權者還是普通百姓，當我們為社會貢獻自己的一份力量，都能體驗到成就感與滿足感。

這種良性循環，正是增進社會和諧、促進人與人良好互動的根源。

在愛情與婚姻的問題上，這句箴言也有深刻的洞見。婚姻制度並非愛情的保證書，同樣，愛情也不一定會開花結果為婚姻。這一認知，促使我們重新審視家庭結構和社會制度，了解到真正的結合不僅需要法律形式，更需要心靈的共鳴和情感的交融。它揭示了愛情和婚姻的本質，超越了表面的儀式和契約，指向更深層次的精神契合。

同時，在職業發展方面，我們也不得不思考：為什麼某些職業彷彿是量產型的孵化器，大批「新鮮」人才如雨後春筍般湧現，卻鮮有真正出類拔萃之輩？這種現象是否暗示我們的教育體系和職業培訓存在缺陷？如何才能培養出真正堪當大任的專業菁英，而非徒有其表的庸碌之輩？這個棘手的問題，考驗著每個社會的智慧。

回到生命的本質，我們應該明白：真正的價值在於能為他人帶來幸福，在於用自己的方式為世界貢獻一份力量。只有當我們擺脫了個人利益的局限，將目光投向更遠大的理想時，才能找到人生的真諦，體會到生命的真正意義。

這金句對智慧的褒揚可謂登峰造極。它倡導一種既不愚昧又不奸猾的明智態度，堪稱我們治理國政時應當奉為圭臬的準則。在這個瞬息萬變的時代，唯有智慧的引領，方能助我們披荊斬棘、開闢前路。這些格言精練簡潔，卻蘊含深意，猶如指引前路的明燈，為我們的人生旅程帶來指引。

富蘭克林的文字洋溢著深邃智慧和犀利見解。他以有力的語言，揭示了人生百態中的深層真諦。其中，「節儉致富，浪費敗家」一語，寥寥數字，卻蘊藏豐富的經濟智慧。節儉不僅僅是儲蓄金錢，更體現了一種珍惜資源的生活哲學。回顧二戰時期的英國，資源的稀缺性令人刻骨銘心。敦克爾克大撤退期間，每一艘船隻、每一滴燃料都攸關生死存亡。

揮霍資源恍如戰場上的輕敵大意，終將導致慘痛失敗。這句格言警醒世人，唯有以審慎節儉的態度面對日常生活，方能在逆境中屹立不倒。

富蘭克林的箴言還包括「自助者天助之」、「機會稍縱即逝，時光靜等不待」等，都蘊含著寶貴的人生智慧。前者激勵我們要主動作為，相信自己的力量；後者則提醒我們要抓緊當下，掌握時機。這些格言如同明燈，照亮人生道路，指引我們前行的方向。

總而言之，富蘭克林的智慧結晶彰顯了他卓越的洞察力和領導智慧。這些富有洞察力的箴言，為我們提供了寶貴的人生指引，啟發我們以智慧的態度應對人生的種種挑戰。讓我們銘記這些智慧，照亮前程，勇往直前！

卓越品格 —— 富蘭克林的永恆智慧

回顧歷史長河，我們不難發現那些被後世崇敬的偉人，正是因其高尚品德而被世人銘記。這番深遠洞見無疑是富蘭克林留給我們最珍貴的遺產。

富蘭克林巧妙地以遞進式比喻，將黃金、鑽石乃至美德的價值作出了比較。這並非單純的價值衡量，而是深層次地揭示了人性品格的重要性。物質財富固然不可或缺，但精神境界才是真正超越世俗的永恆存在。

二戰期間，無數勇士不畏敵軍炮火，展現出的勇氣與堅毅，遠勝過任何物質利益。這些英雄豪傑之所以萬古流芳，正是因為他們身上所展現的高尚品德。富蘭克林的這番睿智之言，無疑是在提醒世人：在追逐物質繁華之際，切勿忽視品德修養的重要性。

富蘭克林的智慧箴言以簡潔有力的方式闡述了深邃的人生哲理。「不

懂服從的人，也難以指揮他人」這句話，道出了領導能力的核心要素，更強調了自我約束和修身養性的重要性。這一觀點在二戰慘烈的戰場環境中尤為關鍵，因為每個抉擇都可能攸關無數生命的去留。

同時，富蘭克林也提醒我們要把握當下，而非過度期待未來的可能性。在政壇上，這種務實的思考方式尤其關鍵。

富蘭克林的智慧箴言蘊含深厚的人生哲理，令人警醒物質繁榮之外，品德修養才是真正重要的核心。唯有不斷汲取知識、提升自我，我們才能真正洞悉生命的意義，在這紛繁複雜的世界中開創自己的道路。

富蘭克林留下的箴言猶如歷久彌新的明燈，為我們在人生旅途中照亮前路。這些凝聚智慧的金句並非泛泛之談，而是歷經歲月淬鍊的至理名言，值得每個人細細品味並付諸實踐。這些金句和格言闡述了生活中的諸多真理，觸及人生百態，道出深刻洞見，讓人深思。

極端情境下的人性與智慧，富蘭克林的箴言「需求面前無法律」一語道出了這一點。歷史上的重大事件不乏這樣的例子，人們在生死攸關之際，法紀秩序往往被拋諸腦後。二戰期間的倫敦就是一個鮮活的案例，當時城市遭受德軍空襲，市民蜂擁至地鐵站尋求庇護，社會規範顯得微不足道。邱吉爾的名言「我們將戰鬥到底，絕不投降」，生動地展現了在極端危機下，生存需求如何凌駕一切。

另一句精彩格言「貪婪和幸福從未謀面」，直指人性深處的黑暗。貪婪如同無底洞，永遠填不滿，使幸福變得遙不可及。這令人聯想到19世紀美國的淘金熱潮，成千上萬的淘金者只收穫了無盡的辛酸與失望，卻未達到心中所願。富蘭克林的另一句至理名言「貧窮本身並不可恥，可恥的是不去改變現狀」也頗有見地。在這個物欲橫流的時代，真正的幸福往往源於知足常樂和內心的寧靜，而非外在的物質財富。

人生智慧的光輝

　　這份珍貴的箴言集錦涵蓋法律、命運和幸福等人生重要課題，引發我們對生命本質的深層思考。它們如明燈般指引我們審慎行動，不為眼前利益所迷惑，而要在現實生活中追尋真正有價值和意義的事物。邱吉爾的名言恰如其分地點明了人生的本質：「成功非終點，失敗亦非盡頭，真正重要的是持續前行的勇氣。」這些智慧之言穿越時空，其價值恆久不變，永遠閃耀著智慧的光芒。

　　婚姻如同藝術，講究時機與緣分。富蘭克林的箴言揭示了婚姻中的一項重要原則：兒子的婚事可以從容，女兒的終身大事卻須把握良機。這不僅源於社會對女性的固有觀念，更因為女性在婚姻中扮演的角色往往更為複雜，需要更多呵護和關愛。

　　智力與洞見並非總是齊頭並進。歷史上不乏例子，尤其是二戰期間，一些看似平凡的士兵憑藉直覺和勇氣，在關鍵時刻做出了改變戰局的決定。與此同時，那些被認為是智囊團的情報人員和策略家們，儘管學識淵博、經驗豐富，卻也難免有判斷失誤的時候。這種現象令人深思，真正的智慧或許並非僅僅依賴於知識的累積，而是在於能夠謙遜地了解到自身的局限性，並且不斷從錯誤中吸取教訓，持續成長和進步。

　　熱情待客乃是人際互動的關鍵所在。正如富蘭克林的箴言所說，真摯與熱情是人與人互動中不可或缺的元素，唯有如此，才能構築牢固的信任與友誼基礎。

　　探討曆書及其中的占星術諷刺詩，讓人反思了一則發人深省的格言：「假裝自己擁有某種特質，這是最為荒謬可笑的。」這句話深刻道出了人性的一個普遍弱點——許多人傾向於掩飾真實的自我，假冒擁有實際上並不具備的特質。這種虛偽行為不僅可笑，更可能導致個人在追逐

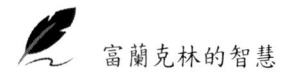
富蘭克林的智慧

虛幻中迷失方向。

曆書作為一種集大成的知識寶庫，融合了天文、氣象、農耕、節慶等多元內容，其中的占星諷刺詩更是以辛辣尖銳的筆觸，揭露人性的弱點，警醒世人勿為迷信所矇蔽。這使人想起莎翁的名言：「世界是個大舞臺，眾生皆為演員。」諷刺詩彷彿舞臺上精彩的戲碼，既引人發笑，也促使我們反思自身行為。

塞內卡的箴言道出了人生真諦：「榮耀的真諦並非永不跌倒，而是每次跌倒後能重新站立。」真正的品格與美德並非源於虛偽與欺瞞，而是經由不斷自省與進步而逐漸養成。這在戰場和政壇的經歷中得到了明證——唯有真實的勇毅與智慧，方能在逆境中脫穎而出，虛假的表象終將被現實所擊碎。因此，熱情待客、誠實自我，乃是人生成功的關鍵所在。

智慧之語：洞見人性與社會的真知灼見

富蘭克林的一句話「貧者為果腹而奔波，富者為消食而漫步」，精練地展現了社會階層鴻溝下人性的糾結。貧困者為求溫飽而奔波不休，而富裕者則沉溺於奢華享受卻仍缺乏內心的滿足，這種對比無疑是對社會結構的尖銳反思。這一現象在歷史長河中一再重現，從古羅馬的奢靡宴會到法國大革命前夕的貴族生活，無不印證了物質的豐富並不必然帶來心靈的滿足。人類在追求物質與精神的平衡中始終掙扎探索，這對我們都是一個深刻的啟示。

同時，有一句諺語「急需的東西，很難買到便宜貨」，揭示了市場經濟運作的核心規律。無論是古代絲綢之路上的水和食物，還是戰爭和災難後的物資短缺，人們迫切的需求都會造成價格的急遽上漲。這一經濟原理提醒我們，未雨綢繆、合理規劃資源配置的重要性不容忽視。

智慧之語：洞見人性與社會的真知灼見

　　這些睿智的箴言與金玉良言，不僅深入剖析了人性的本質，更精闢闡釋了社會運作的規律。就如邱吉爾所說：「我們塑造了建築，隨後建築塑造了我們。」這些智慧之語也在薰陶著我們的思想模式和行為方式，成為我們前進道路上持續的明燈。透過反覆思考消化，我們定能收穫更多關於人性與社會的真知灼見，走向更美好的未來。

　　富蘭克林的箴言簡練而深刻，為人性的複雜面向提供了獨到見解。他的名言妙喻如「給予的東西熠熠生光，而收受的東西往往容易生鏽」，巧妙地闡述了施予的價值優於接受。這一觀點與基督教「施比受更為有福」的教義不謀而合，在當今社會依然適用。無論個人或國家，慷慨施予往往能帶來更豐厚的回報和更高的敬重。富蘭克林的智慧不僅體現為道德訓誡，更是一種實用的生活哲學，為現代人提供了寶貴的生活指引。

　　富蘭克林曾語重心長地說：「有學問的笨蛋我見過很多，沒學問的智者我也見過不少。」這句話引發了對教育與智慧之間關係的深入思考。它揭示了一個深刻的真理：學識與智慧並非等同。儘管教育在塑造個人方面扮演著重要角色，但並非所有接受過高等教育的人都能靈活運用智慧。有時，那些看似缺乏學識的人，卻擁有超越學識的生活洞見和智慧。

　　富蘭克林的另一句話「時間就是金錢」，生動地描述了時間的珍貴性和重要性。在這個飛速發展的時代，時間無疑是最寶貴的資源。富蘭克林提醒我們要善用時間，不能浪費分秒。精進自我，提高效率，是當代人必須面對的課題。同時，他也告誡我們要學會欣賞生活中的美好事物，珍惜眼前的時光。生命短暫，我們更應該珍惜當下，充實自己，發揮所長，為他人和社會貢獻自己的一份力量。

　　富蘭克林的智慧寶庫中，還有許多耐人尋味的箴言。他的思想影響了多代人，至今仍是智慧人生的指引燈。我們應該用心領會富蘭克林的智慧結晶，在生活中有目標地學習和實踐，讓自己更加豐盛和完整。

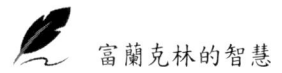 富蘭克林的智慧

智慧之光照耀人生

這一觀點讓人聯想到蘇格拉底的著名格言「我唯一知道的就是我一無所知」。這位古希臘哲學家強調了自知之明和持續探索真理的重要性，而非單純依賴書本知識。蘇格拉底的思想在當今資訊泛濫的時代顯得尤為重要。在這個資訊爆炸的年代，真正的智慧體現在批判性思考和靈活應用知識的能力上，而不僅僅是囤積資訊。能夠辨別資訊的真偽、權衡不同觀點，並將知識轉化為實際行動的人，才是真正具備智慧的人。

富蘭克林的箴言蘊含深刻哲理，歷經歲月淬鍊而越發閃耀。其中的智慧之光照亮了人性的幽暗角落，促使我們反思自身行為與價值取向。在追逐物質與知識的同時，這些金句提醒我們不可忽視慷慨施予的重要性，以及智慧的真諦。富蘭克林曾說：「謊言單腿而立，真理雙足前行。」這句話揭示了一個深刻的道理：虛假或能短暫迷惑人心，但唯有真理方能經久不衰。這正是我們應當孜孜以求的人生目標。

智者的睿見如同夜空中的繁星，照亮了人類文明前進的道路。富蘭克林的著作蘊含深邃洞見，猶如一位智慧長者的諄諄教誨，為我們揭示生活的奧祕。現在，讓我們一同品味其中兩則發人深省的格言。謙恭之德在不同社會階層間呈現獨特價值。富蘭克林的名言深刻闡述了這一理念：對上級謙遜源於責任感，對同僚恭敬體現禮節，而對下屬謙和則彰顯高尚品格。這種美德在各種人際關係中扮演著不同角色：面對權威時展現尊重，與平輩來往時表達禮貌，對待下屬時流露慈悲與寬容。尤利烏斯・凱撒的事蹟印證了這一觀點。這位羅馬名將在戰場上威嚴赫赫，卻對士兵關懷備至。他的謙遜與仁慈贏得了部下的愛戴與忠誠，成為領導藝術的典範。富蘭克林的箴言啟示我們：無論身居何位，謙恭都是值得恪守的美德，它能促進人際和諧，提升個人品格。

智慧之光照耀人生

富蘭克林一針見血地指出:「雄辯家來了,帶著滔滔之辯和一點的道理。」這番話生動地描繪了言語表達與內在真知之間的微妙差距。當今世界,滿口雲裡乾坤的修辭技巧並不難找到,但能真正觸動人心的智慧卻鮮有。這不禁令人聯想到蘇格拉底的教誨——他以簡約而深入的對話方式,闡發了許多枯燥無味的哲學概念。擅長唇槍舌戰的人或許能暫時博得眾人矚目,但唯有真理才是永恆的。我們更應警惕那些華而不實的言辭,努力探尋真正的智慧與價值。

富蘭克林的箴言宛如夜空中閃耀的明燈,為我們在茫茫人生之路指引方向。無論身在何方,我們都應銘記這些智慧之語,以謙遜的態度對待他人,以堅毅的心志探尋事物本質。正如富蘭克林所說,只有如此,我們才能在這紛擾多變的世界中,開拓出屬於自己的光明大道。

富蘭克林在文中展露了堅定的個性和對自身作品的自豪感。他堅決否認著作來自他人之手,這不僅捍衛了自己的智慧結晶,也向那些企圖剽竊功勞的人發出了堅決回應。富蘭克林的榜樣告訴我們,應為自己的理念和行為負責,即使陷入質疑和誤解,也要堅持捍衛真理。

富蘭克林援引的箴言更彰顯了其智慧的深度。「保持緘默、謹慎判斷」的忠告,揭示了生活中的一大智慧。它提醒我們在敏感時期,謹言慎行的重要性。這不禁令人聯想到戰時情報工作的嚴酷環境——一句不經意的話語都可能釀成災難。學會適時保持沉默,避免妄加評論,正是我們應對複雜局勢的關鍵策略。富蘭克林的教誨啟示我們,謹慎和自制是應對變幻莫測的人際關係與社會環境的關鍵。

總之,富蘭克林的智慧箴言為我們指明了前進的方向。我們應以謙遜、堅毅和智慧的態度,在這紛擾的世界中,開拓出通往真理的康莊大道。這正是富蘭克林所欲傳達的,值得我們深思領悟的人生啟示。

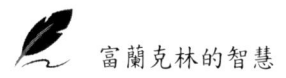 富蘭克林的智慧

寫作的力量與生活智慧

　　富蘭克林的睿智箴言無疑道出了理財的核心要義。這番洞見讓人不禁想起在戰火紛飛的歲月裡，我們如何精打細算，以維持戰力。在那個物資匱乏的年代，每一份補給都彌足珍貴，我們不得不謹慎地分配每一分錢，確保資源用在刀口上。富蘭克林的這句格言不僅適用於個人理財，更是對我們在任何境遇下都應保持謹慎節儉的告誡。它提醒我們，無論處於何種環境，都要懂得量入為出，審慎理財，方能在亂世中立於不敗之地。

　　富蘭克林的創作熱忱與對讀者的尊重令人欽佩。他以簡練而意味深長的箴言，傳授了諸多生活與職場的哲理。這些真知灼見歷久彌新，無論身處動盪還是安穩的年代，都能為我們指明方向，啟迪心智。富蘭克林的箴言揭示了生活中的深邃哲理，如他對待女僕的建議——保持忠誠、健康和樸實，不僅適用於家務管理，更體現了一種普世的處世之道。忠誠作為人與人之間關係的基石，其重要性不言而喻，無論在家庭還是社會層面。這一觀點不禁讓人想起莎翁筆下哈姆雷特的至理名言：「對己忠實，則如晝夜更替般自然，亦不會對人不忠。」

　　富蘭克林以亞麻與火的比喻，生動闡述了趨近危險的後果可能是不可逆的。同時，他對年輕人發出的忠告，揭示了某些誘惑足以摧毀前程與生計。這番睿智之言不禁令人聯想到古羅馬詩人賀拉斯的至理名言：「適度乃諸德之源。」以理性和節制的態度面對生活中的種種引誘與考驗，方能成就美好人生。富蘭克林的教誨啟發我們以審慎與克制的態度生活，趨吉避凶。

　　富蘭克林對寫作藝術的讚嘆可謂擲地有聲。他認為，這項發明賦予了人類無聲傳遞思想的超凡能力。文字的魔力跨越時空界限，讓相隔千

寫作的力量與生活智慧

里的靈魂得以交融，甚至能與未來的世代展開對話。這不禁令人聯想起邱吉爾在《第二次世界大戰回憶錄》中的一句名言：「歷史將對我們溫和，因為我打算親自撰寫它。」寫作不僅是記錄過往的工具，更是塑造未來的利器。富蘭克林的創作熱忱與智慧箴言，無疑是我們值得效法的楷模。

富蘭克林的人生洞見透露出對智慧的孜孜追求。他留下的一字一句，如同古老的窗戶，讓我們得以一窺那個輝煌時代的思想精髓。儘管言簡意賅，但卻蘊含著深遠的哲理，引人深思。

這些箴言歷經歲月考驗，至今仍閃耀著智慧的光芒。它們如同一扇通往智慧殿堂的大門，邀請我們一同探索人生的奧祕。透過這些凝練的語句，我們彷彿能與先賢對話，感受他們的洞見與睿智。

「懂得一分錢，一分貨的人不僅維護自己，也維護其他人。」這番言論闡明了一個關鍵的財政理念：個人的微小開銷與節儉不僅有助於維持自身生計，更能推動整體社會的蓬勃發展。節儉精神作為一種美德，無論在哪個年代都值得我們珍惜並效仿。

「有耐心的人，就能得到他想要的東西。」這一箴言不僅適用於個人修身，更可推及國家治理與策略規畫。縱觀歷史長河，那些名垂青史的領袖人物，無一不是因為具備這種堅忍不拔的特質，方能在逆境中屹立不倒，最終功成名就，締造非凡功績。耐心確實堪稱人類最崇高的美德之一，它賦予我們克服困難的力量，引領我們邁向成功的彼岸。

「自助者天助。」這則箴言高度褒揚自助精神的價值。它強調每個人都掌握著自身命運的方向盤，唯有透過個人的打拚與奮鬥，方能獲得上蒼的青睞。這種自助的理念不僅是個人成就的基礎，更是一個國家繁榮昌盛的根本所在。

富蘭克林的洞見讓我們得以一窺那個輝煌時代的思想精髓。他留下

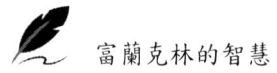

的這些珍貴箴言,如同點點星光,照亮了我們前行的道路。我們應當虔誠地銘記這些智慧,將其融入日常生活,讓它成為我們追求卓越的指引明燈。

人生智慧:點滴啟示

螞蟻的勤勉無私,成為我們學習的典範。這一簡潔而意味深長的觀察,讓人不禁聯想到那些無名英雄的無聲付出。他們不圖回報,只專注於履行自身的職責。正是這種默默奉獻的精神,推動著社會不斷向前發展。

「一顆爛蘋果會壞了一籃好蘋果」,一股不良勢力足以腐蝕整個群體,這一論斷發人深省。此理適用範疇廣泛,不僅關乎個人,亦涉及國家社會層面。政經文化等諸多領域,皆須提防負面影響滲透,及時根除,方能維護整體健全與穩定發展。

欠債者往往健忘,而貸款人的回憶卻如刀刃般鋒利。這警示我們須謹慎看待各種負債,因為債主必定銘記於心。此情形與戰場上的敵我對峙如出一轍:對手時刻覬覦你的破綻,伺機趁虛而入。由此可見,生活中處處須保持高度警覺,未雨綢繆,方能在風暴來襲時泰然自若。

謹慎行事通常優於倉促動手,但某些情境下這一原則並不適用。遭遇婚外情的男性便是一個典型例子。他們往往在得到任何預警之前就已經遭受背叛的傷害。這種情形與國際外交有異曲同工之妙。國與國之間的背信棄義和暗中謀劃,常常在正式宣告釋出前就已經悄然展開,讓人防不勝防。因此,不論是私人領域還是全球舞臺,保持高度警覺都至關重要,以期未雨綢繆。

人性是複雜的。在政治或個人生活中,我們往往被表象所迷惑,而

忽視了潛在的風險與弱點。然而，真正的智者能夠保持清醒頭腦，獨立思考，駕馭人生之舟。

縱觀歷史，許多強盛帝國因君主決策失誤而衰敗。這充分說明，單純追逐物質與榮耀並非生命的藝術。相反，智慧人生在於獲得各方面的平衡，懂得知足常樂。那些留名青史的哲人和思想家，往往源自對簡樸生活的深入洞察，而非奢侈靡費的生活方式。

過分追求或驟然轉變往往導致自我迷失，行為荒謬。一夜暴富或猝然獲得重大榮耀的人往往失去內心安寧與真正的幸福感。惡行總是企圖粉飾自己，贏得他人的信賴與擁護。然而，再精巧的偽裝終究難以長久，真相總會浮現。

因此，我們必須保持警覺，不被表象矇蔽雙眼。任何惡行終將自食其果，種下的罪孽也必須自行承擔。唯有堅守善良與正義之道，我們才能在人生路上立於不敗之地。親愛的讀者，讓我們共同探尋智慧人生的藝術，在這紛繁複雜的世界中保持清明與正直。

富蘭克林的生命智慧

歷史長河蘊藏著無數智慧珍珠，它們閃爍著指引未來的光芒。富蘭克林的筆觸宛如知己絮語，傾訴著他對來日的展望和人生的感悟。

富蘭克林將占星師的預言比作戰場上的策略規畫，兩者皆有準確與失誤之處。這讓人聯想起一句名言：「計畫可能徒勞無功，但籌劃卻彌足珍貴。」富蘭克林的見解闡明了一個廣泛適用的道理。不論是氣象預報還是策略制定，雖然精準度舉足輕重，但更應珍視的是整個過程中累積的智慧與閱歷。這些寶貴經驗能夠幫助我們在面臨意外情況時，依然保持鎮定自若，運籌帷幄。

富蘭克林的智慧

富蘭克林的智慧如同秋日的陽光，溫暖且耀眼。他的人生經歷和深邃洞見啟發著後世，成為我們前行的指引明燈。讓我們銘記富蘭克林的墨跡，在迷茫與困境中尋得力量與希望，在面臨挑戰時依然堅韌不屈。這便是富蘭克林留給我們的珍貴遺產。

富蘭克林的睿智見解猶如一面鏡子，映照出當時社會的縮影。他筆下的文字宛如戰時廣播，為人們注入希望與勇氣。面對未知的明天，或是向默默支持我們的幕後英雄致謝，這些都是歷史長河中讓我們不斷成長進步的寶貴經驗。但願我們能從這些智慧的閃光中汲取養分，以更堅定的步伐迎接未來的種種挑戰。

富蘭克林的文字蘊含深刻洞見，以犀利筆鋒剖析人性百態，道出生活真諦。他的睿智觀察為讀者揭開了日常生活中常被忽視的哲理，引人深思。「即使是至高無上的統治者，也得親自用臀部就座。」這句看似平凡的話語，卻蘊藏著深邃的人生哲理。它揭示了一個不爭的事實：無論權力多麼熾盛，地位多麼崇高，人終究無法逃脫凡人的本質。那些站在金字塔頂端的人物，同樣需要面對日常生活中的瑣碎事務和挑戰。

富蘭克林的智慧透澈地映照出人性的本質。他指出：「在最艱難的時候，最好的朋友卻是我們自己。」這句話道出了人生的一大真理——我們必須學會依靠自己，培養內心的力量，才能在逆境中站穩腳跟，面對人生的種種挑戰。他還提醒我們：「不懂得欣賞眼前擁有的，就難以從生活中尋得快樂。」正是這樣的洞見，讓我們重新審視生活，學會珍惜身邊的點點滴滴。

在戰時的艱難歲月中，富蘭克林的話語如同一盞明燈，照耀著人們前行的道路。他勸勉人們保持勇氣和希望：「在黑暗中，一根蠟燭也足以驅散黑暗。」這句話鼓舞著人們，即使處境艱難，也要保持積極的心態，相信只要努力，黑暗終將被光明所驅散。他還以戰時的種種事例，教導人們如何在困境中保持定力，保護好自己的財產和家人。

一個出塵的人生智慧

　　回顧歷史長河中那些赫赫有名的帝王將相，儘管他們功績彪炳，然而卻也無法超越人性的局限。以征服了大半個已知世界的馬其頓國王亞歷山大為例，儘管他威名遠播，最終仍難逃疾病的折磨和生命的終結。這一現實為我們敲響了警鐘：無論身處何種位置，都應當保持謙遜之心，認清自己也不過是芸芸眾生中的一員。

　　富蘭克林的睿智之言道出了休息的深層價值，遠勝於征服他人的功績。這一洞見引人深思，揭示了在追逐成功與榮耀的旅程中，自我調養的重要性不容忽視。這讓人不禁想起蘇格拉底那句發人深省的箴言：「未經審視的人生毫無意義。」世人常被功名利祿所迷惑，忽略了內心的寧靜與身心的康泰。須知，長期的勞累與壓力終將摧毀一個人，而適度的休憩不僅能恢復體力，更能增強心智的韌性。二戰的歷史經驗印證了這一點，無論是前線將士還是決策者，都須在戰火紛飛中尋求短暫的平和，以維持清晰的思維和堅定的意志。

　　富蘭克林的智慧之語蘊藏著深刻的人生哲理，為我們指明了生活的方向。他以簡練幽默的方式，道出了生命的真諦，啟發我們在平淡中尋覓精彩，在逆境中保持堅韌。但願每個人都能從中獲得啟迪，以積極的態度面對人生的種種考驗，並在平凡的歲月裡，綻放獨特的光彩。

　　我們應該時刻牢記，愛情的面貌永遠優美動人，監獄則難以掩飾其冷酷無情。這樣的觀點既深刻又耐人尋味，似乎在闡述愛情的內在美與監獄的外在醜之間的鮮明對比。它讓人聯想到莎翁的睿智箴言：「真愛並非肉眼所見，而是心靈的感悟。」在這個紛繁複雜的世界中，若能領悟愛的真諦，便掌握了人生最珍貴的智慧之一。

　　謹慎而忠誠的摯友堪稱人生至寶，無可替代。亞里斯多德曾精闢地

描述友誼為「靈魂的共鳴，兩顆心靈的相互理解和支持」。在這充滿變數和挑戰的世界裡，朋友的支持和忠誠如同明燈，為我們照亮前路。富蘭克林以其獨特的洞察力，用簡練的語言點明了人際關係的珍貴價值，展現出他對人性的深刻理解。

富蘭克林巧妙地將豬的敏銳嗅覺、鹿的輕盈步伐和驢的堅實背脊比作旅行者的特質，生動地呈現了探險家們不屈不撓的精神。遠行不僅是肉體的位移，更是心靈的拓展。馬可波羅曾言：「遊歷使人謙卑，讓你意識到自己在這廣袤世界中的渺小。」果然，在陌生環境中探索和發現，旅者須具備敏銳的感官體驗和頑強的體魄。

富蘭克林深刻闡述了勤奮的可貴品格。他說：「成功乃失敗的累積，熱情卻永不消減。」勤勉之士孜孜不倦地奮鬥前行，終能塑造出理想的人生藍圖。這種精神氣質，堪為世人效仿與傳承的典範。

精於法律的專業人士，常因其敏銳的法律意識而與鄰里關係緊張。這不禁令人聯想到法律本身的矛盾性質：它既是權利的守護者，亦可能成為紛爭的引線。律師的職業操守與道德水準，實為決定法律能否切實發揮其功能的關鍵。

我們各自在這紛繁複雜的世界中扮演著獨特的角色，如何在其中尋得平衡並賦予意義，實為每個人必須面對的人生課題。富蘭克林的睿智觸及人生諸多層面，為我們提供了豐富的思考素材與啟迪。他的著作堪稱一部通往成功的錦囊妙計，字字珠璣，句句箴言，為讀者指點迷津。

有所為有所不為：時間管理的智慧

激烈的競爭環境下，我們經常發現自己身陷於紛繁複雜的事務之中，不知所措。就像古老的箴言所說，「捕捉雙兔」往往事倍功半。這

一困境在二戰時期的英國也有如出一轍的寫照。面對多線作戰的龐大壓力，決策者們必須審慎評估，將有限的資源集中投入最具策略意義的戰役。正如邱吉爾在其戰時回憶錄中所強調的，聚焦核心目標並堅持不懈，是在艱難時期脫穎而出的致勝法寶。

時間管理的關鍵在於主動出擊，而非被動等待。這一理念不僅適用於政壇，更是人生的普世真理。成功往往青睞那些善於把握時機、合理分配時間的人。

時間管理的精髓在於拿捏輕重緩急，有所為有所不為。我們必須學會放棄一些可有可無的瑣事，而把有限的時間和精力集中在最關鍵的目標上。這既需要清晰的目標意識，又要有高度的自我管控能力。只有這樣，我們才能在紛擾的時局中保持定力，有條不紊地推動自己的事業或人生目標。

在此，分享幾點時間管理心得：

第一，制定明確的優先順序和時間表。這需要我們不斷自我反思，審視各項任務的相對重要性。

第二，學會合理地分配時間資源。有時即使再重要的事項，也要知道何時該暫時擱置。

第三，培養良好的個人習慣。保持作息規律、提高效率等都是關鍵。

第四，勇於放棄和割捨。我們必須學會捨棄一些次要的事情，才能騰出精力去應對最緊迫的挑戰。

時間管理的智慧，不僅是一個人事業成功的關鍵，也是我們在複雜多變的世界中保持清晰頭腦、從容應對的必備能力。讓我們共同努力，在紛擾的時代中找到屬於自己的節奏，在有所為有所不為中，書寫出更加精彩的人生篇章。

富蘭克林的智慧

富蘭克林的睿智見解超越個人層面,對社會治理和國家發展具有深遠影響。他的名言「小病不看醫生,爭吵不找律師,口渴不急尋水」蘊含著寶貴的人生智慧。這番話敦促我們培養自主解決問題的能力,而非過度依賴外界援助。如此不僅能磨練個人獨立性,更有助於最佳化社會資源分配,避免不必要的浪費。富蘭克林的這一觀點,實則是在倡導一種自立自強、理性處事的生活態度和社會風氣。

富蘭克林的睿智箴言不僅適用於個人成長,更可作為國家發展的指導方針,幫助我們應對未來的種種不確定性。汲取這些珍貴的智慧結晶,我們當以堅毅之心迎接每一次挑戰,謹慎周密地規劃每一個舉措,終將在時代的洪流中刻下永恆的印記。

現代社會日新月異,新鮮事物層出不窮,令人目不暇給。面對這種情形,我們不妨效仿那位堅毅不屈的海軍上將尼爾森,無論是迎戰敵艦還是適應新習慣,都應勇往直前,迎難而上。編纂年鑑的過程令人聯想到軍事策略的精心規劃。這不禁讓人想起戰場上我們渴盼晴空萬里,以便更好地調配兵力和裝備。靈活制定策略並對未來抱有美好願景,無不體現了我們對勝利的嚮往與堅信。

培根的箴言猶如智慧的燈塔,照亮了知識追求的道路。他精闢地指出:「閱讀使人充實,沉思使人深刻,交談使人清晰。」這三大要素如同鼎足而立的支柱,支撐著我們在紛繁複雜的世界中尋找方向。汲取前人的智慧,以理性和豐富的經驗指引我們的人生旅途,定能在這時代的洪流中書寫屬於自己的精彩篇章。

人性的堅韌與智慧的力量

在戰爭的迷霧籠罩下,持續汲取知識和深入思考是致勝的關鍵。透過廣泛閱讀,我們累積了豐富的資訊和經驗;藉由深度沉思,我們洞察

了問題的本質，提煉出獨到見解。這種知識與思考的結合，使我們能夠在瞬息萬變的局勢中做出明智抉擇。而有效溝通則是凝聚共識、協調行動的重要橋梁。透過與盟友達成一致，我們確保了策略部署的精準執行，提高了整體作戰效率，在艱難時刻團結一致，共度難關。

　　古語有云：「相伴終生者，唯配偶、忠犬與金錢。」這似乎道出了戰爭的致勝之道。可靠的結盟國、忠心耿耿的軍隊，以及源源不絕的資金支持，構成了戰爭的三大支柱。缺少任何一環，戰事都難以為繼。這三者如同戰爭機器的關鍵齒輪，共同驅動著整個軍事行動的程序。

　　生活的點滴與戰場的硝煙，都需要我們以堅韌不拔的意志迎面而上。回憶當年戰火紛飛時的豪言壯語，不僅是戰時的號角，更是人生道路上的指路明燈，永遠激勵著我們勇往直前。讓我們攜手踏上時光之旅，與睿智的哲人一起探尋人生真諦。

　　古羅馬的傳奇人物凱撒，不僅以其驚人的軍事才能名留青史，更以其內在的自我修養贏得後世敬仰。他克服自身弱點、挑戰內心極限的能力，堪稱人類智慧的永恆真理。征服自我往往比征服敵軍更需要勇氣和毅力，這一洞見深深影響了古今中外的哲學思想。讓我們一起汲取這位智者的智慧，在人生的征程上寫下更加璀璨的篇章。

　　正直高尚的品格固然可貴，但若能讓這種品格煥發光彩，則更顯珍貴。富蘭克林曾精闢地指出，人類真正的高貴之處在於展現品德的風采與氣質。這番見解令人聯想到亞里斯多德的哲學思想，強調美德並非僅僅是一種思考模式，而是透過持續實踐而形成的行為習慣。

　　當代社會中，物欲橫流的風氣盛行，許多人不斷購置無關緊要的商品，試圖填補內心的空虛。殊不知這種揮霍無度的行為，終將迫使他們變賣生活必需品以維持生計。著名經濟學家凱因斯曾經告誡世人，唯有理性消費方能累積長久財富。這一箴言不僅適用於個人理財，更應成為

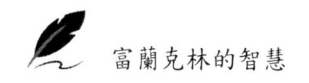

國家制定經濟政策的指導原則。

聰明才智與謙卑品格，看似水火不容，實則相得益彰。若你已擁卓越才能和淵博知識，更應精進智慧、涵養謙遜。唯有如此，方能在浩瀚學海中遊刃有餘，不為傲慢所吞噬。誠如莎翁所言，謙遜乃美德之冠冕。

品德的價值不僅在於其本質，更在於其外在表現。正直高尚的品格固然可貴，但若能讓這種品格煥發光彩，則更顯珍貴。我們應當時刻銘記，品德的價值不僅在於其內在，更在於其外在表現。唯有展現出品德的風采與氣質，我們的品格才能真正彰顯其價值。

人生的價值塑造

探究幸福的本質，我們發現其並非源於外在的權力和財富，而是來自於內心的寧靜與知足。靈魂的和諧才是幸福的基石，遠勝物質的累積。留名青史的關鍵在於創造具有深遠影響的作品或成就，縱觀古今，那些被世代傳頌的人物，無不是因其卓越的思想或非凡的行動而聲名遠播。

若想超越生命的短暫，在歷史長河中留下自己的印記，就必須全力以赴，在自己的領域中做出突出貢獻。這不僅是對個人價值的肯定，更是為人類文明添磚加瓦的崇高使命。我們應以此為己任，努力克服內心障礙、追求高尚品德、合理消費，並保持謙遜與智慧，締造無悔的人生故事。

富蘭克林的名言啟發了我們珍惜時間、勇於行動的重要性。他以獨特的簡練風格深刻地闡述了時間與行為的密切關聯。「把握不住一分鐘，就不要虛擲一小時」這句箴言，彷彿是對時光無情流逝的一種警示。時間這一不可逆的寶貴資源，理應受到珍惜，並得到充分有效的利用。讓我們牢記這些智慧，在人生的道路上砥礪前行，為自己、為他人、為社

會貢獻一份力量。

富蘭克林的睿智洞見提醒我們：不當行為必然招致批評。這句箴言不僅是一種警示，更蘊含深刻的人生智慧。我們的每一個選擇都伴隨著相應的責任，我們必須為自己的行為承擔後果。

富蘭克林的話語道出了一個深刻的道理：我們必須坦然面對批評之聲，因為這是我們行動所必須付出的代價。

邱吉爾引用了一個生動的比喻，將猶豫不決的善行比作永遠坐在馬背上卻不曾奔馳的聖·喬治。這個形象鮮明地揭示了光有善意而缺乏行動的無用。在二戰期間，邱吉爾親身經歷了這一道理的深刻含義。面對納粹的威脅，他深知僅憑願望無法保護英國。唯有果斷採取實際行動，才能確保國家的安全。這段經歷讓他更加堅信，真正的善舉必須透過切實的行動來體現。

我們必須承擔批評和非議的代價，因為這是行動的必然結果。但正是這些備受爭議的決策，最終推動了我們的勝利。我們必須保持果斷和勇氣，不畏懼批評，義無反顧地為正義而戰。只有這樣，我們才能在艱難的環境中不斷前進，實現更偉大的目標。批評固然令人不快，但它也是我們不斷進步的動力。我們要學會接受批評，並以此作為修正和完善自己的機會。那些曾經遭受非議的決策，如今反而成為我們勝利的基石。

生命價值的勇敢追尋

富蘭克林的名言道出了生命本質的真諦。長壽固然可貴，但活出精彩人生更為珍貴。每一天都充實而富有意義的生活，才是真正值得追求的目標。這種對生命價值的深刻領悟，正是我們應當努力實現的人生境界。

富蘭克林的箴言猶如指路明燈，照亮我們人生的征途。他的洞見提醒我們，言行舉止皆須謹慎，時光寶貴不容虛度。若能恪守這些智慧，善用光陰，勇敢踏實地前行，我們定能創造出豐富多彩、意義非凡的人生篇章。

生命的篇章充滿了喜怒哀樂，但只要我們秉持正直的信念，用智慧和勇氣應對挑戰，必能在逆境中找到前進的方向。富蘭克林的格言給予我們寶貴的啟示：珍惜現在、洞見未來、腳踏實地，如此方能在人生的旅途上收穫纍纍碩果。

我相信，只要我們追求內心的富足與生命的價值，在充實而有意義的生活中不斷追尋、不停學習，定能書寫出精彩動人的人生篇章。親愛的讀者朋友，讓我們一同踏上這條通向美好人生的道路吧！

真誠模仿與表面偽裝之間存在著根本差異。前者涉及深入理解並內化他人優秀特質的過程，後者則僅限於膚淺的外在模仿，未能觸及內心實質。正如莎士比亞所言，「衣著華麗不代表品德高尚」，真正的美德源於內在修養，而非外表裝扮。

二戰時期，邱吉爾領導英國走向勝利的故事正是這一觀點的生動注腳。他不僅在順遂時刻展現勇氣，更在艱難時期堅守信念，引領國民克服重重挑戰。這種發自內心的品格力量，正是區別於膚淺偽裝的關鍵所在。

我們不難發現，輕忽細微過失可能引發難以預料的嚴重後果。這一警示並非僅適用於個人行為，更延伸至國家政策制定層面。縱觀歷史，諸多重大災難皆源於長期累積的微小問題。以第一次世界大戰為例，其爆發實為各國間持續緊張關係與一連串未妥善處理的瑣碎事件所致。

這一現象突顯了無論個體還是群體，都應對每一細節保持高度警覺，及時糾正偏差，以防止危機擴大。謹慎對待生活中的每一個微小錯誤，方能避免累積成難以挽回的重大問題。

我們應當時刻警惕，抵禦外表迷惑，追求內在美德。只有真正理解並踐行高尚品格，我們才能成為真正卓越的個體或群體。正如羅密歐所說：「一顆真心勝過千言萬語。」唯有以真摯之心對待生活，我們才能在這個世界上留下深刻而持久的印記。

富蘭克林的珠玉良言

富蘭克林的睿智言論宛如北斗七星，為我們在紛繁世事中指明方向，保持頭腦清晰。當人生路途遭遇坎坷時，這些金玉良言猶如指路明燈，為我們照亮前方道路。但願每個人都能從中獲得啟迪，不斷完善自我，為這個世界增添光明，播撒希望的種子。

富蘭克林的哲理洞見了道德與自由的微妙連繫。他深入剖析了人性的本質，闡明了道德與自由之間的錯綜複雜關係。這番見解不僅觸及哲學層面，更引發我們對人類行為和社會結構的深層思考。

美德與自由的緊密連繫乃是一個千古不變的真理。無論是個人還是整個國家都無法逃脫這個定律。縱觀人類歷史長河，我們可以看到眾多曾經輝煌的文明在道德淪喪後走向衰落。當一個社會開始放縱私慾、濫用權力、腐敗成風時，自由的基石便開始動搖。

富蘭克林洞見了人性中善惡並呈的雙重面貌。他明白，自由的根基建立在健全的道德基礎之上。我們必須時刻謹記，自由與責任是相輔相成的。只有當我們自律、恪盡職守，才能確保自由持久不衰。

古羅馬帝國的興衰足以為人類歷史留下深刻一課。這個曾經統治世界的強大帝國，在鼎盛時期以宏偉建築和璀璨文化聞名於世。然而，隨著道德敗壞和腐敗蔓延，這個不可一世的帝國最終難逃覆滅的命運。這一宏大的興衰歷程，也對映了每個個體生命歷程的曲折軌跡。

富蘭克林的智慧

當我們失去內心的道德指引，放縱自我，自由也將隨之消逝。這種因果關係是無法改變的自然法則。正如富蘭克林所言，「死神熄滅生命之火時，氣味能揭示我們是石蠟還是牛油」。這充滿詩意的隱喻，不僅描繪了生命的終結，更深入探討了人性的核心。

石蠟與牛油分別代表了截然不同的生存哲學和價值取向。石蠟象徵堅毅不屈的精神，牛油則暗示易變脆弱的本質。面對死亡的終極考驗時，我們一生累積的品格和價值觀將如同燃燒的氣味，無所遁形。這讓人不禁聯想到那些在戰亂中不屈不撓的勇士們，他們宛如堅韌的石蠟，以不滅的熱忱點亮了國家的希望之光。

這一生命的洗禮，不僅體現於國家興衰，更是每個人內心修為的對映。當我們放棄理性思考，沉溺於物質享樂和私慾之中時，我們的人格也將逐漸崩解。唯有時刻保持內在的道德指引，堅持自我的信念和價值，我們才能在風雨飄搖中屹立不倒，譜寫出人生更加輝煌的篇章。

富蘭克林的智慧光芒

富蘭克林闡述的睿智洞見，蘊含深刻哲理，對我們的日常生活產生持續而深遠的影響。這些智慧箴言不僅發人深省，更在潛移默化中指引著我們的行為和決策。這番話反映了一個深刻的人生哲理：真正的光芒源自內心，而非外在裝點。

這一觀點強調，我們應當致力於培養自身品格和修養，因為唯有內在的力量和美德才是值得追求和珍惜的。當我們專注於自我提升和成長時，外在的光彩自然會隨之綻放，遠勝於單純依靠外在的粉飾和包裝。富蘭克林的智慧猶如一盞明燈，引領我們超越眼前的浮華，走向內在的寧靜和力量。無論處境如何，只要我們堅持純粹的心和不懈的追求，必

定能在這個複雜多變的世界中找到真正的自由和意義。

言語如利刃，既能建立友誼，也可摧毀關係。同僚間的信任與敬重非一朝一夕可得，稍有不慎便可能因一句輕率言辭而付諸東流。正如富蘭克林所言，玩笑話可能導致珍貴友誼的流失，這一點在政治外交領域尤為顯著。我們必須字字斟酌，因為一旦信任崩塌，重建之路將異常艱辛。

自我肯定，是我們在政治外交中最堅實的依傍。「愛上自己的人，將不再有情敵」這句話深刻揭示了自我確認的威力。當一個人真誠地接納自我，建立起堅實的自信，外界的競爭和對抗便顯得微不足道。這種心態讓人想起二戰時期，面對空前的壓力和挑戰，正是對自身能力和價值的堅定信念，支撐著人們在艱難時刻保持堅韌不拔的精神和無畏的勇氣。

富蘭克林的教育理念強調紀律先行，知識隨後。這一觀點揭示了教育的根本要義。紀律和服從不僅是學習的前提，更是個人成長的基石。軍事領域尤其彰顯了這一原則的重要性。嚴格的紀律不僅能打造高效團隊，更能塑造卓越個體。這種方法為培養人才提供了堅實基礎，使之能在各個領域中脫穎而出。

在今天這個瞬息萬變的世界中，要在政治外交領域立足，我們必須時刻保持警醒，謹言慎行，並對自己堅定不移的信念。只有這樣，我們才能在爭端中保持理性冷靜，在衝突中找到最佳解決之道，以建設性的方式推動國家利益的實現。

內心的平靜與喜悅 ——
富蘭克林智慧箴言啟示錄

親愛的讀者朋友，人生中最寶貴的，莫過於內心的平靜與喜悅。正如歷代智者所言，知足者常樂，此乃人生的真諦所在。能夠放下對外在

物質的貪執和憂慮，不被得失所困擾，這才是通往內心安寧的關鍵所在。偉大的思想家富蘭克林曾言，「良心背離必招致報應，如影相隨」，此言卓然有深意。

我們必須時刻警醒，保持內心的純淨和正直。當良知之光指引我們前行時，我們就能在逆境中保持堅毅，泰然處之。相反，若背離良知，自責之聲將如幽靈般揮之不去，剝奪我們心靈的安寧。正如莎士比亞筆下的哈姆雷特所言，「良心令人怯懦，使決心失色」。

唯有在內心深處找到安寧，我們才能在人生的大海中泰然自若，不被得失所困惑。讓我們銘記富蘭克林的教誨，矢志不渝地維護內心的正直，以此作為人生的指引和支柱。只有這樣，我們才能在這個瞬息萬變的世界裡，找到真正持久的幸福之源。

富蘭克林的箴言提醒我們，在這紛擾複雜的世界中，無論面對友敵，都應保持謹慎和寬容的態度。人與人之間的關係往往錯綜複雜，流言蜚語如同無形的毒蛇，悄然侵蝕著人際間的信任。正如邱吉爾所言：「在戰爭中，真相如此珍貴，以至於需要謊言的守護。」但在和平時期，我們更應珍視友誼，切勿因一時的口角而摧毀長期建立的關係。

面對敵人，保持謹慎態度至關重要。一旦陷入相互攻訐的泥沼，便難以自拔。西塞羅的名言「寬恕是最好的復仇」道出了一個深刻的道理：唯有保持內心的平和，方能在風雨中屹立不倒。富蘭克林的睿智如同海上的燈塔，為我們的人生旅途提供方向。但願我們都能以他的智慧為楷模，言行正直，胸懷坦蕩，成長為真正的君子淑女。

富蘭克林的那句「付出愛，才會被愛」的至理名言，既簡潔又意味深長，提醒我們在追逐個人目標時不可忽視對他人的關懷。這令人聯想到莎翁在《威尼斯商人》中的名句：「愛是無價的寶藏，越是付出，越是豐富。」這種無私的愛恰恰是滋養人心、推動社會前進的不竭動力。

在這個瞬息萬變的時代，我們更需要富蘭克林式的智慧與勇氣。只有以同理心對待他人，以開放的心胸面對挑戰，我們才能在這躁動的時代找到前進的方向，建立持久的人際關係。這正是富蘭克林所追求的，也是我們每個人都應努力實現的目標。

勇往直前 —— 昂揚的人生洞見

人類進步的最大障礙，莫過於內心的懈怠。正如偉大的富蘭克林所言：「若非必要，造物主何須賦予你四肢百骸？」

人生的價值並非取決於外表的美麗、體魄的強健或財富的豐厚，而是取決於心靈的純潔和高尚。富蘭克林的智慧之言：「相較於容貌的姣好、體格的健壯或錢袋的鼓脹，一顆純潔高尚的心靈更為珍貴。」這段話讓人聯想到羅斯福總統的傳奇人生。儘管身受殘疾之苦，但他的堅毅精神和正直品格卻深深影響了整個國家。正如他在《爭取自由的呼聲》中所言：「我們的力量並非源自肉體，而是來自靈魂與意志。」

只要我們保持積極向上的態度，堅持不懈地奮鬥，定能在艱難險阻中披荊斬棘，開創更美好的明天。生命中很多不可能的事情，在堅韌的意志和不懈努力下，都能化為可能。讓我們一起擺脫懈怠的束縛，昂首闊步，勇往直前，譜寫更輝煌的人生篇章！

這些歷久彌新的箴言不僅是個人生活的指引，更猶如漫漫歷史長河中的燈塔，照亮了人類前行的道路。縱使面臨重重風雨挑戰，我們仍應堅持這些恆久不變的真理，因為它們引領我們邁向光明的未來。

誠實和真實乃是人類應恪守的最崇高美德。任何企圖以虛假掩蓋真相的行為，都是對人類智慧的褻瀆。正如富蘭克林所揭露的，某些出版商為了牟取私利，不惜僭越利茲先生的名義，刊行虛假的年鑑，欺騙讀者。然

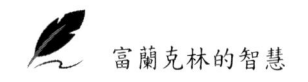

而，正如莎士比亞所言：「真相終將昭然於世。」這些不義之舉終難長久隱匿，因為時間的洪流必將虛假之物沖刷殆盡，真相必將浮出水面。

在戰火紛飛的時代，誠信和真相往往成為最鋒利的利器。二戰期間，盟軍之所以能扭轉乾坤，奪得最終勝利，正是因為他們堅持揭露敵方謊言、捍衛真理的決心和勇氣。從敦克爾克的大撤退到諾曼第的登陸，每一個關鍵戰役的勝利，都源於準確的情報和堅定的意志。面對強敵，我們以真相為盾，以誠實為劍，最終擊敗了看似不可戰勝的對手。

這段歷史經驗告訴我們，即使在最艱難的時刻，誠實與真實依然是我們最強大的武器。無論外在環境如何變幻莫測，只要我們堅守內心的真理，堅持正義與光明，就一定能在風雨中找到通向勝利的道路。讓我們以此為鑑，用誠實和勇氣，締造一個更加公正、和平的未來。

真理的追尋者 —— 富蘭克林的信函啟示錄

那封據稱來自靈魂的信函，無疑是人類追求真相與正義之渴望的絕妙隱喻。它不僅闡明了往事，更為未來指明了方向。在這瞬息萬變的世界中，每當我們遭遇艱難險阻，似乎總有一股超然力量在暗中指引著我們前行。這股力量，究竟源於內心深處的堅定信念，抑或來自那些曾為真理與公義奮鬥不懈之人的精神遺產？富蘭克林所述的這封信，無疑觸及了人性最深層的共鳴。

變幻莫測的現實中，堅守真相、摒棄虛假乃是每個人的責任。個人與國家均須以誠相待，方能獲得敬重與信賴。富蘭克林的事蹟已然證明，縱使面臨千夫所指、萬人唾棄，只要我們不忘初心、執著真理，終將水落石出、昭雪冤屈。這無疑是對世人的警醒，亦為人類文明留下的寶貴一課。

富蘭克林的行動,不僅曝光了出版業的不法之舉,更突顯了誠信與真相的價值。他的舉措,無異於為世人敲響了警鐘,提醒我們應當堅持不懈地追求真理,絕不在這條道路上退縮或讓步。即使前路艱險重重,我們仍應當秉持著富蘭克林的精神,勇敢地面對一切挑戰,用真理和正義武裝自己,與時間賽跑,最終揭開掩蓋真相的面紗,讓光明照耀在這片汪洋大海之上。

正如富蘭克林所言,「唯有真理方能釋放我們的靈魂」。讓我們共同努力,以誠信與正義為基石,為人類文明書寫更加輝煌的一頁。

在夜深人靜的時刻,一股神祕力量悄悄滲入睡夢中的我們,撫慰我們的大腦,操控我們的右手,書寫下一封充滿洞見與預言的信函。這幅景象如同出自一部迷離的奇幻故事,卻又被富蘭克林用獨特的文筆生動描繪,令人難忘。

泰坦・利茲以一種看似荒誕不經的手法,為我們描述了三個未來預言。這不禁讓人聯想到莎士比亞在《哈姆雷特》中那句耐人尋味的話語:「天地之間,有許多事情是我們所不能理解的,賀拉斯。」在當今這個日漸世俗化的社會中,也許我們應當重新審視那些表面上看似荒誕不經的現象。

利茲先生預言,一位著名學者 J. J. N. 將在一名鄉村教師的勸說下,與羅馬教廷達成和解,並將全部財產捐贈給教會。這不禁讓人聯想到若望・亨利・紐曼的故事 ── 他從英國國教改信天主教,最終成為紅衣主教,在當時社會引發了極大的震撼。

這些看似匪夷所思的預言,是否都有其深層的隱喻和寓意呢?是否蘊含著人性中某些根本性的變遷?比如信仰的探索、精神的覺醒,抑或是對傳統世俗價值體系的反思與突破?我們又能從中汲取什麼樣的啟示和智慧,以應對未來可能出現的重大變革?

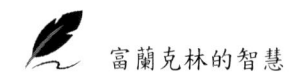

將目光聚焦於那些看似荒誕不經，卻可能預示著重大社會轉折的預言，也許能為我們揭示人性中的一些潛在特質，探索未知之境中隱藏的啟迪。讓我們用開放和好奇的心態，去挖掘這些預見背後的啟示，洞悉未來，指引我們的人生航程。

誠實度考驗時代

利茲先生的預言無疑頗為特立獨行，卻也引發了我們對人性轉變的思考。二戰期間，每個人都背負著沉重的擔子，唯有嚴格自律才能在磨難中堅持生存。如今，我們雖然所面臨的挑戰已與往昔不同，但同樣需要培養清晰的判斷力，區分真假，以避免被表象迷惑。

富蘭克林曾言，忽視明顯的優點而只看到微小缺陷，是出於嫉妒的表現。這似乎正切中了當下社會的一大問題 —— 面對資訊爆炸，真相與謊言難以分辨。我們理應學會客觀看待事物，不被表面現象所矇蔽。事實並非永遠一帆風順，但只要保持警惕的態度，堅持追求真理，就能清晰地洞見事物的本質。

利茲先生的出版計畫無疑存在欺騙成分，這種行為無疑違背了社會公德。然而，這不只是個別現象。在當下這個資訊泛濫的時代，人們更應學會獨立思考，培養自身的辨別能力，而不是被資訊牽著鼻子走。只有這樣，我們才能抵禦那些企圖竄改真相的行為，堅守對真理的執著。

勇往直前，探索無限可能

舌尖柔韌無骨，卻有劈山裂石之力。這句話生動地喻示了語言的強大力量。話語不僅能夠傳遞訊息，更能鼓舞人心、摧毀意志。回顧歷史，我們不難發現，許多英雄人物皆憑藉一番振奮人心的演說，扭轉了

國運。1940 年 6 月 4 日，邱吉爾在英國議會發表了慷慨激昂的演說：「我們將奮戰到底，不論在法蘭西國土、海疆抑或天際，皆將傾盡全力捍衛吾島。」這番話點燃了全英民眾在至暗時刻的鬥志，激發了他們面對艱難的勇氣。可見語言的力量不僅在於傳遞訊息，更在於喚起希望的火焰，釋放沉睡已久的勇氣。

然而，人類社會中存在著一種令人不安的現象——懶惰。這種懶惰不僅體現在身體上，更可能存在於思想中。有些人不願意付出努力，甘於隨波逐流；另一些人則缺乏探索真理、追求知識的渴望。他們可能暫時享有安逸，卻錯失了成長和發展的良機。相比之下，那些勇於嘗試、勇於探索未知的先驅者們，才是引領人類文明前進的中流砥柱。正是他們那種無畏的精神和堅毅的品格，使他們成為了開疆闢土的歷史締造者，為後世留下了令人敬仰的傳奇故事。

我們每個人都應汲取這些先驅者的精神，勇敢地向前邁進，不畏艱難，面對未知。只有這樣，我們才能突破限制，發掘潛能，實現自我的無限可能。讓我們共同擁抱這份勇氣和好奇，探索未來的無限可能，譜寫人生最精彩的篇章。

誠實是一種高尚的品格，不僅體現了道德的光輝，更彰顯了智慧的魅力。那些沉溺於欺瞞與背叛的人，或許能暫時獲得眼前的利益，但長遠來看，他們終將失去他人的信任與尊重。誠信是構築穩固國際關係的基礎，唯有以誠相待，才能贏得真摯的友誼和深入的合作。

生命的價值並非取決於其長短，而是取決於如何在有限的歲月中綻放光彩。面對死亡，我們無須恐懼，因為生命結束得越早，留存於世的時光便越長久。戰場上捨身報國的英雄們便是最佳典範——他們雖英年早逝，卻因崇高的犧牲精神而名垂青史。這些勇士的生命或許短暫，但他們的英勇事蹟與崇高精神將永遠流傳，成為後人景仰的楷模。

誠信不僅是一種品德，更是智慧的體現。那些沉溺於欺瞞與背叛的人，終將失去他人的信任，無法建立牢固的關係。相反地，以誠信相待，可以贏得真摯的友誼和深入的合作。生命的價值並非取決於其長短，而是在有限的歲月中綻放光彩。正如戰場上捨身報國的英雄，雖然生命短暫，但他們的英勇事蹟與崇高精神將永遠存在，成為後人景仰的楷模。因此，我們應該以誠信和智慧來珍惜和傳揚生命的永恆價值。

智慧的力量：從歷史洞見到生活箴言

歷史長河蘊藏了智慧的精華，往往以簡潔深邃的箴言呈現。富蘭克林的睿智格言為我們開啟了一扇通向智慧殿堂的大門，啟迪人心，引人深思。古希臘思想家寧願與鹽相伴，也不願與義大利弄臣共嘗糖果，這寥寥數語蘊含深邃哲理。蘇格拉底、柏拉圖和亞里斯多德等智者，畢生追尋智慧與真理，即使生活清貧，仍矢志不渝。

反觀義大利弄臣，象徵那些汲汲營營於權勢享樂之輩，或可一時甘甜，卻終究難以持久。唯有恪守信念與理想，方能在時代巨輪下巍然挺立。美德乃人生之根本，其餘皆可聽天由命。此言道出了人生真諦：美德才是我們應孜孜以求的終極目標。無論是正直、無畏還是慈悲，這些品格皆能在逆境中為我們指明方向、賦予力量。當我們修身養性、內化美德後，其他瑣事便可順其自然。

這些格言承載著歷史的睿智結晶，為我們在現實生活中指明了前進的方向。富蘭克林的教誨啟示我們，真正值得追求的是美德和智慧，而非膚淺的物質享受。讓我們將這些睿智之言銘記於心，以堅定的信念和理想，無畏地迎接未來的種種挑戰。

追求舒適愜意的生活方式，關鍵在於掌握時間管理的藝術。這一普

世真理貫穿古今，無論身處戰火紛飛的戰場，還是平凡的日常生活中，妥善運用時間都是成功的基石。

諂媚之徒從不會淪為笑柄，因為他們的言辭總能得到被奉承者的認同。此現象在政界尤為普遍。回想當年身處英國政壇，目睹諸多巧言令色之士，他們熟稔逢迎之道，在權力角逐中遊刃有餘。這不單純是人性弱點的體現，更突顯了對人性深層心理的洞悉。

然而，我們不應被這些虛偽的行為所迷惑。只有以真誠待人，以正直的品德行事，才能贏得他人的尊重和信賴。唯有如此，才能在這個競爭激烈的世界中，開創屬於自己的成功之路。讓我們懷著虔誠的心，用智慧和善良來照亮這片天地，讓真理的光芒照耀前方，指引我們邁向更美好的未來。

人生的智慧感悟

時光荏苒，歷練人生。人性複雜難測，需要經歷歲月的洗禮才能窺其本質。一個人的人生歷程猶如一部精心編織的戲劇，每個階段都呈現出不同的風采。

年輕時，我們常被熱情驅使，行事衝動而不顧後果。步入三十，智慧的種子開始萌芽，我們學會權衡利弊，以更圓滑的方式應對挑戰。而到了四十歲，理性思考已成為我們的第二天性，面對紛繁複雜的世事，我們能夠保持冷靜，作出明智的決斷。

向仇敵施以財務援助，可能化干戈為玉帛；反之，資助摯友，卻可能斷送情誼。這一矛盾的道理，乍聽之下頗為荒謬，實則蘊含深意。慷慨解囊幫助對手，或能觸動其良知，進而化解嫌隙；然而，一旦金錢介入友人之間，往往會成為考驗交情的試金石，甚至引發不可挽回的裂痕。

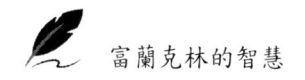

人生的智慧在於懂得用更周全的視角看待世界，以更圓融的心態對待他人。不管是初出茅廬的年輕人，還是老謀深算的政壇耆宿，我們都應該保持開放的態度，用理性思考代替盲目情感，從而走向更美好的明天。

荒野若缺乏猛獸的咆哮，便失去了其本質。這一寓意深刻的說法，與人生缺乏磨礪便難臻完滿的道理如出一轍。生命中的種種障礙與艱難，恰似每個人必須面對的「凶猛之獸」，它們是推動我們進步的重要力量。我們理當珍惜當下，從過往汲取智慧，勇毅面對未來。

古人的智慧啟示我們，汲取歷史經驗的重要性，同時也告誡我們不要過分擔憂尚未到來的未來。我們應專注於當下時刻，既不被往事的遺憾所困擾，也不被未來的不確定性所束縛。

然而，過度冗長的言辭可能會使人迷失方向，徒勞無功。滔滔不絕之人常令人望而生畏，因此人們自然而然會疏遠這類長篇大論之輩。得體運用幽默能為人際交往增添歡愉，但若肆意妄為，恐怕適得其反。明智之士深諳隱忍之道，不輕易外露不滿情緒。為政者更須修身養性，善於調節內心波瀾，切忌公開發表怨言。

生命的考驗總是難免，但只要我們保持從容應對，從中汲取智慧，定能收穫美好的人生。讓我們珍惜當下，勇敢面對未來，在磨礪中成長，在智慧中昇華。

審視自我，正直領導

自我省察乃智者之舉。審視自己的內心，我們才能真正評判他人，而不是以偏頗的標準行事。領導者更需具備此一素養，以公允的眼光對待部屬，方能贏得他們的信任和支持。

情緒失控和缺乏理智往往是一體兩面。面對逆境時，我們必須保持

冷靜清醒的頭腦，不被一時衝動所主導。尤其在戰場上的關鍵時刻，過於激進的判斷可能導致無法挽回的慘重後果。這些箴言如同指路明燈，照亮我們前行的道路，值得我們深思明悟。

富蘭克林睿智地指出恐懼本身的無益性。源於未知威脅的焦慮，往往徒增我們的心理負擔，而實際危難來臨時，恐懼更會加重我們的痛苦。二戰期間，空襲警報猶如刺客般困擾著倫敦市民，但能夠沉著應對的人往往能從容應對。戰爭中，恐懼就是我們的隱形敵人，悄然瓦解我們的意志力量。

我們必須學會戰勝恐懼，保持頭腦清晰，做出正確判斷。唯有如此，我們才能擺脫恐懼的束縛，發揮應有的領導才能，在逆境中引領眾人走向勝利。自我省察固然不易，但正是它磨礪了我們的智慧和操守，使我們成為更稱職的領袖。

謹言慎行，守口如瓶，乃富蘭克林所力倡的處世哲學。正如他所言，若欲防範機密落入敵手，則須在摯友面前亦保持緘默。這番話雖顯過於小心翼翼，但卻蘊藏著深邃的智慧。

我們必須警惕，即使是最親密的知己，也可能因故而轉變成勁敵。這在政壇和外交場合尤為重要。回顧歷史，諸多陰謀和背叛，往往源於不經意間洩露的機密資訊。唯有謹言慎行，才能確保立於不敗之地。

富蘭克林的金句如同明燈，照亮了人性的黑暗面，同時也指引出生活智慧的精髓。這些箴言彷彿良師益友，在我們面臨人生挫折與考驗時，給予及時的警示和指引。它們激勵我們以冷靜的思維和堅韌的意志去克服難關。

富蘭克林的智慧金語，提醒我們要時刻警惕，審慎權衡每一個行動和言語，因為一時的疏忽，可能會釀成不可挽回的後果。唯有堅持謹慎和堅韌，我們才能在險峻的人生道路上，一步一步邁向成功。

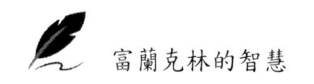

克服懶惰，擁抱卓越

懶惰如同隱形的敵手，一步一步蠶食著我們寶貴的時光與成就。正如偉大的富蘭克林所指出的，生命短暫，我們不應虛度光陰，沉溺於懶散之中。他以語重心長的呼籲喚醒了那些沉浸於怠惰的靈魂：「懶骨頭，快醒醒！別虛度光陰，墳墓裡有的是時間讓你長眠。」這番話如同當頭棒喝，訴求我們必須以積極主動的態度面對人生。

面對納粹的威脅，邱吉爾也曾以堅韌不拔的意志激勵國民奮起抵抗。他那句「我們將在海灘奮戰，我們將在登陸地點奮戰，我們將在田野和街頭奮戰，我們絕不言降！」正是克服懶惰與退縮的最佳詮釋。這種無畏的精神讓我們領略到，只有拋開一切懈怠，以頑強的意志去迎接挑戰，方能在逆境中綻放光芒。

富蘭克林的睿智洞見「做得好，成效翻倍」更是人生哲學的精髓。這一觀點與戴爾・卡內基在《人性的弱點》中的論述不謀而合。卡內基強調，成功並非偶然，而是源於持續不懈的努力和完美無瑕的執行。他進一步闡述，在人際互動中，唯有付出真摯的情感和不遺餘力的努力，才能贏得他人的信賴與敬重。

綜上所述，富蘭克林和卡內基的智慧教誨都昭示著一個共同的真理：無論是在事業還是人際關係中，全力以赴、精益求精都是通往成功的不二法門。只有以積極進取的態度，克服內心的懶惰與退縮，我們才能在人生的道路上真正擁抱卓越，實現夢想。

富蘭克林言簡意賅的箴言往往饒富智慧，引人深思，促使我們審視自身的舉止和抉擇。他的睿智與邱吉爾的堅韌，均向我們傳達了一個重要訊息——唯有珍惜光陰，全力以赴，方能在人生歷程中收穫真正的成就與滿足感。讓我們一起細細品味富蘭克林的睿智箴言，領悟其中蘊含的人生哲理。

這句格言蘊含深刻洞見，揭露了人性中的一個弔詭現象——愚昧之人往往因無知而鑄成小過，而睿智之士卻可能因驕傲自滿而釀成大禍。歷史長河中不乏這樣的例證，如拿破崙·波拿巴這位軍事奇才，正是由於過於自負，最終在滑鐵盧遭遇慘敗。這場失利不僅改寫了他個人的命運，更重塑了整個歐洲的政治格局。

這則箴言警醒世人，即使智慧超群，也當謹小慎微，因為聰明才智並非萬無一失的護身符，反而可能因過度自信而引發更嚴重的災難。我們切不可自負，而應保持謙遜和警惕的心態，時刻提醒自己知識與智慧的局限性，並努力以開放、好奇的態度面對未知的人生挑戰。只有如此，我們才能在人生的起伏中保持定力，不被驕傲與自滿所矇蔽。

富蘭克林的箴言不僅充滿睿智，更蘊含深層的人性洞見。他提醒我們，智慧與謙卑並重，才是通往成功之道。讓我們時時扣緊這份提醒，在追求卓越的同時，亦能保持謙遜的心態，以此涵養出睿智而穩健的人生道路。

追求正直，築夢獨行

在紛亂複雜的世界中，保持正直和堅守信念至關重要。這正如古希臘哲人蘇格拉底所展現的那般，縱使面臨不公的審判，他也寧死不屈，以生命捍衛真理，樹立了千古流傳的道德楷模。這番話昭示了我們應當時刻警醒，珍視內心無愧的清白良知，視之為無價之寶。

富蘭克林的智慧箴言生動地描繪了功成名就後所面臨的重重挑戰與非議。正如窮理查飽受同儕的誹謗、忌恨和排斥，然而，這些磨難非但未能摧折我們的意志，反倒激發了我們更加堅毅不屈的精神。我們要學會以平常心對待世俗的喧譁，秉持著理性和正義的信念，堅定地走在自己的道路上。

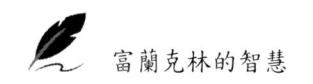

富蘭克林的格言和歷史典故展現了他對人性的透澈理解和對道德的堅定立場。這些教誨蘊含的智慧歷久彌新，值得我們反覆咀嚼、深入思考。我們要將這些箴言銘刻於心，在日常生活中保持警醒，追求智慧與道德的和諧統一，引領自己找到真正的幸福和內心的寧靜。

縱使道路艱辛，我們也要勇敢地踏上夢想的征程。即使面臨重重阻礙和非議，我們也要以堅定的信念和不屈的精神，屹立於時代的潮流之中，追求正直，築夢獨行。

富蘭克林的一生充滿了卓越成就，這也引來了許多人試圖模仿效法。然而，我明白真正的智慧和洞見並非簡單模仿所能企及。領導力和果斷魄力是經過千錘百鍊才得來的，不是一朝一夕可以學來的。

富蘭克林的觀點提醒我們，學會取捨真的至關重要。我們應該將精力集中在那些能產生廣泛影響的重大問題上，而不是讓自己陷入無數瑣事的泥潭中。

但這並非易事。高度智慧和成就背後，往往隱藏著艱辛取捨的代價。富蘭克林也曾被紛繁瑣碎的事務所困擾，這似乎提醒我們，即使是榜樣式人物，也難免要面對取捨的困境。

智慧的追求恰如一場漫長的戰役。我們必須勇於捨棄一些，才能專注於更有意義的事物。正如富蘭克林所言，真正的智慧遠非表面模仿所能企及。這需要我們經歷千錘百鍊，累積深厚的見識和洞察力。唯有如此，我們才能充分發揮自身的潛能，為這個世界帶來積極的影響。

富蘭克林的孤獨與堅韌

富蘭克林謹慎行事，不願公開住址，似乎是為了保護自己和家人的安全。這種隱蔽生活雖可能令人感到孤寂，但卻是領袖必須面對的常

態。正如《不屈的勇氣》一書所述，孤獨是領袖必須承受的代價，用以更好地肩負重任、完成使命。

富蘭克林在書中描述了種種艱難險阻，無論是同儕的妒忌和抨擊，還是繁瑣事務的纏身，都令人感同身受。真正的成就往往伴隨著層出不窮的考驗與阻礙，但這些挑戰卻激發了我們更加堅定不移地追尋理想與信念的決心。

富蘭克林的睿智洞見為我們揭示了生活中的諸多真諦。他的一句箴言尤為發人深省：「今日之事，勿遲明日。」這簡潔有力的忠告不僅強調了時間管理的重要性，更敦促我們摒棄拖沓之習。戰時經驗告訴我們，稍縱即逝的遲疑可能釀成大禍。因此，果斷行事、迅速決策乃是成功的不二法門。

在面對重重挑戰時，我們必須保持定力和智慧，坦然面對孤獨，並以堅韌的意志力克服障礙，為理想而奮鬥。正如富蘭克林所言，今日不可遲疑，我們必須抓緊時間，以行動來實現夢想。只有這樣，我們才能為民眾樹立正確的榜樣，引領社會走向更美好的未來。

富蘭克林洞見到，專業人士都依賴特定資源維生。就像工匠離不開工具箱，律師也離不開案源。這個比喻不只反映了各行業的運作模式，更深刻展現了社會結構中不同群體的共生關係。工具之於工人，就如同案件之於律師，都是謀生的必要條件。這種依存關係不僅存在於個別職業，更貫穿整個社會體系，體現了人類社會中錯綜複雜的互動網絡。

牧師的辛勞，宛如一支燃燒的蠟燭，耗盡自身為他人照亮前路。這種全然無私的奉獻精神，無疑值得每個人效仿與敬佩。當我們面臨艱難與考驗時，也應當秉持如此胸懷，甘願付出，不計回報，為周遭帶來溫暖與希望。

保持沉默難以獲得機遇。這句話暗示，主動表達和採取行動才能把

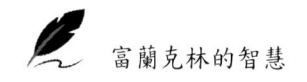

握良機。這一理念與戰場指揮的原則不謀而合，領導者果斷決策並迅速行動往往是致勝關鍵。

職業並非孤立存在，而是與社會、他人緊密相連。我們都依賴各自的「工具」，但同時也需要彼此的支持與幫助。只有在相互依存中找到平衡，人們才能發揮自身潛能，實現共同富裕。這種對待生活的態度，正是我們每個人都應該學習的寶貴特質。

人際關係的藝術：保持適度的社交距離

在這個瞬息萬變的社會中，保持適當的社交距離，無疑是一種睿智的生活態度。過於密集的互動可能引發不必要的齟齬，而適度的空間反倒能讓感情歷久彌新。金錢與禮儀的融合，塑造出真正的紳士風範，在外交舞臺上更是贏得他人敬重與信賴的關鍵所在。

與親友相聚時，我們必須時刻謹記分寸。過度親密可能會破壞彼此的交流與默契，但若保持適當的距離，卻能讓感情維繫在最佳狀態。這不僅涉及物質財富，更觸及精神層面的豐盛。一個懂得拿捏分寸的人，才能在人際互動中遊刃有餘，獲得他人的敬重和信任。

同時，我們要正視高齡生育可能導致的社會問題。戰亂年代遺孤的悲慘遭遇，更突出了和平年代完整家庭的可貴。這無疑激發了我們要珍惜當下的幸福生活，合理規劃生育，維護家庭的完整。

生活中充滿了各種關係的交織與維繫。保持適度的社交距離，既可以避免不必要的磨擦，又能讓感情保持新鮮感與活力。這不僅是一種智慧，更是一種修養。

讀者諸君，讓我們細細品味這段文字所蘊藏的人生哲理。靈感的本質並非可以透過機械式的思考過程而產生。這一觀點引導我們深入思考

創意和靈感的來源，了解到它們是需要經過時間醞釀和累積的，而非單純依靠刻意的腦力激盪就能獲得的。

「凱特想嫁給湯瑪斯，沒人指責她；但湯姆（湯瑪斯的簡稱）不想娶凱特，誰又能指責他呢？」這句話道出了人性的深層真相。它闡明了每個人追求幸福的權利，同時也點明了願望與現實之間可能存在的鴻溝。這句話啟示我們，愛情和婚姻皆為雙向選擇，任一方都有權接受或拒絕，而這種選擇理應受到尊重。此情此景，恰如我們在政治生活中所見，每個公民都有選擇自身信仰和立場的自由，這種選擇不應遭受無理指責和干預。

人生的道路跌宕起伏，充滿了未知與挑戰。我們不能總是依賴某種機械化的思維模式來尋找答案，而是需要靠自己的洞察力、創造力和勇氣去探索未知、突破重重困境。只有這樣，我們才能在這條通往美好未來的道路上不斷前進，實現自我的價值和理想。

讀者們，請謹記這段文字所傳遞的睿智人生觀，將其內化為我們前行的指引。讓我們攜手共同譜寫人生精采的篇章，以更加明亮的視野和堅定的步伐，向著理想的彼岸邁進！

生命的真諦：洞察死亡，珍惜當下

這則古老的格言「死神不受賄」蘊含著深邃的智慧，以寥寥數語道出了人生的真諦。它彷彿一記當頭棒喝，提醒我們縱然終生汲汲營營、積聚財富，終究難逃一死的宿命。這份洞見與古羅馬哲人塞內加的至理名言不謀而合，兩者皆指出了死亡乃是萬物共同的終局。

這番睿見不僅敦促我們珍惜生命中每一分每一秒的寶貴時光，更激勵著人們在有限的歲月裡追求真正有意義的成就，而非耽溺於無謂的爭

鬥與享樂之中。這些金玉良言不僅深刻揭示了人生真諦，更為我們指明了生活的方向。它們啟發我們在追求個人福祉時，不忘保持對生命本質的洞察，以謙卑和敬意待人處世。

古人的智慧如同明燈，照耀著「知足常樂」的人生真諦。唯有在內心的滿足中尋求平衡，我們方能獲得真正的寧靜與喜悅。各位愛好智慧的朋友們，讓我們一同品味這些金玉良言，細細咀嚼其中蘊含的深刻哲理，並將這份智慧的精華融入我們日常生活的點滴之中。

只有當我們真正了解到死亡的不可逃避，並以此提醒自己珍惜當下，我們才能在有限的生命中追求最有意義的存在。讓我們共同汲取這些智慧的泉源，在生命的旅程上尋找方向與意義，活出更豐盛、更圓滿的人生。

人性的複雜性向來是哲學家和思想家探討的重要課題。正如這句經典箴言所言，「人難免犯錯，懂得悔改者猶如聖賢，執迷不悟者好比魔鬼」，這反映了人之善惡並存，行善者可登峰造極，而墮落者則淪為邪惡之徒。

我們必須正視人性中既有的光明面，也有黑暗的一面。毋庸諱言，每個人都會因種種原因而犯錯，這是人之常情。但關鍵在於我們如何面對自己的缺失。真正可貴的品格在於勇於直視自己的過失，並且勇於改正。這樣的人展現出聖賢般的高尚品格，他們勇於承擔責任，展現出對真理的虔誠追求。相反，那些故步自封、拒絕承認錯誤的人，其行為如同魔鬼般令人不齒。他們在錯誤的道路上越陷越深，最終難以自拔。

這一哲理啟示我們，當面對自身過失時，應當鼓起勇氣坦誠面對並積極改正，而非固守己見、自欺欺人。唯有如此，我們才能不斷提升自我，走向更高尚的境界。相反，若一味遮蓋缺失、屢犯屢滋，最終只會淪落為邪惡之輩，陷入無法自拔的深淵。

因此，我們每個人都應當時刻警惕自己的人性，努力秉持正義，虔誠追求真理和善良，這樣才能在光明與黑暗中保持平衡，彰顯人性之美，昇華道德境界。

以勤勉償債為人生指引

「勤勉償債，絕望增負」這句格言蘊含了深邃的經濟智慧和人生哲理。我們應以此作為人生的指引，在艱難險阻中砥礪前行。

勤奮不懈是清償債務的不二法門。這裡的「債務」不僅指金錢上的負擔，更包括我們肩負的人生責任。透過持之以恆的努力，我們得以逐步卸下沉重的枷鎖，最終邁向自由與解脫。反之，若陷入絕望的泥沼，喪失對前路的期盼，不僅無法還清債務，反而會因停滯不前而讓負擔愈加沉重。這彷彿一艘迷失方向的孤舟，在茫茫大海中漂泊，終將無可避免地沉沒。

故此，無論處境多麼艱困，我們都應懷抱希望，以勤勞之手開闢屬於自己的康莊大道。這份箴言集不僅蘊含深邃思想，更是人生歷練的結晶。它們如明燈般指引我們，在紛繁複雜的現實中，時刻保持清醒的自我認知和堅持不懈的精神，方能開啟通往成功與幸福的大門。

憑藉這些智慧之言，我們當能振奮自我，激勵自我，在人生旅途中勇敢前行，無懼艱難。廣博的視野，堅韌的意志，無畏的態度，必將引領我們走向光明，達成心中所盼。讓我們一起以勤勉償債為人生信條，共同譜寫人生的輝煌篇章。

古希臘醫學大師希波克拉底曾說：「食物即良藥，良藥即食物。」他這番話道出了飲食的深層意義，超越了單純的味蕾享受，揭示了飲食對維持身體機能的關鍵作用。富蘭克林也有類似的見解，他強調飲食量應

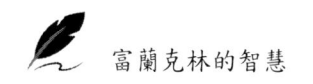

因人而異，須根據個體的體質特點來調整。

現代營養學證實了富蘭克林的洞見：不同類型的勞動者，其飲食需求確實存在差異。這源於他們消化系統的獨特性。從事腦力工作的人往往需要攝取較多葡萄糖，以確保大腦保持高效運轉。相比之下，體力勞動者的飲食應著重於蛋白質和熱量的補充，以支撐肌肉活動和修復。這種針對性的飲食建議，體現了對人體機能的細膩觀察，旨在為不同群體提供最佳的健康支持。

要實現保健效果，關鍵在於精準控制和適度節制的飲食方式。過量攝取可能適得其反，反而會損害身體。相反，適度調理飲食，既能滿足口腹之慾，又能維護身心健康，實乃上乘之法。

健康飲食的智慧超越了單純的知識，更追求身心的和諧統一。希波克拉底和富蘭克林的見解，為我們指明了這一路徑。讓我們用心傾聽這份寶貴的智慧，並將其內化於生活，共同締造美好的健康人生。

幸福與節制 —— 富蘭克林的生活智慧

富蘭克林的洞見深入人心，他強調節制不僅適用於飲食，更應貫穿生活的各方面。這一觀點與古羅馬哲人塞內卡的名言不謀而合，後者將節制視為美德之源。無論是埋首工作還是沉浸娛樂，過猶不及往往會帶來意想不到的反效果。相反，恰到好處的自我約束能夠維持身心的和諧，進而提升整體生活品質。

富蘭克林的睿智言論以其簡練風格著稱，闡述了節制的深遠意義。他將這一理念從飲食習慣擴展至生活各方面，指出適度乃是健康幸福的不二法門。二次大戰的歷史教訓同樣彰顯了節制的價值：戰場上的克制與謀略往往是決定勝負的關鍵。當我們面臨各種挑戰時，恪守適度與節

制的原則顯得尤為重要。

　　飲食與健康的平衡乃人生一大難題，考驗著每個人的智慧與意志。富蘭克林曾精闢地指出，我們應當「食以果腹，而非食以娛口」。這番話道出了一個深刻的道理：人的慾望如無底洞，永不滿足；而真正的需求卻是有限的。要在這兩者之間找到平衡點，實非易事，卻又不得不為之。

　　以自制力與智慧克制慾望，尋求適度，這不僅是個人追求幸福的必經之路，也是社會維繫和諧的根本保證。富蘭克林的生活智慧啟示我們：節制不僅是一種品德修養，更是通往美好生活的關鍵所在。

　　古羅馬哲學家塞內卡的名言「節制是美德的基石」，與富蘭克林的思想不謀而合。兩位賢人洞見人性，都認為克制慾望乃是通向幸福美滿人生的關鍵。

　　當時的羅馬社會盛行奢侈宴飲，塞內卡卻力倡簡樸生活，他警示過度飲食不僅有害身體健康，更會導致思維遲鈍，阻礙學習和工作效率。塞內卡主張以理性自制，培養節制之美德，這使他的思想跨越時空，至今依然振聾發聵。

　　同樣地，富蘭克林也強調理性控制食慾，是獲得長壽、健康和活力的要訣。他將這種自制力比作戰場上的指揮官，認為理性應當主導我們的日常行為。富蘭克林深信，個人成功的根基在於培養這種自我約束和克制的能力。

　　兩位賢哲的見解不謀而合，都彰顯了克制慾望的重要性。他們的思想令人聯想到希臘神話中伊卡洛斯的悲劇。這位年輕人不顧父親的忠告，執意飛向太陽，最終蠟翼熔化，墜落海中喪生。

　　伊卡洛斯的命運寓意深遠，警示我們不可過度追求權力、財富或物

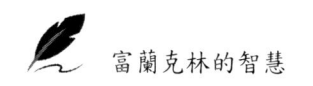

質享受，否則恐將自食其果。生活中尋求平衡，方能品味真正的美好。塞內卡和富蘭克林的智慧，正是這種知行合一的最佳寫照。

活出節制的智慧人生

現代社會瞬息萬變，各種誘惑層出不窮，從美食佳餚到娛樂消遣，皆能引起我們的感官刺激和渴望。若是無法認清自身的慾望，隨波逐流地放縱自己，生活必將失去平衡，陷入混亂。唯有時刻保持清醒的理性思維，以智慧為舵，我們方能在紛擾中找到內心的安寧和諧。

富蘭克林深諳節制飲食與自制力對於健康生活的根本重要性。他指出，縱情享樂雖能帶來暫時的愉悅，但真正的幸福卻源於內心的寧靜和身心的康泰。我們必須學會自我管控，不被外界各種刺激所左右，才能在這個充滿挑戰的時代穩步前行。

正如古羅馬哲學家塞內卡所言，「節制是美德的基礎」。早在那個年代，人們就已深切意識到適度的重要性，並將之視為高尚的品格。在當今社會，我們更應汲取這一智慧，奉行適度飲食之道，以維護身體的健康與活力。

過量進食無疑會導致身體變得沉重遲鈍，顯然已超出合理範疇。食物和飲料本應作為補充體力、振奮精神的來源，而非成為身體的負擔和壓力。我們應以理性的態度看待享樂，以適度為準則，方能達至身心的和諧平衡。

各位書友，讓我們一起攜手探索浩瀚的知識寰宇，從中汲取智慧的精華，啟發無窮的思考。在這個充滿挑戰的時代，以理性為舵，堅持適度自律，相信我們定能駕馭人生之舟，駛向充實而有意義的彼岸。

富蘭克林深邃地指出，遠離宴會場合能有效抑制我們過度縱慾的食

慾。這一建議不僅涉及生活習慣的調整，更體現了他卓越的自我約束能力。正如哲人蘇格拉底所言，生活若缺乏反思便失去意義。我們須時刻警惕自身的行為，小心謹慎地避免過度放縱，方能實現身心的真正平衡。

當今社會中，美味佳餚無處不在，若是無法自我節制，極易陷入不健康的生活陷阱。因此，培養自制力和反思能力顯得尤為重要。富蘭克林的睿智見解和深厚人生閱歷，為我們指明了通往康健生活的道路。

將這些金玉良言銘刻於心，並付諸實行，我們定能活出更為健康、豐盛的人生。富蘭克林的洞見和忠告，宛如戰場上精密的策略規劃，對於我們日常的健康維護亦有莫大裨益。正如他所言，只有時刻警惕自身，謹防過度縱慾，我們才能真正實現身心的完美平衡。

各位健康愛好者，讓我們一起以自制力和反思意識，踐行富蘭克林所傳授的健康智慧，活出更加充實美好的人生吧！

自律與健康之道

富蘭克林在他的著作中倡導了一種十分有意義的生活方式。他認為，適當的體能活動和均衡飲食不僅能改善身體健康，更能培養一個人的自律精神。

富蘭克林建議，在用餐前花 15 分鐘進行一些基礎的體能活動，如舉重、揮臂或跳躍等。這些動作能夠活絡全身肌肉，尤其是強化胸部肌群。他認為，這種習慣不僅是身體的鍛鍊，更代表了一個人的自我約束和紀律。這種自律精神與軍隊的日常訓練十分相似，能培養堅定的意志和嚴格的紀律。無論是過去還是現在，自律都被視為通往成功的關鍵特質。

適量攝取營養不僅能增進體魄，還能提升身體的抵抗力。第二次世界大戰時期，英國民眾在艱難處境中表現出的堅毅精神。無論是酷暑、嚴寒還是繁重的體力勞動，合理的飲食習慣能夠增強人體的耐受力，即使遇到意外傷害，也能加快恢復程式。這樣的自我約束和節制，無疑是我們應對各種挑戰時最有力的武器。

　　我們每個人都應該效法富蘭克林的生活態度。透過適度的體能活動和均衡的飲食習慣，不僅可以增強體質，更能培養堅定的意志和嚴謹的自我管理。只有做到這一點，我們才能在面對各種挑戰時，以更加強韌和自信的姿態迎接未來。

　　表面上平凡無奇的生活指引，實則蘊藏著睿智的洞見。猶如戰場上每一個微小的戰術部署，這些日常習慣的微調最終將整合為我們健康與成就的穩固根基。富蘭克林留下的這些箴言，無疑是我們在當今社會中不可多得的珍貴指引，值得我們時刻謹記並付諸實踐。

　　富蘭克林的睿智洞見猶如指路明燈，為我們在動盪不安的時局中提供了應對之道。他的觀點深入人心，闡明了在惡性發燒等疫病蔓延時期應當採取的生活準則。富蘭克林強調，適量的飲食不僅能帶來安詳的生命終章，還能維持感官的靈敏度，緩解情緒的波動，增強記憶和認知能力，平息內心的慾望。這種觀點與應對重大危機時所需的鎮定和理性不謀而合。

　　富蘭克林的睿智指引，無疑為我們提供了寶貴的人生智慧。他強調適度飲食的重要性，並深入闡述其對心智特質的深遠影響。這一洞見不僅適用於疫病流行時期，也能在任何艱難時刻為我們提供指引。我們應當銘記富蘭克林的教誨，堅定地踐行這些生活原則，將之化為我們健康與成就的穩固根基。

精神修養與生活智慧

　　富蘭克林曾娓娓道來，人生路上的每一種困境，無不要求我們堅定掌握內心的平衡和自我控制。正如他所言，無論遭遇何種難題，維持身心和諧一直是我們立足於世的根本。這種均衡不僅有助於我們從容應對危機，更能在平日生活中增添愉悅感與成就感。

　　富蘭克林的睿智啟發了我們，當人生遭遇挑戰時，合理的飲食習慣和自我約束的生活態度，正是我們最有力的利器。這項智慧不只適用於應對健康問題，更能指引我們在諸多困局中尋得突破之道。正如他曾經闡述：「成功非終點，失敗亦非盡頭，真正關鍵在於始終如一的勇氣。」這種勇氣正源自內心的寧靜和對自我的掌控，恰恰體現了富蘭克林傳授給我們的珍貴智慧精髓。

　　各位熱愛智慧的朋友們，適度飲食的價值遠超出保持身材的範疇。它實際上是讓我們的軀體成為心靈的理想棲息地。保持均衡的飲食習慣不僅能提升現世的生活品質，更有望為我們帶來來世的永恆福祉。這一真理歷久彌新，穿越時空依然閃耀。當我們以適當的方式滋養身體，便能以更充沛的精力迎接生活的種種考驗，同時在精神層面獲得更深層次的滿足。

　　讓我們秉持這份智慧，在人生的艱難時刻，堅定自我，保持內在平衡，從而在外在世界中收穫豐碩的成果，並在精神領域獲得久久不衰的慰藉。

　　葡萄釀酒的工藝源遠流長，蘊含著深厚的藝術性。從採摘到釀造的每個環節，都凝聚著人類智慧的結晶。儘管 18 世紀中葉的釀酒技術不及現代精進，但其中蘊含的手工技藝和對大自然的崇敬之心，卻值得我們當代人深思和珍惜。

葡萄採收的黃金時期始於 9 月 10 日，一直延續到 10 月底。這段時間正是葡萄達到最佳成熟度和甜美程度的時節。這一現象不禁啟發我們思考：萬事萬物的發展都有著固有的節奏，操之過急或拖延過久，都可能影響到最終的成果。葡萄的清潔和保存方式，體現了人們對細節的講究。不管是清除蛛網和枯萎的葉片，還是將葡萄置於地窖或屋內最溫暖的地方，這些看似瑣碎的舉動，都彰顯了釀酒人對品質的孜孜以求。

釀酒的過程，更是體現了耐心與精湛技藝的完美結合。每隔幾天新增新鮮的葡萄，並以腳踩踏的方式處理，這些步驟都要求極高的專注力和細膩度。這一工藝不禁讓人聯想到生活中的諸多事務：無論是職場挑戰還是個人生活中的難題，我們都需要以同樣的態度來面對——循序漸進，不急不躁，方能最終達成目標。

正如葡萄釀酒的工藝一般，生活中的每一個環節，都需要我們以智慧與耐心去對待。只有這樣，我們才能從中獲得最終的成果與滿足感。讓我們一起學習葡萄的智慧，在生活的道路上，以更加深沉和睿智的態度，欣賞並詮釋這片美好的天地。

生命中的繽紛色彩 ——
品味人生的智慧之道

我們所探尋的，不僅是烹飪和釀酒的藝術本身，更是深層次的生活哲學。細細品味每一口食物、精心釀造每一滴美酒，這些行為本身就是對生活態度的一種詮釋。它們提醒我們，生命中的每一個微小環節都值得我們全神貫注、傾心以對。唯有如此專注地生活，我們才能在當下和未來中體驗到真正的幸福與滿足。

智者的話語往往簡潔有力，卻蘊含深邃哲理。理查·桑德斯關於釀

酒的建議，實則隱喻了人生的智慧。釀酒之道，若得其法，可從一加侖原料中提煉出五夸脫精粹。此過程不僅仰賴技藝，更需歷練與沉穩。如此精妙之道，恰似我們面對人生百態時的處世之道。只要掌握要領，便能事半功倍，遊刃有餘。

桑德斯的忠告引發深層思考。時間與忠言，這兩項珍貴無比的資產，經常觸手可及，卻鮮少被人真正珍視。愚昧之人往往錯失良機，漠視睿智。這番洞見喚醒我們：光陰似水，稍縱即逝；睿智之言如明燈，照亮前路。然而，能有幾人具備承認過錯的勇氣，並下定決心糾正之？此話深刻剖析了人性，發人深省。

生命就是一部精彩紛呈的樂章，每個音符都蘊含著獨特的韻味。當我們以感性的態度感受世界，慢下腳步品味生活的點點滴滴，便能真正領略到生命的美好。讓我們一起，放慢腳步，沉浸在生活的繽紛色彩中，品味人生的智慧之道。

在這紛雜多變的世界中，要達成一致見解並非易事。那些抽象的概念，如政治理念、宗教信仰、哲學思想等，更是難以捉摸。然而，我們不應因此而故步自封、強加己見，反而應以謙遜的態度，虛心探討，尋求共識。

正如那隻自負的蛤蟆，被驕傲矇蔽了雙眼，無法正視自身的局限。同樣地，一些自以為是的人也落入同樣的陷阱，被自己的驕傲所矇蔽，最終淪為眾人嘲笑的對象。我們應當汲取智慧的光芒，如同夜空中閃耀的繁星，為迷途者指明前路。我們應當珍惜光陰，虛心接納良言，坦然面對過失並勇於改正，以謙卑的心態面對紛繁世界的種種挑戰。

唯有以謙遜的態度，虛心探索真理，我們才能走出迷障，直視自我局限，不斷進步。正如富蘭克林所說，我們應當放下偏執，敞開心胸，互相學習，共同尋覓通往光明的道路。只有這樣，我們才能真正擺脫自負的桎梏，實現更美好的未來。

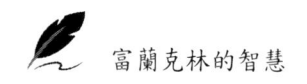

如何在內心培養敬畏之心 ——從富蘭克林的睿智警言出發

富蘭克林深刻洞察人性的陰暗面。他銳利地指出：「無所敬畏的人，騙人也會毫無顧忌。」這句話就如同一把利刃，剖析了人性的黑暗面，揭示了那些缺乏敬畏感的個體極易陷入欺騙他人的深淵。回顧歷史長河，不乏權力慾望熊熊的統治者。他們對道德和法規缺乏敬畏，最終墮入腐敗的泥濘，難以自拔。富蘭克林的箴言不僅是對個人品德的告誡，更是對整個社會道德體系的警示。

每個人都應在內心深處培養敬畏之情。唯有如此，我們才能在面對各種誘惑和挑戰時，堅守自身的道德底線，不致迷失方向。這位美國開國元勛的睿智箴言道出了人性的真諦：內心的充實與富足往往難以與物質財富並存，而前者的價值遠勝於後者。此理念與古希臘斯多葛學派的哲學不謀而合，他們將心靈的寧靜與自給自足視為人生的至高追求。

雖然金錢能夠換來物質享受，但心靈的安寧卻是無法用金錢衡量的。正如古訓所言，唯有懂得知足的人，方能在生活中找到持久的快樂。只有在內心滿足的狀態下，我們才能真正欣賞生命的美好與豐盛。面對各種誘惑和試探，我們需要時刻保持警惕，以敬畏之心守護內心的善良。只有如此，我們才能遠離欺騙與腐敗的深淵，在道德的光明中前行，找到生命的真正價值和意義。

富蘭克林的《窮理查年鑑》不僅為個人生活指明方向，更為整個社會帶來了深刻的啟發。這部作品超越了普通箴言集的框限，蘊藏著豐富的人生哲理，猶如一座智慧的寶藏，等待讀者去探索和領悟。

那些精練的格言，彷彿歷經歲月洗練而成的珍珠，散發著永恆的光輝。無論是面對個人的內心需求，還是社會的種種問題，這些智慧箴言

都能帶來啟發和思考。我們應當心懷敬畏，尋求內心的滿足，而非一味追逐物質財富和權力地位。只有如此，我們才能在瞬息萬變的世界中，找到內心的寧靜與快樂。

財務壓力如同一塊沉重的石頭，壓在許多人的心頭。信用卡欠款和各類貸款等現代債務形式，已成為不少人難以擺脫的枷鎖。富蘭克林的睿智箴言，如同一盞明燈，照亮了財務管理的重要性，警示我們謹慎理財，以免深陷債務泥沼。正如莎翁在《哈姆雷特》中所說：「借貸常使朋友疏遠。」債務不僅危及個人經濟狀況，還可能破壞人際關係，使人陷入無盡的焦慮之中。

個人與社會都應該心懷敬畏，尋求內心的滿足。唯有如此，我們才能找到真正的寧靜與快樂。《窮理查年鑑》為我們指引了這條通往內心力量的道路，是富蘭克林留給後人的智慧寶藏。讀者翻閱其中，彷彿聆聽古老智者的諄諄教誨，受益匪淺。

自我與社交的平衡之道

在人際互動中，適度地展現自我卻不完全袒露心扉，這一箴言彰顯了保持恰當疏離感和神祕色彩的重要性。英國政壇巨擘邱吉爾在其回憶錄中透露，他在政界縱橫捭闔時總是謹慎地控制揭示真實意圖的時機，這一策略使他能夠在錯綜複雜的政治環境中遊刃有餘。

過度坦誠可能會削弱個人的自我防禦力量，給他人可乘之機來侵犯你的私密領域。這就像在戰場上的將士，唯有巧妙地掩蔽自身弱點，才能在敵軍面前占據上風。這些箴言蘊含著人生的精髓，為我們指明了生存和發展的方向。

富蘭克林以簡練的文字，闡述了深奧的人生哲理，為我們應對生活

的種種難題提供了智慧的靈感。邱吉爾曾經說過：「成功非終點，失敗非終結，唯有勇氣方能永存。」藉由這些金句的啟發，我們得以從容不迫地迎接人生的各種挑戰，迎接每一個嶄新的日出。

適度地展現自我，既要有所保留，亦要主動溝通。既要和別人拉近距離，也要保持必要的界限。時而主動出擊，時而固守陣地。這就是生活中的微妙平衡，需要我們運用智慧和勇氣來捍衛。只有做到這樣，我們才能在人際互動中遊刃有餘，收穫成功和幸福。

懶惰如貪睡的狐狸，終將一無所獲。古人云：「貪睡的狐狸逮不到家禽。」此言蘊含深意，值得我們深思。若只顧空想美好生活，卻不願付出努力，結果必定如那狐狸般兩手空空。唯有勤奮不懈，方能實現夢想，獲得成功。讓我們即刻行動起來，以飽滿的精神投入工作，共同開創美好未來。

累積財富的關鍵不僅在於收入的多寡，更在於如何精明管理和節制使用資源。真正的富有源於對收入的妥善運用，而非單純追求高額收入。以西班牙為例，儘管擁有西印度群島這樣的豐厚資源，卻因支出與收入持平而未能累積財富。這一歷史教訓揭示了一個重要真理：即使擁有豐富資源，若缺乏節儉和管理的智慧，也難以實現真正的財富累積。

因此，我們需要深入思考如何有效積蓄財富，將重點放在明智的資源管理和節約之道上。首先，我們必須建立健康的財務狀況，控制開銷，慷慨但不揮霍。對於收入，我們要採取合理分配的策略，既要滿足基本生活需求，也要保留一定的儲蓄。此外，投資理財也是累積財富的有效途徑，但須謹慎選擇投資標的，分散風險，才能獲得可觀的回報。

同時，我們更要注重提升自身的知識和技能，不斷增強競爭力，這不僅有利於獲得更高的收入，也為未來的事業發展奠定堅實的基礎。只

有透過自己的勤勉努力，我們才能夠真正掌握財富的金鑰，實現財務自由，開創美好的人生。讓我們共同奮發圖強，以智慧和勤勉譜寫人生的精彩篇章。

立足當下，揚帆遠航

　　人生路漫漫，唯有堅毅不拔的精神，才能乘風破浪、揚帆遠航。我們要汲取前人智慧，不懈奮鬥，方能成就大業。面對艱難險阻，我們要保持堅韌不屈的鬥志，同時在內心維持寧靜祥和的淨土。只有外剛內柔、剛柔並濟，我們才能在險阻重重的人生旅途中矗立不倒。

　　正如富蘭克林所言，欲成大事，就要勇往直前；若無此意，當知難而退。這番話簡潔有力，道出了行動的核心要義。戰場經驗告訴我們，優柔寡斷和遲疑不決往往招致更多禍患與損失。唯有果決行事，我們才能在動盪時局中屹立不倒。這一箴言同樣適用於日常生活的各方面，無論是職場打拚還是個人抱負，唯有付諸實踐，才能真正實現心中所願。

　　一則西班牙諺語精闢地道出了人生的智慧：「與全世界爭戰，與英格蘭和平。」這寥寥數語蘊藏著深刻的人生哲理。對個人而言，它揭示了一種生存之道：在面對外界挑戰時保持堅韌不屈的鬥志，同時在內心深處維持一片寧靜祥和的淨土。這種外剛內柔、剛柔並濟的處世態度，不僅是成功的關鍵，更是值得我們終生奉行的人生信條。

　　讓我們攜手共進，以勤勉不倦的精神，緊跟時代步伐，在自己的人生航道上勇敢前行。只要我們堅持不懈，定能在茫茫人海中找到屬於自己的遠方，實現夢想，開創美好的未來。

　　富蘭克林睿智地指出，經驗是最珍貴的學府，但愚者往往難以從中獲益。這番話深刻闡明了智慧的泉源其實來自對經驗的透澈洞察和深入

思考。回顧歷史長河中的戰役與政策決策，無不昭示了一個真理：唯有善於從既往的成敗中汲取教訓，方能在未來的征程上更上一層樓。這一原則不僅適用於個人的發展，同樣可以推及到國家和民族的程序之中。

經驗賦予我們謹慎的心態，培養我們權衡利弊的能力，這些都是通往成功的必經之路。富蘭克林直言不諱地揭示了人性的矛盾：許多人熱衷於聖誕節的歡慶，卻鮮少踐行基督教的教義。這種現象反映了人們往往偏好輕鬆的表面形式，而忽視了內在的精神修為。在歡度節慶的同時，我們更應該注重其蘊含的深層意義和道德價值。在當今物質豐裕的時代，我們更應該側重於培養精神的豐盛，使生活更加充實、意義非凡。

經驗是通往智慧的必經之路。我們應該虛心學習，從既往的成敗中汲取教訓，並時刻保持謹慎的態度，正確地權衡利弊。只有這樣，我們才能在未來的人生道路上不斷前進，實現自我的價值和追求。表面的欣喜僅能帶來短暫的快樂，而深層的精神修養才是我們應該努力追求的方向。讓我們一起在這條通往智慧的道路上不懈探索，以期在生活中收穫更多的充實與意義。

語言的力量：富蘭克林睿智洞見的啟示

富蘭克林：「一勺蜂蜜比一桶醋更能吸引蒼蠅。」這句話生動地揭示了善意表達的力量。言語就如同一座座建築物，溫暖的話語能夠營造出和諧共融的環境，而刻薄的辭彙則會令人退避三舍。莎士比亞在《哈姆雷特》中也曾說過：「溫和的言語勝過暴力的行為。」這些睿智的箴言都指向同一個道理──善意的表達方式更能打動人心。

富蘭克林的洞見尤其擷取自他精彩的比喻。他巧妙地將購書行為與

捕獵海狸作比，指出某些人過分注重外表而忽視內涵的弊端。這個比喻不僅適用於選購書籍，更可延伸至生活的種種方面。正如二戰回憶錄所強調的，真正的力量源自內在的堅韌與智慧，而非外表的虛飾。那些只追求表面光鮮的人，往往會錯失真正珍貴的事物和深層意義。

這段文字猶如一盞明燈，引導我們反思自身行為，並敦促我們在追逐世俗成就之餘，不忘培養內在品格和智慧。這些金玉良言不僅為個體指明了前進的方向，更折射出整個社會的道德規範和價值取向。個人的成長與國家的昌盛，皆源於這些根本準則與價值觀的踐行。

生活的各方面都需要我們審慎思考和睿智決策。富蘭克林的至理名言道出了一個深刻道理：「妥善管理工作，否則將被工作所束縛。」這番話蘊含的不僅是對職場態度的警醒，更是對人生哲學的真知灼見。一個人若能主動掌控事業和生活，就能獲得真正的自由與尊嚴；反之，則會被無窮無盡的責任與壓力所困，淪為生活的俘虜。

在追求事業與物質上的成就之際，我們更需要時刻維護自身的主動性和自由意志，拒絕被各種外力束縛和制約。只有這樣，我們才能獲得真正的生活尊嚴，實現內心的自我價值。

無論面對任何困境，只要我們抱持著這種「自我掌控」的態度和勇氣，相信定能化險為夷，不僅改寫個人命運，更能為社會注入正能量，共同譜寫一個充滿希望的篇章。

富蘭克林的婚姻智慧

婚姻是人生最重要的階段之一，需要我們深入探討和反思。富蘭克林留下了許多膾炙人口的箴言，蘊含著豐富的人生哲理。作為社會的基石，婚姻需要雙方不斷磨合和包容。在步入婚姻之前，我們應該審慎評

估對方的品格和價值觀；而在婚後，則要培養更多的耐心，學會在分歧中尋求共識。這種處世之道，在政壇上也同樣適用。無論是跨國談判還是黨內協調，成功往往源於互諒互讓，而非一味較勁。

富蘭克林的箴言凝聚了智慧的精華，每一條都蘊含深邃的人生哲理。這些話語並非空泛的道德訓誡，而是經過時間淬鍊的真知灼見，值得我們在日常生活中反覆玩味、身體力行。以他關於友誼的洞見為例，富蘭克林指出真摯的友誼建立在坦誠相見的基礎之上，而非阿諛奉承。這一觀點啟示我們，在結交朋友時，應當重視彼此間的真誠與信賴，而非虛浮的奉承。能在關鍵時刻給予中肯建議、伸出援手的人，才堪稱真正值得珍惜的摯友。

同樣的，在婚姻中，我們也需要建立在真誠信任之上的關係。不應該刻意迎合對方，而是坦誠地表達自己的想法和顧慮。只有透過坦誠相見，雙方才能真正了解彼此，找到共同點，化解分歧。婚姻的生活中難免會有矛盾和衝突，但只有學會互相包容，以同理心去理解對方，才能夠維繫一段長久穩固的感情。富蘭克林的婚姻智慧，為我們指明了這條通向幸福婚姻的道路。

這份智慧凝聚了人生精華，不僅可以在日常生活中指點迷津，更能成為職場上的明燈。讓我們從中汲取養分，開創更加輝煌燦爛的人生篇章。摯友堪稱人生旅途中最寶貴的瑰寶。設想一位真誠的知己，在我們陷入困境時慷慨相助，在我們功成名就時衷心慶賀。這般珍稀的情誼猶如稀世珍珠，值得我們傾盡全力呵護。亞里斯多德曾有洞見：「摯友乃己身之延伸。」這種情感超脫物質束縛，成為我們精神的依託與力量。無論是在戰火硝煙的沙場，抑或平淡無奇的日常，能擁有一位忠貞不渝的摯友，無疑是人生莫大的福分。

敬畏至高者，能讓我們行為端正，為人謙和。這番話蘊藏著深邃的

哲理。當一個人心中充盈著對造物主的敬仰之情，舉止必然小心翼翼，談吐自然謙和有禮。這份由內而外散發的氣質不僅能守護自身免受外界傷害，更能令敵對者感到不寒而慄。縱觀史冊，類似案例屢見不鮮。以不列顛群島的往事為例，女王伊莉莎白一世在位之際，其虔誠信仰與睿智決策令敵手望而卻步，最終締造了輝煌燦爛的治世。這種敬畏絕非怯懦之表現，而是內心堅毅的體現，是源自信念的力量。

所以，讓我們珍惜生命中的寶貴友誼，虔誠敬畏上蒼，以此昭示我們內在的精神力量，引領我們不斷開拓、創新，書寫人生最燦爛的篇章。

星雲中的人生智慧

這些深邃的格言，猶如漫天繁星，照亮我們人生的道路。用心培育友誼、懷著敬畏之心仰望上蒼，皆為追求圓滿人生的關鍵。願這些哲思能滋養你們的心靈，助你們成長為更堅毅、睿智的個體。

仰望夜空，星辰閃爍，令人目眩神迷。浩瀚宇宙中，金星的光芒尤為奪目。無論晨昏，這顆明亮的天體總是為我們點亮夜幕。它的光輝宛如黑暗中的希望之火，時刻提醒著我們：即使前路漆黑，仍有一縷光芒指引方向。金星的存在，彷彿是對堅持信念、勇往直前的無聲鼓勵。

梵谷的《星夜》與這段描述形成了絕妙的呼應。畫作中躍動的星辰彷彿在訴說宇宙的奧祕，而梵谷的筆觸則將夜空的瑰麗與神祕淋漓盡致地呈現出來。富蘭克林的文字宛如一幅文學星圖，引領我們穿梭於天文學的深邃境界。夜空中輪番亮相的金星、木星、火星和土星，恰似歷史舞臺上光芒四射的巨擘，各自散發著獨特的魅力與影響力。

就如同這些星球的軌跡，人生也有起起伏伏。但若我們能像金星一

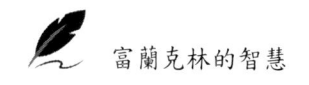

般,時刻保持內心的光芒,即使在黑暗中也能成為他人的指引。讓我們虔誠地仰望星空,汲取其中的智慧,在人生的道路上越走越堅定。

那抹紅色光芒,宛如燃燒的煤炭,正是火星的象徵。它喚起人們對戰爭與勇氣的聯想。

土星的光芒雖不如其他星體明亮,卻透露出一股不屈不撓的精神。它喚起了人們對那些無聲無息貢獻社會的普通英雄的敬意。這些人雖不似金星那般光芒四射,但他們的毅力和奉獻精神卻是社會運轉的關鍵。如同土星在宇宙中默默發光,這些無名英雄也在我們視線之外孜孜不倦地工作,為我們的世界提供不可或缺的支持。

富蘭克林以摯友之姿,向我等傳遞了誠摯的祝願。這份真摯情誼,恰如《我的早年生活》所描繪,摯友間的扶持與激勵,乃是我輩於逆境中最寶貴的精神支柱。不論是應對個人難關,抑或國家存亡之際,此等情感之力,恆久激勵我們勇往直前。在這無盡的星河中,每顆星辰都在以自己的方式發光發熱,照亮著我們的人生。正如那些默默奉獻的英雄,默默付出的人們,他們或許不為人知,但卻是社會運轉的關鍵支柱。讓我們一起向他們致敬,用自己的方式,為這片星空增添一份光輝,照亮前路,譜寫屬於自己的人生篇章。

重拾先賢的智慧

仰望蒼穹,內心湧現對宇宙的敬畏之情。我們攜手並肩,繼續探尋未知領域的奧祕,迎接每個嶄新日出帶來的希望與機遇。

這些至理名言如同先賢高士的耳提面命,傳承著亙古不變的洞見。無論歷經滄桑還是天下太平,這些真知始終閃耀著永恆的光芒。戰爭的殘酷性不僅體現在國家間的武裝衝突,更是人類歷史上最為慘烈的篇

章。它為交戰各方留下了難以磨滅的創傷，無論是肉體還是精神層面。縱觀人類發展史，處處可見戰爭帶來的慘痛代價。從古羅馬的征服戰爭到兩次世界大戰，無數軍人和平民魂斷戰場，造就了眾多孤兒寡母。戰爭的傷害不僅限於槍林彈雨的戰場，更深深烙印在失明者的雙眼和破碎的心靈中。這些創傷往往難以癒合，即使時光流逝。正如邱吉爾在二戰期間所言：「戰爭不僅是軍隊的較量，更是對整個人類文明的考驗。」

因此，我們有責任牢記戰爭對人類帶來的極大苦難，珍視來之不易的和平，竭力避免戰火再起。讓我們重拾先賢的智慧，以理性和同理心化解分歧，共同建構持久和平的美好未來。

虛榮心如同人性深處的隱形毒藥，其破壞力遠遠超越怨恨。它驅使人們盲目追求表面光環，而忽視了內在品格的培養。這種心態不知不覺中常常傷害他人。我們不難想像一位政客為了彰顯政績而大肆宣傳，卻置民眾的實際需求於不顧；抑或一位商人為了求取短期利潤而犧牲員工和消費者的權益。這些案例無不突出了虛榮心所造成的危害，遠比怨恨更加深遠。

富蘭克林的睿智之言道出了這一真理。我們應當時刻反思自身的虛榮心，專注於提升內在素養，這樣才能促進個人與社會的和諧發展。這番智慧洞見跨越時空，至今仍給予人深刻啟發。我們應當牢記這些哲理箴言，在生活中保持警惕，追求內在價值，避免虛榮和戰爭所造成的傷害。讓我們把這份智慧內化，時刻反思，以此來引領我們的人生道路。

禮貌是人際互動的基石，其重要性絕不容忽視。缺乏禮貌的人，即使具有其他卓越品格，也難以彌補這一缺失。

我們應當時刻銘記這些寶貴的人生智慧，以虛心的態度反省自己，追求內在的品德修養，並在日常來往中恪守禮貌的準則。只有這樣，我們才能在個人和社會層面上，都能實現和諧發展，避免虛榮與衝突帶來的災難性後果。

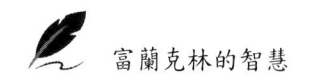

■ 堅毅與奮鬥 —— 通向勝利的唯一道路

「付出方有所得」，富蘭克林的睿智之言再次提醒我們，唯有透過孜孜不倦的奮鬥，我們才能攀登成功的巔峰，品嘗勝利的甘甜。「懶惰是最大的浪費」這句話無情地抨擊了那些在危難時刻選擇退縮逃避的人。我們不禁想到那些英勇的將士們，他們不分晝夜地奮戰，始終保持警惕。正是他們的辛勞和堅持不懈的精神，才使我們得以抵擋住敵軍的猛烈攻勢，最終獲得勝利的果實。

歷史再次證明，懶散只會招致失敗的結果，而勤勉則是鋪就成功之路的基礎。在面對未知的挑戰和艱鉅的考驗時，我們更需要堅韌的意志和不懈的努力。只有用這種精神來武裝自己，我們才能戰勝重重困難，乘風破浪，最終抵達勝利的彼岸。這不僅是我們應該堅持的生活態度，也是獲得成功的唯一道路。讓我們以此為鑰匙，開啟通向美好明天的大門！

保持年輕的心態是通往成功的重要祕訣。生活中，那些以開放、積極的態度迎接新事物的人，往往更能適應各種變化，不斷超越自我極限。戰場上的年輕士兵就是最好的例子。他們憑藉敏捷的思考和堅韌的意志，在極端環境中展現出超乎尋常的勇氣與智慧。這種年輕的心態不僅幫助他們克服重重困難，更推動他們不斷進步，創造驚人的成就。

在商業競爭中，保持年輕心態同樣重要。消費者須時刻保持警戒，如同行走在布滿陷阱的迷宮。相比之下，商家只須集中精力尋找突破口，便能輕鬆獲利。這種不對等的局面，令人聯想到戰時軍需供應的嚴峻形勢。在那種環境下，即使最微小的疏忽也可能釀成無法挽回的慘劇。

我們都應該將這些深邃的洞見銘刻於心，從中汲取智慧與力量。無論面對何種挑戰，只要保持年輕的心態，勇於嘗試、勇於改變，定能在

逆境中砥礪前行，創造屬於自己的輝煌。生活中的苦難並非一味要逃避，而是要透過磨練，讓自己變得更加堅韌。只有這樣，我們才能真正擁抱成功，享受人生的美好時光。

實踐的智慧：從富蘭克林的洞見到戰場勝利

富蘭克林的睿智之言深深觸動人心，他巧妙地闡明了實踐經驗的價值遠遠超越單純的理論學習。他強調，以金錢換來的智慧往往比死板的書本知識更為寶貴和珍貴。這一洞見深刻地揭示了實踐的重要性，戰爭無疑是最好的例證。

在戰場上，制定策略和執行戰術都需要第一線的親身經驗，而非僅依賴枯燥的理論和教條。當我們面對狡猾的敵軍時，臨場的機智和決斷力遠比任何兵法著作更為關鍵。戰爭考驗的正是我們的實踐能力，而非單純的知識儲備。

富蘭克林洞察人性中一種普遍的弱點──許諾將來改過自新，但卻遲遲不肯立即採取行動。這反映了我們面對挑戰時常有的拖延心態和自欺傾向。當生活要求我們作出改變或克服困難時，我們慣於找各種理由推延，逃避即刻面對。這種優柔寡斷的態度，就如同戰場上面臨敵軍時猶豫不決，極可能錯失稍縱即逝的機會。

敦克爾克大撤退就是一個生動的例證。若非當時英軍將士果敢決斷，毅然面對險境，恐怕難逃厄運，整個戰局都可能徹底改寫。實踐出謀劃略，戰術勝過空談理論。只有勇敢地投身於行動，我們才能擁抱成功的機會。

富蘭克林的睿智啟示了一個重要道理──生活和戰爭都需要我們充分運用實踐智慧，將知識付諸行動。理論知識固然可貴，但唯有將其

轉化為切實的經驗和行動能力，我們才能在逆境中立於不敗之地，在人生的戰場上揚威立威。智慧並非從天而降，而是需要我們一次次親身歷練，一次次戰勝挑戰才能獲得。讓我們以富蘭克林的洞見為鏡，勇敢地走向實踐，書寫屬於自己的傳奇！

十八世紀中葉，當時代的挑戰方興未已，富蘭克林夫婦以勤勞和智慧為基石，創造出一種自給自足的生活模式。他們並非依賴浩瀚的書海汲取知識，而是透過親身實踐和累積經驗，領悟生活的真諦。這種生活哲學為現代社會提供了深刻啟示：真正的智慧並非源自紙上談兵，而是來自於實踐中的磨礪與感悟。我們應當走出書本的桎梏，投身實際，方能獲得真知灼見。

富蘭克林夫婦的生活方式令人深省。他們不僅注重個人生活品質，還心繫周遭眾生。大門常開，款待貧困之人，展現了難能可貴的無私精神。這種高尚品格，正是當今社會所急需的。他們的行為讓人聯想到戰火紛飛年代裡，那些默默奉獻的無名英雄。這些人以實際行動，詮釋了真正勇氣與大愛的真諦。

富蘭克林的箴言蘊含深邃哲理，以淺顯易懂的方式傳達。這些智慧跨越時空，在當今社會仍然具有強大的指導意義。它們為每個人提供了應對人生困境的精神支柱，激勵我們不斷自我完善，努力成長。富蘭克林精練入微的格言彰顯了他對人性和生活的真知灼見。這些箴言猶如明鏡，照映出人類的缺陷與優點，其智慧歷久彌新，為後世留下珍貴遺產。

人之自欺的傾向，正如富蘭克林所洞察，是一種根深蒂固的本性。這種自欺行為往往源於自我保護或逃避現實的心理，滲透到社會的各方面。若能認清這一點，對於個人成長和社會進步都至關重要。富蘭克林夫婦的生活實踐給了我們啟示：只有在實踐中汲取智慧，我們才能擺脫自欺的桎梏，重拾生活的真諦。

智慧的警示：富蘭克林的人生箴言

　　富蘭克林以簡練的語句道破人性弱點：「女色、酒精、賭博和欺瞞，耗盡財富卻無法滿足慾望。」這番警世箴言不僅揭示了縱慾的代價，更喚起文學巨擘王爾德筆下《格雷的畫像》中主角的悲劇命運。道林・格雷執著於美貌與快感，最終卻失去了靈魂與幸福。富蘭克林的智慧與王爾德的寓言遙相呼應，警示世人沉湎於感官享受與虛偽行為的危險。

　　面對戰爭的嚴峻考驗，邱吉爾也曾強調克己自律的重要性。他認為唯有堅守正確的價值觀，方能克服艱難，贏得真正的勝利。富蘭克林的箴言同樣體現了這種睿智和深遠的洞察力。他的箴言不僅反映其個人哲思，更是對社會現象的深入剖析。它們警示我們避免自欺和放縱，鼓勵我們恪守真理和美德。唯有如此，我們才能在紛擾的現實中保持清醒，追求真正的幸福和繁榮。

　　富蘭克林的睿智言語如邱吉爾的演說，為我們指明方向，在迷惘時給予力量。他以簡練而深刻的睿智，為我們揭示了生命中最本質的真理。他警示我們要「珍愛生命者，當惜時如金」，因為時光即為生命之本質。每一個被揮霍的瞬間，都是對自身存在的漠視。正是這些看似微不足道的時光累積，最終將譜寫出我們生命的華彩樂章。

　　富蘭克林一針見血地指出：「理智乃人人所需，卻鮮有人擁有，而無人自認欠缺。」這道破了人性中的悖論與盲點。大多數人自詡聰明，自認智慧充足，殊不知實則缺乏深刻洞見與審慎判斷。這種自負與無知往往導致決策與行為的偏差，最終有損個人與社會利益。

　　富蘭克林的箴言猶如警鐘，喚醒我們正視人生真諦。他以智慧的光芒，指引我們遠離感官享樂和虛偽行為的陷阱，堅守良善品德，開創美好的未來。這些睿智的箴言彷彿迴盪在耳畔，永遠指引著我們前行的方向。

富蘭克林以樸實無華的語言道出人生真諦，如同身著白絲圍裙的鐵匠用雙手打造出精美工藝品。這些智慧結晶穿越歷史長河，如今仍在我們的日常中閃爍光芒，為我們指明前進方向。我們應以此為鑑，惜時如金，崇尚理性，書寫屬於自己的輝煌人生。

富蘭克林的箴言散發智慧光輝，令人聯想到那些在戰火紛飛中依然堅守信念的不屈靈魂。這些精練而富有哲理的語句，如同歷久彌新的經典策略，世代相傳。即使時光荏苒，歷史掩蓋了作者的名字，但這些箴言仍能為後世讀者帶來終身受用的啟迪。正如富蘭克林所言：「歷史將不會溫柔以待我們，但我們將書寫它。」這些箴言正是歷史的見證者，不論歲月如何變遷，其光芒永不熄滅。

富蘭克林巧妙運用俏皮話，令人聯想到演說家妙語如珠的風采。幽默不僅能化解沉重話題的緊張感，還能激發讀者思考更深層次的問題。這種技巧的高明之處在於，它能悄無聲息地將嚴肅議題滲透到讀者心中，留下永久的印記。這正與富蘭克林強調的「以最樸實言語闡述最重要事物」不謀而合，既簡潔有力，又不失深度與輕鬆。

在自傳中，富蘭克林展現難得的謙遜和坦誠。他坦率承認並非所有內容都是原創，並描述自己偶爾會寫一些關於自然和星辰的詩作，但並不認為自己是詩人。這種對自身能力的準確評估和坦率態度令人欽佩。他選擇如實呈現自己，而非欺瞞讀者，這種誠實不僅彰顯了他作為偉大思想家的風範，也為後人樹立了值得效仿的榜樣。

生命的智慧：豐碩成果與感恩之心

在這片刻，讓我們緬懷雅各布‧泰勒的無私貢獻。這位學者兼思想家集數學、天文和哲學於一身，以其博學精神與高尚品格深受敬仰。他

為美洲民眾編撰了極為詳盡的曆書和預測，為世人帶來了莫大裨益。如同戰爭中無名英雄的付出，他的智慧結晶將永遠鼓舞後世。

然而，我們從中亦可見，追逐多重目標往往事倍功半。古語有云：「專注乃成就之道。」真正的卓越，源自全身心的投入與堅持。雅各布・泰勒正是憑藉對單一目標的專注，最終結出了碩果纍纍的學術成就。這份智慧啟示我們，在生活中應當排除雜念，聚焦關鍵，終能實現心之所願。

同樣值得我們汲取的，還有富蘭克林的睿智箴言。他以簡約而精闢的方式，闡述了寬恕與感恩的重要性。將傷痛比作塵土，意味著我們不應過度執著於過去的創痛，而要學會放下；將恩惠比作石頭，則強調我們應當銘記他人的善意，讓感激之情長存心中。這番智慧之言，啟示我們人生如同四季更迭，陰霾終將散去，陽光必會重現。我們更應珍視那些在艱難時刻伸出援手的人，因為正是他們的善舉，讓我們得以度過難關，迎接光明。

生命的智慧，源自對目標的專注，也在於對恩惠的感恩。讓我們銘記雅各布・泰勒與富蘭克林的遺訓，排除雜念，聚焦關鍵，並以感恩之心待人，終必能收穫人生的豐碩果實。

富蘭克林的洞見讓我們領略到一個深刻的人生真理──追求成為國家的傑出人物或許會令人失望，但致力於自我完善卻可能帶來意想不到的收穫。這一觀點引導我們將注意力從外在的榮譽轉向內在的成長。真正的勝利不在於超越他人，而在於超越昨日的自己。這種哲思不僅是一種生活方式，更體現了智者的抉擇。

歷史上的偉大領袖不僅在戰役中贏得勝利，更在個人修為和智慧上達到了至高境界。當我們全身心投入自我提升時，無論外界風雲變幻，我們都能保持鎮定，從容應對各種挑戰。這種內在的力量，才是真正的

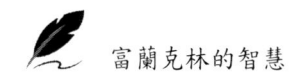

成功之源。富蘭克林對生命本質的洞見令人折服。他運用淺白易懂的詞句，傳遞了深邃的哲理，促使我們在匆忙的日常中駐足思考，審視內心，尋求心靈的寧靜與提升。

這種智慧與英國史上那些偉大的身影不謀而合，他們在動盪中堅持理想，終鑄就永恆的傳說。這般智慧的結晶實在值得我們牢記於心，並在生命歷程中不斷精進，追求卓爾不凡。當我們將目光從外在的成就轉向內心的修養，便能發現通往真正成功之路。富蘭克林的觀點啟發我們，唯有栽培自身的內在，才能收穫持久的幸福與成就。讓我們以此為鏡，用不懈的努力，書寫屬於自己的人生傳奇。

真理永存 —— 富蘭克林的睿智洞見

富蘭克林的睿智洞見如同明燈，照亮了人性與道德的幽暗角落。他銳利如刀的言辭剖析人心，道出了深邃的人生真諦，讓讀者不禁為之驚嘆。他曾言：「雷聲轟鳴亦無礙安眠，唯有清白良知方能安枕無憂。」這番話與莎翁筆下哈姆雷特的自省「良心使人怯懦」遙相呼應。無論身處戰火紛飛還是政海浮沉，唯有心無旁騖、行為正直之人方能享受寧靜安穩的睡眠。

富蘭克林接著道出了一句意味深長的話：「詭計必須穿上外衣，而真理卻能赤身示人。」這番睿智之言直指謊言與真相的本質區別。虛假必須層層包裹，巧立名目；真理則光明坦蕩，無須粉飾。這不禁讓人想起《二戰回憶錄》中那些以誠信正直贏得敬重的偉人。在艱難時刻，我們需要的正是這種赤誠無畏、勇於面對的品格。真理自有其力量，無須藉助外力即可昭示世人。

面對動盪不安的時局，富蘭克林的睿智洞見彷彿一盞明燈，指引我

們走向真理之路。正如他所言：「真理永存，不容亂象掩蓋。」讓我們以此為鑑，秉持正義與誠信，在這片迷霧中尋找真理的曙光，共同譜寫屬於我們這一代人的歷史篇章。

富蘭克林的睿智遠超這些箴言，他對人際關係的洞察尤為深刻。「柔軟的舌頭也可能傷人」這句話道出了言語的雙面刃本質。它揭示了說話的精髓在於如何巧妙運用詞藻來影響他人，而非造成傷害。語言蘊含無限潛力，運用得當可以成為振奮人心的動力；反之則可能淪為傷害他人的利刃。

「拿什麼侍奉上帝？與人為善」這句話觸動心靈，引發深思。人生征途中，服務他人的理念一直指引著前行。這種奉獻精神不僅是對神聖的敬意，更體現了對人類的責任感。無論是站在權力巔峰還是過著平凡生活，善待他人都應成為我們共同的使命。這種信念不分身分地位，是每個人應當肩負的責任。

在一個追求物質主義的世界裡，我們容易忽視真正讓人生更加美好的事物──善待他人。然而，若能秉持富蘭克林的睿智，以溫和而堅定的態度，用言語喚起人們的良知，引領大家一起走向美好的未來，相信我們每個人都能在這段人生旅途上留下更加溫暖和諧的足跡。無論身處何種處境，我們都應該以善待他人為己任，用愛心和同情心去照耀這個世界，用正義和公平去構築一個更加美好的社會。只有這樣，我們的生命才能真正圓滿，我們的人生才能達到最高的價值。

明智言語的力量

富蘭克林的睿智箴言彷彿一道光芒，照亮我們通往德行與仁愛的道路。願每個人都能從中獲得啟發，不懈努力，不斷提升自我，成長為更

加優秀的個體。語言如利刃，一旦出口便難以收回。舌頭的失誤往往比腳步的失足更難挽回。

英國王室史上曾有多次因言語而改變歷史的關鍵時刻。舉例來說，溫莎公爵為愛情放棄王位時的宣言——「我無法承擔沉重的王冠，因為我的心已屬於另一位女士」——在全球引起轟動。這個例子生動地展示了言語所蘊含的強大力量，它不僅能左右個人命運，更可能影響整個國家的未來。鑒於此，我們在表達時應當三思而後言，因為一句話的影響可能遠超我們的想像。

我們也不能忽視群眾在失去理智時的可怕狀態，宛如一頭頭龐大但缺乏思考能力的怪物。以法國大革命為例，民眾推翻了舊政權，卻引發了更為殘酷的恐怖統治。這種衝動性的集體行動往往缺乏深思熟慮，最終釀成更大的混亂與毀壞。

因此，我們必須格外謹慎地運用語言這把利刃。一句話也許看似無傷大雅，但其潛在影響卻可能遠遠超出我們的想像。只有在充分思考的基礎上，選擇恰當的言語，我們才能真正成為德行與仁愛的典範，引領社會進步，造福大眾。

群體雖然力量強大，但若無理性引導和穩重領導，其破壞力堪比失控的洪水。這提醒我們在任何情況下都應保持冷靜與理智。正如第二次世界大戰期間，人們面對艱難困境時展現出的堅韌不拔和智慧果決，最終戰勝了重重阻礙，迎來了勝利的曙光。這對箴言突顯了言行的深遠影響。它們不僅折射個人品格，更是維繫社會秩序、推動進步的關鍵。

這令人聯想起某位卓越領袖的名言：「我們將奮戰到底，不論海陸空，我們將捍衛這片土地，不計代價。」箴言中蘊含的堅毅與睿智，正是我們應當汲取的精神養分。人類在面臨重大考驗時，往往能發揮出超乎想像的勇氣和智慧。正如第一次世界大戰期間，英軍在西線戰場上的

艱苦奮戰。當時，勇士們在溼冷泥濘的戰壕中熬過了無數個寒夜，充分展現了人類面對極端環境時的堅毅不屈精神。

這些歷史事件生動地呈現了人性中最閃耀的特質——勇氣、堅韌和智慧。無論身處何種環境，只要我們保持頭腦清晰、堅定意志，定能化危為安，戰勝一切艱難險阻。正如箴言所言：「我們不畏艱難，必將披荊斬棘，直抵勝利。」這無疑是一個鼓舞人心的訊息，足以激勵我們面對未來的種種挑戰。讓我們以這些英雄人物為榜樣，堅定不移地朝著目標前進，共同譜寫屬於我們這個時代的壯麗篇章。

在嚴寒中生存的智慧

寒冬籠罩下的哈德遜灣，呈現出一幅驚人的自然景象。湖面已成堅冰，魚蝦凍結，岩石與樹木皆因嚴寒而裂開。面對這般猛烈的自然力量，人類不禁感到自己的渺小與無助。然而，正是這種險峻的環境，激發了富蘭克林對探索精神的敬仰。

米德爾頓船長追尋西北航道時所遭遇的艱難，與此處的景象不謀而合。然而，正是這種頑強的探索精神，一直在推動人類向前。富蘭克林筆下不僅描繪了自然的驚人面貌，更深入探討了人類在嚴苛環境中的生存智慧。

當地居民巧妙運用各種冰凍技術，成功地保存了各類肉類食材，使得他們在寒冬中依然能夠享用新鮮的食物。這種智慧的生存之道，令人聯想到二戰時期英國民眾面對德軍轟炸時所展現的堅韌不屈。

就像那些在廢墟中重建家園的英國人一樣，哈德遜灣的居民也充分利用周遭環境的資源，頑強地維持著生計。兩者都展現了人類在逆境中驚人的適應能力和生存意志。

無論是嚴酷的寒冬，還是戰火洗劫，人類都能憑藉自身的智慧和勇氣，在最惡劣的環境中生存下來。這種不屈不撓的精神，不僅令人敬佩，更是人類在面對未知與挑戰時的精神支柱。

　　富蘭克林筆下的文字，展現了大自然的磅礴力量與人類智慧的完美融合。這番描述超越了單純的史實記載，成為一種精神遺產的傳承。它啟示我們，無論遭遇何種困境，都應以堅毅的意志和智慧的頭腦去克服。在逆境中尋找突破之道，這一哲理值得每個人銘刻在心。

　　這片荒涼之地為居民帶來了難以言表的考驗。土層深不見底，即使耗費整個盛夏進行挖掘，仍未能探明其深度。這種情形不由得令人聯想到生命中那些看似永無止境的困境，無論付出多少努力，希望的曙光依舊遙不可及。此景象彷彿重現了二戰時期英國民眾的堅韌精神，他們在極度艱難的處境下依然堅守信念，面對重重險阻始終不懈追求勝利。

　　寒風凜冽的十月初，這片荒涼之地的淡水便凝結成冰，直至翌年五月中方始消融。如此嚴酷的天候，迫使居民採取種種防護措施。石牆厚達兩英尺，窗戶裝有厚實的木製百葉，每日緊閉長達十八小時以抵禦寒意。葡萄酒與白蘭地只得存放地窖，爐火須日燃四次以維持室溫。即使如此，凜冽寒氣仍難以完全阻隔。煙囪頂部緊蓋鐵蓋以留存暖氣，然煙霧卻使人喘不過氣。這般艱難處境，不由得令人聯想到戰時所需的堅毅與智慧。

　　在這片充滿挑戰的土地上，居民以超乎尋常的勇氣和創造力，克服了一個個險阻，最終在荒蕪中譜寫了一段動人的生存史詩。他們的故事不僅見證了人性的堅韌，也昭示了只要心懷希望、勇往直前，就能在最黯淡的環境中找到光明。這樣的啟示，鼓舞著我們在人生路上勇敢前行，戰勝一切艱難險阻。

寒冬中的生存智慧

在極端嚴寒的環境中，人們不得不披上厚重的保暖裝備才能堅持生存。層層疊疊的衣物——內襯法蘭絨的馬褲、數件外套、獸皮大衣，再加上水獺皮帽、絨毛圍巾、毛手套等，遮蔽了身體的大部分表面。即使如此武裝，露在外面的皮膚仍難以抵擋凜冽寒風的襲擊，凍得青紫起疹，慘不忍睹。這種艱辛的生活環境，讓人不由自主地聯想到戰時士兵在戰壕中所經歷的磨難。

但正是這種極端的處境，激發了人類無比頑強的生存智慧和堅韌的意志。為了應對嚴峻的自然挑戰，他們不斷創新，利用當地的資源，研發出各種保暖裝備，用以抵禦寒冷。毛皮、獸皮、羽絨等材質被廣泛使用，不僅保持體溫，還能阻擋風雪侵襲。多層疊穿的服飾更是一種巧妙的保溫對策，形成了一道道阻隔寒氣的屏障。

這種在惡劣環境下的生存經歷，無疑是對人類身心的極大考驗。但正是在這樣的磨練中，人們展現出了驚人的適應力和堅韌的意志。無論是在茫茫雪原，還是戰火硝煙中，人類都能靠著自身的智慧和勇氣，不斷創新，戮力求存。這種精神值得我們敬佩，更值得我們學習和傳承。

在極端環境的考驗中，人類不僅找到了生存之道，也豐富了自己的精神世界。這些經歷為我們留下了寶貴的財富——智慧、勇氣、毅力，激勵著我們以無畏的姿態面對人生路上的各種挑戰。只要我們銳意進取，腳踏實地，必能不斷超越自我，在風雨中書寫人生的精彩篇章。

嚴酷的北國冬季，對當地居民帶來了重重考驗。凍傷令人不寒而慄，深入血肉的冰寒戕害著人們的身軀，而壞血病的流行更是雪上加霜，奪走了無數寶貴的生命。但正如我們所知，要對抗這般凶險的自然環境和疾病，唯有增強體魄、經常在戶外活動，才能提升身體的抵禦力。

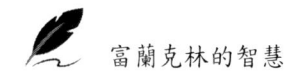

這片土地似乎時刻都在向人類發起挑戰。刺骨的北風呼嘯而來，夾雜著濃稠的霧氣，凝結成無數尖銳冰針，一旦不慎觸碰，便會瞬間刺穿衣物和肌膚，造成令人畏懼的凍瘡。即使是身材魁梧的人，也難以完全抵禦如此凜冽的寒風和嚴酷的氣候。

這種景象，不禁讓人想起了英國北海艦隊的英勇水手們。在冰冷的海域裡，他們與大自然頑強抗爭，不畏狂風暴雨和凍傷的威脅，依舊堅守職位，展現出無畏的精神。不論是在二戰期間的敦克爾克大撤退，還是漫長的大西洋戰役，他們都充分證明了人類能夠戰勝嚴酷自然的力量。

正是這種頑強的意志和堅韌的精神，令人敬佩不已。即使在最寒冷的冬季，這些勇敢的人們也毫不畏懼，義無反顧地迎接挑戰，用自己的行動譜寫了動人的篇章。他們的故事無疑是對所有人的鼓舞，告訴我們只要堅持下去，就一定能夠戰勝任何困難，擊敗最強大的敵人。

北極探險的艱辛與啟示

在極度寒冷的北極環境中，凍傷是探險家們必須面對的嚴峻挑戰。一旦未能及時採取有效措施，後果不堪設想。皮膚可能脫落，滲出黏稠的漿液，令人不寒而慄。

漫長的北極冬季長達五、六個月，外出即面臨凍傷的極大風險。難以想像，這些勇敢的探險家們如何在冰天雪地中與無盡的寒冷和孤獨搏鬥，竟仍能堅持不懈地前行。他們的精神，猶如戰爭中那些無畏的英雄，在極端惡劣的條件下，依然保持堅韌不拔的意志，為了理想和信念而不懈奮鬥。

船長米德爾頓的敘述揭示了北極探險的艱辛歷程。當寒風刺骨，讓我們不禁顫抖呻吟時，不妨設想一下，若遷居至那片冰天雪地，境況又

將如何?相較之下,我們所居住的賓州定然更加舒適宜人,令人嚮往。

我們理應感恩上蒼,賜予如此適居之地,使我們得以安居樂業,享受美好人生。北極探險家們的無畏精神,無疑是我們值得學習和敬佩的。他們在極限條件下,仍能堅持理想、忠於信念,實在是令人肅然起敬的楷模。我們理應珍惜所擁有的一切,珍惜生命,珍惜生活。

在寒冬肆虐之時,我們需要的不僅是物質上的禦寒,更需要內心的力量指引前行。富蘭克林曾言「理性越是匱乏,信念便越顯重要」,這番話給予了我們極大的啟示。面對生活的種種挑戰,堅定的信念成為我們前進的指引明燈。

牛頓的非凡成就令人敬佩,更啟發了富蘭克林深入思考人類的智慧境界。牛頓謙遜地表示「我之所以能夠看得更遠,是因為我站在了巨人的肩膀上」,道出了科學知識的傳承本質。這不僅彰顯了牛頓個人的智慧,更突顯了科學精神的可貴。人類文明正是在這樣的智慧指引下不斷向前。

在寒冬飽受摧殘之時,我們同樣需要智慧的指引。面對自然的嚴寒,靠藉助科學技術取暖禦寒固然必要,但更重要的是秉持對生命的尊重和對未知的好奇。我們要向牛頓學習,以謙遜的態度仰望那些揭示自然奧祕的巨人,並從中汲取前行的力量。

在日常生活中,我們同樣需要智慧的啟迪。面對種種人生抉擇,我們不能僅靠理性思考,更需要堅定的信念來指引方向。正如富蘭克林所言,當理性有所匱乏時,信念便顯得格外重要。要相信自己,相信善良,相信生命中蘊含的無窮力量。

智慧的指引,不僅源於偉人的洞見,更深藏於我們內心的信念之中。讓我們一起珍惜這份智慧,在寒冬中緊握信念的火種,朝著希望的曙光前行吧。

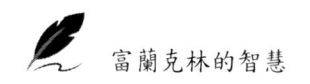

人性之光與黑暗 ——
兩代克倫威爾的人生探索

富蘭克林巧妙地以對比的方式勾勒出人性的兩面。他生動地描述了沉浸於酒精的愚者和專注於思考的智者，引發人們對生命價值的深層省思。

奧立佛・克倫威爾的一生可謂是權力與智慧的交織。他征服了三大王國，成就了輝煌的軍事成就，但也被視為暴君而飽受爭議。這個歷史人物複雜的形象，生動地反映了人性中對權力和智慧的矛盾追求。

與父親不同，理查・克倫威爾選擇了隱退，似乎展現了對權力和生活智慧的另一種詮釋。他的這一決定，或許反映了他對人生價值的獨特理解，與父親形成了鮮明的對比。

透過對兩代克倫威爾的生命歷程的描述，我們不禁思考：人性中光明與黑暗的交織，究竟何去何從？權力與智慧，孰輕孰重？生命的價值何在？這些問題的探討，不僅帶領我們走進這個家族的命運，也引導我們反觀自身，尋找生命的意義所在。

生活中不可避免會遇到令人不快的人物，就像伸手觸碰到蕁麻般會帶來刺痛般的感受。這樣的比喻生動形象，也暗示我們在人際互動中須時刻保持警惕。這番睿智之言，不僅體現了對日常細節的敏銳觀察，更反映出對人性複雜性的深刻理解。

事實上，知識與智慧在生活中扮演著截然不同，卻同等重要的角色。這一點，在自然科學的偉大發現與生活哲學的深刻洞見中得到充分體現。牛頓以其非凡的智慧揭示了宇宙奧祕，為人類認知自然規律開闢了新天地。而克倫威爾在權力與隱退之間的抉擇，則折射出人生智慧的光芒。這些不同領域的傑出成就，共同勾勒出人類在探索真理與追尋幸福道路上的多元面向，令人深思。

然而，局部視角往往難以洞察全域性，就像摸象之人妄談大象一般。在資訊不全的情況下貿然給出建議，無異於盲人瞎馬，徒增風險。正如富蘭克林所強調的，無論面對摯友、法律顧問還是醫療專家，誠實坦率至關重要。虛偽面具終將被揭穿，反而有礙溝通。這一原則在生活各領域皆適用。信任與透明度，正是成功的基石。

誠如蘇格拉底所言：「未經反思的人生不值一過。」只有以開明、謙遜的態度面對生活中的種種挑戰，我們才能收穫智慧的果實，在人際互動中學會保持警惕，但同時也緊緊抓住誠實與信任的至關重要性。

生命的啟示：從微小到偉大的洞見

當面臨危機或挑戰時，我們常會懷疑和質疑周遭的一切，但這種做法恐怕並非上策。就如英國在面對德國威脅時所看到的那樣，缺乏互信會導致內部分裂和動搖。富蘭克林曾提醒我們，過度的自信往往並不可靠。事實上，敵人常在暗處伺機而動，一旦出現疏忽或自滿，就可能釀成難以挽回的悲劇。這突顯了掌權者必須時刻保持警惕、謹慎行事的重要性。

而這樣的觀點，不僅適用於政治與戰事，同樣適用於個人生活。債務即是萬惡之首，束縛了人的自由和創造力；謊言則是錯誤的根源，不論何種處境，誠實永遠是上策。同時，我們也應該學會珍惜靈感的降臨。清晨是思維最為敏銳的時刻，許多傑出創作都源於此。這提醒我們，要努力抓住那些不經意間顯現的靈感和機遇。

更值得我們思考的是，自然界中那些外表平凡的生物，內在往往蘊藏著精妙複雜的運作系統。就如同富蘭克林所指出的，一隻普通的蚊子，體內就擁有生存、活動、消化、繁衍所需的各種器官，並具備視、聽、觸、嗅、味五感。這不禁令人聯想到社會中的每個個體，雖然表面

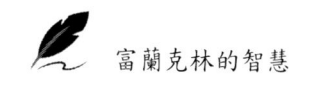

平凡，但內心卻可能蘊含著無窮的潛能。這無疑提醒我們，應當以敬重的態度對待生命，重視每個人的獨特價值。

富蘭克林的真知灼見不僅為個人生活提供了指南，更深入洞察了社會結構和人類文明的本質。他的箴言經歷時間的考驗，依舊發揮著強大的影響力，猶如明燈，為後世指明前進的方向。這些智慧之言穿越歲月，至今仍散發著耀眼的光芒，啟迪著一代又一代的人們。

自然世界中蘊藏著無數啟發人心的奧祕。浩瀚無垠的大自然中，蚊子雖小，卻蘊含著令人嘖嘖稱奇的精密構造。每隻蚊子體內都有完整的生命系統，血管、動脈、肌肉等組織在微小空間內協同運作，維持其生存、活動、消化和繁衍。這種令人驚嘆的自然設計彰顯了造物主的巧思。蚊子的身軀竟能容納視覺、聽覺、觸覺、嗅覺和味覺五種感官，其器官之微小，結構之精細，實在難以用言語形容。

炎炎夏日，這些微型生物悄然變身為居家煩擾。院落中一桶疏忽未覆的積水，瞬間成為蚊蟲的理想棲息地，卵粒隨即漂浮水面。孵化後的幼蟲在水中蛻變，逐漸長出肢翼，最終蛻化為成蟲，展翅飛離水域，潛入室內。此現象不僅展現自然奧妙，更提醒我們日常生活中警覺和規律的必要。

正如英國文豪約翰‧多恩所言：「人非孤島，自成一體。」我們都生活在一個相互關聯的世界中。即使是微小的生命，也蘊藏著難以想像的奇妙。保持好奇心，洞察人生真諦，定能開啟通向智慧和啟示的大門。

微不足道中的力量

蚊蟲雖看似微不足道，但其強大的生命力和危害卻絲毫不容忽視。一隻小小的蚊蟲，竟足以引發無可挽回的災難，這令人不禁感嘆大自然

微妙而強大的力量。在人類歷史的長河中，蚊媒疾病曾多次肆虐，給社會帶來極大威脅。這些看似細微的事件，卻往往能引發出難以想像的蝴蝶效應，改寫人類的命運。

正如滑鐵盧戰役中，一場突如其來的驟雨，使拿破崙的火炮失去作用，最終導致法軍潰敗，改變了歐洲的政治格局。這些鮮為人知的細節，往往蘊藏著強大的破壞力，教導我們必須時刻保持警惕，以科學精神去探索和應對大自然的力量。

我們理應以敬畏之心對待這些微不足道的存在，因為它們體現了大自然的神奇，也折射出我們生命的脆弱。就像邱吉爾所說的：「成功非終點，失敗非末路，關鍵在於勇往直前的決心。」無論遇到何等微不足道的挑戰，我們都應以積極樂觀的心態和堅忍不拔的意志去迎接，在這瞬息萬變的世界中屹立不倒。

只有充分了解到自然界微小事物的力量，我們才能真正尊重生命，珍惜這個美麗的世界。讓我們以此為鑑，時刻保持警醒，不斷探索和發現，在與自然的對話中找到人生的意義和答案。

在人生的道路上，我們時常會遇到這樣一些古老的智慧箴言。它們或許簡潔，卻反映了人性的真理。就如那句說「鄉下人夾在兩個律師之間，恰如一尾魚落入兩隻飢餓的貓爪中」的諺語，它生動地描繪了普通人在法律專家面前的脆弱困境。律師們彷彿飢餓的貓，急於爭奪手中的獵物，而被捲入其中的鄉民無力自救，只能任由宰割。這一現象不僅值得我們深思，也反映了法律界的某些怪象。

法律本應維護正義，但有時卻淪為權力與利益的角力場。就如「傑克愛上吉兒，便無法客觀評判她的容貌」這句格言所指出的，當被愛情占據，人們往往失去理性判斷，陷入美好的幻覺之中。愛情的魔力不僅影響文學巨匠筆下的不朽戀人，也同樣滲透到尋常百姓的日常情感之中。

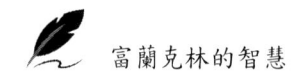

這種愛情沖昏了頭腦，模糊了現實與理想的界限，使人淪陷在自我建構的完美世界裡。類似的現象在歷史上反覆出現，從古至今屢見不鮮。愛情的力量確實美好而動人，但當它干擾了我們的理性思考時，卻也可能成為一種陷阱。

我們應該明智地了解到愛情與理性的衝突，學會在熱情與冷靜之間保持適當的平衡。只有以一顆清醒的心，才能清楚地看清事物的本質，做出正確的判斷。只有這樣，我們才能在生活的迷局中找到通向光明的道路。

智慧與仁愛 —— 走向人生高境的指引

富蘭克林的格言智慧體現了他對人性本質和社會現象的深入觀察。這些箴言如同指路明燈，引導我們在錯綜複雜的人際網絡和社會議題中保持頭腦清晰、判斷理性。威廉・佩恩和約翰・洛克等先賢啟示我們，智慧與仁愛乃是推動社會進步的雙輪。我們當效法他們的言行，竭盡所能為民眾謀求福祉與自由，方為真正的成就。

這些箴言猶如一盞明燈，指引我們不斷審視自身言行與決策。透過持續的自我反省，我們得以逐步提升智慧與慈悲之心。人生路途難免跌宕起伏，但透過汲取經驗教訓並深入思考，我們能逐步增進洞察力與決斷能力。如此一來，當面臨人生的種種難題與考驗時，我們便能更有把握地作出明智抉擇。

汲取他人經驗教訓乃智者之舉，唯有愚者方需親身體悟。此言猶如明鏡，照見人類智慧之深邃與愚昧之膚淺。縱觀史冊，此理屢屢得到印證。試看羅伯特・波以耳，憑藉非凡智慧與無畏探索精神，為人類開拓了認知自然的新疆界。他率先將氣泵付諸實踐，使我們對空氣這一奇妙物質的理解更為深入。此項發現不僅在技術層面上獲得突破，更是思考

模式的一次革新。波以耳以其淵博學識與虔誠信仰，巧妙融合科學與信仰，為我們展現了一個更為寬廣的世界圖像。

我們應當效法前賢，以智慧與仁愛為座標，持續探索人性本質，反思自我，不斷提升決斷力和洞察力。只有如此，我們才能在人生的道路上攀登至更高境界，成為推動社會進步的先鋒。

波以耳的科學探索之路，無疑是一場靈性之旅。湯姆森深刻洞察了這位偉大科學家內心深處的虔誠追求。波以耳在實驗室裡徬徨探索，宛如尋找那位神聖的創造者。這種堅定的信念，令人聯想到戰場上慷慨激昂的將領，他們面對千軍萬馬，以無畏的勇氣和堅定的信念激勵每一位戰士。無論是在科學研究還是戰爭中，這種堅韌不拔的精神都彰顯了人性最寶貴的特質。

然而，熱情消退之後，後悔隨之而來。這一警世箴言提醒我們理智與冷靜的重要性，無論身處何種境地。回顧人類歷程，熱情退潮後常留下無盡的懊悔與傷痛。波以耳在科學研究中展現的虔誠與沉著態度，堪稱典範。他以理性之光照亮了科學的未知領域，這種精神值得後人永遠傳承與效仿。

當今世界變化迅速，波以耳這樣的智者尤為珍貴。他們善於從他人的經驗中學習，同時以無畏的探索精神勇闖未知領域。這種精神不僅加深了我們對世界的認知，還增強了我們迎接未來挑戰的信心和決心。波以耳的一生充分證明，真才實學與虔誠信仰並非對立，反而相互促進，共同推動人類文明的發展。

馬丁・路德的生命啟示

馬丁・路德是宗教改革運動的先驅，他的一生見證了信念和實踐的力量。西元 1546 年 2 月 18 日，這位偉大的改革者離世，但他終生抵抗

教宗的專制統治，誓要捍衛信仰的自由。

路德的生活方式非凡，充滿了自制和克己的精神。他奉行素食主義，對酒精也一滴不沾。有時他連續數日只進食簡單的素菜和麵包，以此鍛鍊自己的意志力。這種嚴格的自律生活，正如西塞羅所言，「不經磨難，難成大器」。路德的經歷向我們展示了，只有透過不懈的自我修養和自我克制，我們才能夠達到真正的強大和睿智。

相反，那些縱情於飲食的人，往往精力耗盡，身心不振，難以在人生道路上獲得重大成就。路德的生活方式昭示了克己和自制的價值，這些特質對於個人的成長和社會的進步都至關重要。

此外，近年來學者們的研究也揭示了聲音傳播的驚人規律。據測算，聲波每秒可以傳遞1,142英尺的距離，無論風力和音調高低如何變化，這個速率都保持恆定。這一發現不僅加深了我們對聲學的理解，更彰顯了大自然運作的一致性和穩定性。

總之，馬丁·路德的生命經歷和科學發現，都向我們傳遞了一個共同的啟示：透過自我修養和對自然規律的深入理解，我們才能夠達到真正的智慧和力量。言語可以展現智慧，但唯有踐行才能體現真諦。

古人留下的智慧箴言，不僅生動傳神，更洞徹人性的複雜面向。「一分錢省得值，等同四分錢」，此言蘊含了精明理財的重要性。而「狐狸雖老，未必變善」的警示，則提醒我們，時間的流逝並不必然帶來道德的提升，智慧與品格需要透過自我修養與反省。

自負矇蔽了我們的雙眼，驅使我們魯莽行事，遺忘了包容與理解的必要性。譬如，不諳阿拉伯香料芬芳的女士們，或是難以領會中華傳統樂器音色的聽眾，這些例子生動地展現了跨越文化差異的重要性。唯有以開放的心態去理解彼此，才能打破交流的藩籬，擁抱多元文化的美。

法蘭西斯・培根的複雜人格，更是智慧與道德爭辯的一個縮影。他被譽為現代實驗哲學的奠基人，堪稱學術巨擘，但他的生平卻充滿了智慧與缺憾的矛盾。正如詩人亞歷山大・波普所言：「才華若令你傾倒，請思量培根的光芒，他是人類中最睿智、最輝煌，卻也最卑微的存在。」這一評價，生動地揭示了培根性格中的悖論：他既是智慧的象徵，又在某些行為上顯露了卑劣的一面。

人生的智慧多樣，既有精明的理財之道，也有道德修養的警示；既有文化融合的呼籲，也有人性複雜的折射。我們應該以開放的心態，汲取這些智慧結晶，在日常生活中運用，不斷充實和完善自我，以應對人生的多重考驗。

培根的智慧與品行之爭

培根的成就無庸置疑，他在哲學和科學方法論上的革新貢獻，為人類知識的發展奠定了重要基礎。然而，當我們細細審視他的人生歷程，也不難發現其中的複雜面向。

培根大力倡導經驗主義，堅持知識應源於實踐觀察而非空泛理論，這種方法論變革，正是他卓越貢獻之一。他洞見了當時以教條式思維為主導的學術局限，勇於提出突破性的觀點。這種求實創新的精神，無疑樹立了科學研究的新標竿，影響力延續至今。

但是，當我們將目光轉向培根的政治履歷時，就不免對他的品行產生質疑。他在英格蘭宮廷中小心翼翼地周旋，對年輕王子的諂媚行徑，讓人感到他在權力面前缺乏應有的操守。詩人的聲音指出了這種道德瑕疵的可能根源——關鍵時刻的抉擇失誤。

我們不難想見，即使是如此睿智的培根，也難免淪陷於權力和名利

的誘惑之中。這並非源自天性,而是環境和個人抉擇的結果。這無疑是一個警示,提醒我們即使是最卓越的智者,也難免在世俗的考驗面前迷失自我,偏離正道。

培根的人生經歷,體現了智慧與品行的微妙張力。一方面,他在哲學和科學方法論上的成就,譽滿神州;另一方面,他在政治場域的種種作為,又讓人對其道德操守產生質疑。這一矛盾反映了人性的普遍弱點——即使是最睿智的個體,也難免陷入權力和名利的迷障之中。

培根的人生啟示我們,智慧和品行並非完全對等。我們不能只從功績看重一個人,更要審視其行為和抉擇,看清其內在的人性弱點。這種全面的認知,或許更能幫助我們理解偉人的複雜性,並從中汲取前行的智慧。

富蘭克林那句膾炙人口的箴言「熱情肆虐時,理智當握緊韁繩」,不僅凝煉了深邃的人生智慧,也為我們指引了通往心靈平靜的坦途。這一睿言提醒我們,即使在情緒洶湧的時刻,也應以理性作為行動依歸,避免淪陷於感性的泥沼之中。正如韁繩能夠控制烈馬的狂奔,理性亦能引領我們遠離情感的漩渦,駛往明智的坦途。

富蘭克林其他的箴言同樣蘊含著寶貴的人生經驗。他以簡潔有力的語言,為我們描繪出一條通往內心寧靜的道路:「謹慎信任、避免爭論、戒絕賭博、不予借貸,方能享受安寧人生。」這一切的背後,無不彰顯了理性對於維護個人幸福的重要性。輕信他人易招致欺騙,爭論不休則徒耗心力。而賭博和借貸更可能引發不必要的衝突,破壞心靈的安寧。富蘭克林的睿智之言,提醒我們在日常生活中當謹言慎行,才能獲得內心的祥和。

將富蘭克林的箴言與培根的人生軌跡相比,不難發現兩者對理性與道德的追求息息相關。唯有以理性為舵,我們才能在紛繁世事中尋得內

心的平衡之道。酒精固然可暫時麻痺感官，但如蘇格拉底所言，真正的幸福並非源於外在的刺激，而是源於內心的寧靜。富蘭克林洞悉了這一真理，並熱忱地將其傳承給後世，期望我們能夠在紛擾的世界中，以理性和智慧為燈，照亮通往心靈安寧的道路。讓我們一同沉浸於這些睿智的箴言，汲取其中蘊含的人生智慧，共同謀求內心的平衡與淨化。

愛情的智慧與生命的意義

富蘭克林警示我們，對愛情過度挑剔終將遭到愛情的反噬。這番睿智讓人不由聯想到莎翁的至理名言：「愛情源於心靈的感悟，而非肉眼的觀察。」富蘭克林的洞見提醒世人，執著於追求完美無瑕的愛情，反而可能使自己陷入孤寂和失落的境地。真摯的愛情應當建立在互相包容和理解的基礎之上，而非苛刻的要求和無休止的挑剔。

歷史的篇章翻到西元 1564 年 5 月 27 日，宗教改革的巨擘約翰‧喀爾文在日內瓦謝世。與馬丁‧路德相似，喀爾文以其克制和沉穩聞名，但他的勤奮程度可能更勝一籌。每年近兩百場演講，近三百次布道，再加上年復一年推出的鉅著，無一不彰顯他過人的毅力和智慧。喀爾文的生平啟發我們深思：究竟什麼構成了生命的真正意義？是安於現狀的享受，還是積極投身的行動？

喀爾文的一生都在為宗教改革事業而奮鬥不休。他沉浸於自己的信仰和理念之中，將其貫徹到底。儘管在某些方面他的做法可能過於極端和激進，但他的堅持和奉獻精神卻是我們值得學習的地方。他的一生彰顯了一個人所擁有的龐大潛能，只要願意全心全意地投入到自己所熱愛的事業中去。生命的意義，就在於我們是否能夠發掘自己內心的火焰，並用它點燃周遭的世界。

富蘭克林的智慧

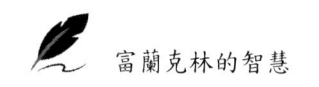

與此同時，富蘭克林的警示也提醒我們，在追求事業和理想的過程中，別忘了愛情的重要性。一味地追求完美可能會導致孤獨，我們更需要的是彼此的理解和支持。只有將愛情和事業完美地融合在一起，生命才能更加圓滿和幸福。

喀爾文的一生雖然短暫，但卻絕非平凡。他奉行素食主義，並將大部分時光投入到有意義的事業中，完全不為俗世的安逸所惑。即使英年早逝，僅活了55年，但他所留下的精神遺產和深遠影響，卻足以與長壽者相提並論。

相比之下，當今社會中有許多人隨波逐流，沉溺於享樂之中，虛度光陰，卻忽視了生命的真諦和方向。富蘭克林正是看透了這一切，他以深邃的洞察力與睿智，闡明了衡量生命價值的真正尺度並非年歲的多寡，而在於如何充分利用有限的時間，創造出更多的價值。

富蘭克林不僅對生命有著獨到的見解，對愛情的思考也是理性而深刻的。同時，他對歷史巨人懷有崇敬之心，將他們的智慧精華視如人生航程中的明燈，為我們指明前進的方向。

讓我們銘記這些金玉良言，汲取其中蘊含的力量，活出更為豐富、有意義的人生篇章。就像《大憲章》在中世紀黑暗時期照亮了前路，我們也應該以此為鑑，在浩瀚的人生海域中勇敢前行，讓自己的生命燃燒，而非虛度光陰。

憲政思想的歷史傳承

回顧中華文明的歷史長河，我們可以發現，中國先賢早在上古時期就已經開始探索關於良政善治的理念，並將之付諸實踐。從《尚書》中的「民唯邦本」，到《管子》的「法與時轉則治」，再到近代的《天朝田畝制

度》，這些都體現了知識分子對於政治制度和社會治理的深邃思考。這些珍貴的政治智慧，至今仍在滋養著社會，使我們得以在法治的庇護下享有自由與權利。

在漫長的歷史程序中，憲政思想不斷被發展和完善。特別是在近代以來，這一理論體系更是得到了全新的詮釋和實踐。《大憲章》的誕生，猶如一道曙光，照亮了往後世代法治與政體的發展道路，引領人類邁向更加文明和公正的未來。它不僅象徵著對當時壓迫和專制統治的反抗，更是對後世的莊嚴承諾。

這些歷史性的轉折時刻，無一不彰顯了人類對自由的孜孜追求和對專制的堅決抗爭。正是這種不懈的奮鬥精神，推動了人類文明的不斷進步。

智者曾言：「慎選最佳生活模式，習慣會使其變得樂趣無窮。」這番睿言深深觸動了我的心弦。生活抉擇不僅是自我規畫，更是對未來的承諾。許多人缺乏明確的人生藍圖，任由環境推動，最終迷失在紛繁的選項中。這讓人聯想到一段寓言：「缺乏目標的人宛如海上漂泊的船隻，無論風向如何變化，都難以到達理想的彼岸。」

年輕的我們應當了解到，唯有選擇正確方向並堅持不懈，方能在漫長人生中尋得真正的幸福與成就。古賢先哲的箴言與歷史的啟示，無一不昭示著一個深刻的道理：個體的人生軌跡和國家的興衰存亡，皆由點滴抉擇與行為累積而成。我們當從先輩的睿智與無畏中獲取養分，矢志不渝地為開創美好明天而奮鬥。

睿智的富蘭克林深入探索人性深處，為我們帶來發人深省的道德啟示。試想一個令人心痛的場景：一位垂死的患者絕望地哀求解救，卻已無力回天。即使名醫雲集，傾盡所有財富，也難以挽回其生命。這幅畫面恰如人生中那些錯失的寶貴時機，當我們幡然醒悟時，追悔莫及。此

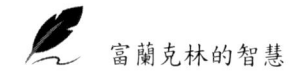

情此景不僅僅是醫學領域的警示,更是對生活的深刻反思:把握當下,及時糾正,莫讓遺憾成為人生的注腳。

我們應當時刻警醒,珍惜每一刻光陰,及時作出正確抉擇。只有這樣,我們才能在人生的漫漫長路上,牢牢掌握住航向,最終駛向幸福的彼岸。讓我們共同銘記先賢的睿智,以正確的生活態度和堅毅的意志,締造一個美好的明天!

追尋自我的智慧之旅

富蘭克林深刻了解到,想要在這瞬息萬變的世界中找到真正的人生意義和定位,關鍵在於對自我的深入探索和透澈理解。正如蘇格拉底所言,「認識你自己」,是人生修行中最重要的一課。富蘭克林以其獨特的睿智和洞察力,帶領讀者踏上一場全新的自我認知之旅。

他首先強調了自我認知的重要性。只有透過對內心世界的深度探索,我們才能真正了解自身的本質和天性。這不僅能幫助我們找到在這世界上所擔負的角色與使命,更能讓我們掌握自己的命運,成為生命的主宰者,而非被動的棋子。富蘭克林用一句精練的警句道出了這一道理:「頭顱若為蠟製,切莫在烈日下漫步。」這句話蘊含著對人性脆弱面的深刻洞察,提醒我們要時刻保持警惕,避免陷入可能造成自身毀滅的處境。

富蘭克林進一步指出,唯有透過對自我的徹底審視,我們才能真正認清自身的價值和責任。只有這樣,我們才能在茫茫人海中找到自己的定位,在這個世界上扮演應有的角色。他呼籲我們要勇於直視自己的缺陷和局限,勇於面對內心的黑暗面,這樣才能夠以智慧為指引,掌控自己的命運。

富蘭克林的思想無疑是一股清流，引領人們重新審視人性的本質，並在這個過程中找到自我的真正價值和意義。他的觀點不僅體現了一種明智的謹慎態度，更昭示了一種對人性深層次的深刻理解。讓我們一起踏上這場探尋自我的智慧之旅，尋找生命中的真諦。

富蘭克林深具洞見，他指出貧困本身並非可恥，真正可恥的是因貧窮而感到自卑和羞愧。這個觀點體現了他對人性尊嚴和自我價值的深刻洞察。經濟困境並不意味著個人的錯誤，反而是對自身處境感到羞愧和自慚形穢才值得譴責。

這種思考方式無疑是對人的固有價值的有力維護，也是對每個人內在尊嚴的堅定捍衛。富蘭克林的智慧之言不僅展現了他對人性的精闢見解，還體現了他對人類幸福生活的熱切嚮往。他的洞見啟發我們每個人深入自省，把握當下，無畏地迎接未來的挑戰。

富蘭克林的洞見深刻剖析了人性的複雜面向，展現了人類行為的多層次性及個人追求的本質。他以敏銳的觀察力，闡述了兩個核心主題：人們對卓越的不懈追求，以及與驕傲這一固有弱點的持續角力。他的見解不僅揭示了人性的普遍特質，更為我們理解自身的行為動機提供了獨到視角。

富蘭克林堅持認為，人的價值和尊嚴並非源自物質條件，而是源於每個人內在的本質特質。貧困並不能褫奪我們的價值，反而是當我們因此而感到羞愧和自卑時，才真正損害了我們的尊嚴。他的智慧啟示我們，應該以更加開放、包容的態度看待自身和他人，尊重每個人的獨特性，珍視每個人內在的價值。只有這樣，我們才能真正實現人性的全面發展，創造一個更加公正、和諧的社會。

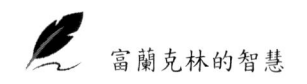

追求卓越，超越自我

　　追求卓越並非僅為超越他人，更是自我提升的動力。這種積極向上的心態不僅能激發個人的無限潛能，還能推動整個社會向前邁進。當我們努力超越周遭的人時，實際上是在挑戰自己的極限，追求更高遠的目標。這種良性競爭能夠激勵個人不斷成長，同時也為集體進步做出貢獻。正如古羅馬哲人塞內卡所言，人的全部潛力往往在競爭中得以充分展現。因此，這種追求卓越的精神不僅能為個人帶來榮譽，更能促進整個群體的蓬勃發展。

　　智慧與無知的差異，體現在對待競爭的態度上。具備洞察力的人能從對手的挑戰中獲益良多，遠勝於愚昧者從友善之人那裡得到的收穫。明智之士擅長將敵人的刁難轉化為成長的機遇，藉此磨礪自身，提升應對逆境的能力。這種態度令人聯想到蘇格拉底的哲學主張。這位古希臘思想家強調，真正的智慧源於不斷自省和虛心學習，即使是向敵對者取經。反觀缺乏智慧之人，往往沉迷於友人的阿諛奉承，無法審視自身不足，導致個人發展停滯。

　　在追求卓越的道路上，我們要保持積極進取的心態，不斷挖掘自己的潛能，以超越他人為目標，最終完成自我超越。這不僅能為個人帶來成就感和成長，更能為整個社會注入前進的動力。讓我們一起擁抱這種追求卓越的精神，共同譜寫人生的精彩篇章。

　　驕矜自滿是一種難以擺脫的頑疾。這種惡習如希臘神話中的海神普羅透斯般善變難測，能夠化身為各種形態，甚至偽裝成謙遜的模樣。這讓人不禁想起莎翁筆下哈姆雷特的一句話：「若能裝作謙卑，便已是謙遜的典範。」驕傲的本質不僅在於對自身成就的沾沾自喜，更在於過分重視他人的評價。有人以衣冠楚楚為傲，有人則以不拘小節為榮，這足以

證明驕傲可以呈現任何形式，只要能滿足內心對優越感的渴求。

富蘭克林的睿智在於他敏銳地捕捉人性矛盾，並以簡練有力的言辭闡述這些洞見。他的智慧不僅對個人成長有所裨益，更能深化我們對人性的理解。以富蘭克林的智慧為指引，我們當不斷自省、追求卓越，並從人生歷練中汲取養分。

優雅飛舞的蝴蝶，實則不過是披上華麗外衣的幼蟲。這形象令人聯想到社會上那些光鮮亮麗的浮華之徒，他們猶如孔雀開屏，炫耀著華美羽毛，卻掩蓋不住內心的空虛。蝴蝶短暫的美麗與人類虛榮心的易逝如出一轍，都如同轉瞬即逝的幻影。無論多麼精心打造的外表，終究難以遮掩靈魂的貧瘠與內在的空洞。這番比喻揭示了一個深刻的道理：真正的價值並非來自表面的光彩，而是源於內在的充實。

生命的二元性 —— 擁抱時間的恩賜與考驗

人類渴望長壽，卻難以接受衰老的必然。這種矛盾反映了我們內心深處的恐懼。時光飛逝，青春易逝，我們對此無可奈何。正如莎士比亞所言，時間猶如「無情的偉大雕刻家」，不斷打磨著我們的生命。

面對時間的侵蝕，人類的智慧與勇氣顯得格外珍貴。與其逃避年老，不如以積極態度擁抱生命的每個階段。就像在戰場上無畏面對敵人，我們也應勇於迎接生命中的種種挑戰。

但是，指責他人的自負並非必然等同於謙卑。表面的謙恭往往掩蓋著更深層的傲慢。真正的謙遜源於內心深處對自我的認知和反思，而非浮於表面的言語。正如蘇格拉底所說：「我唯一知道的，就是我一無所知。」這句名言恰恰體現了智者的自知之明，也正是真正謙遜的精髓所在。唯有意識到自身的局限性，我們才能以開放的態度汲取新知，豐富人生閱歷。

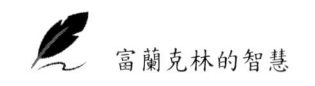

人生的二元性在於，我們既要勇敢面對時光荏苒，也要以謙遜的姿態學習成長。當我們擁抱時間的恩賜與考驗，才能真正領悟生命的意義所在。雖然我們無法阻擋歲月的流逝，但我們仍可活出精彩的人生。

生活中難免會遭遇一些傷害和不快，但以寬容的心態去面對，往往能化解矛盾，避免陷入惡性循環。這一智慧啟示了我們，寬恕並非軟弱，而是一種更高尚的力量。

我們常常會被負面情緒所纏繞，產生報復的衝動。然而，若選擇以牙還牙，很可能陷入仇恨的深淵，難以自拔。相反，選擇寬容和包容，即使暫時忽視了不愉快，卻能展現出一種超脫俗世的智慧。這讓我想起聖經中的教誨：「要愛你的仇敵，為迫害你的人祈禱。」寬恕與包容確實是化解怨恨的良方。

戰爭告訴我們，寬容並非懦弱的表現，而是一種更為高尚的力量。它蘊含深遠意義，不僅適用於個人的修身養性，更可指導國家的治理之道。真正的力量源於內心的堅毅與睿智，而非外表的虛榮與浮華。正是這份智慧結晶，深刻揭示了寬容的力量。

每個人在面對人生的重重考驗時，都應汲取這樣的智慧。寬容不僅能化解我們內心的怨恨，更能幫助我們重拾平靜與自我。這不僅是個人修養的需求，也是社會和諧的基礎。讓我們以開放和包容的心態，共同建構一個更美好的世界。

人類知識的謙遜

我們引以為傲的理性思維，在宇宙浩瀚的智慧面前，似乎不過是杯水車薪。即使是牛頓的《自然哲學的數學原理》、亞里斯多德的《形上學》等人類知識的巔峰之作，在更高層次的智慧面前，也不得不謙遜地

承認自己的微不足道。

正如富蘭克林所慨嘆的,即使是天才如牛頓,與天使般的智慧相比,其成就也難免黯然失色。這讓人不禁想起莎翁筆下哈姆雷特的感慨:「人是何等傑出的造物!理性何其崇高!」然而,我們引以為傲的理性,在更高層次的智慧面前,終究顯得微不足道。

亞里斯多德的《形上學》堪稱西方哲學的奠基之作,其影響力綿延數世紀。這位古希臘哲人的思想體系無疑代表了人類智識的一個頂峰。然而,富蘭克林的觀點卻引發了一個令人深思的問題:即使是如此卓越的哲學家,在更高等智慧面前,其成就是否也只能算作微不足道的消遣?

這種反差促使我們反思:人類引以為傲的知識和智慧,或許不過是宇宙浩瀚智慧海洋中的一滴水珠而已。這種認知不禁讓人對自身的有限性產生深刻的謙遜感。

我們必須以更謙卑的態度看待自己的成就和智慧。即使是人類歷史上最卓越的思想家,在宇宙的浩瀚面前,其智慧也只能算是微不足道。這種認知不應讓我們喪失探索未知的動力,反而應該激發我們更加虛心地學習和成長,努力超越自身的局限,以更開放的心態面對世界的奧祕。唯有以這種謙遜和好奇的態度,人類才能不斷提升自己,走向更高境界。

富蘭克林的洞見促使我們超越對傑出人物和輝煌成就的膜拜,轉而深入探討人類認知的界限。這種視角所激發的謙遜態度和反思精神,恰恰是我們在求知之路上不可或缺的寶貴特質。青春歲月所習得的本領,往往成為日後開啟財富之門的金鑰。在少年成長的階段,寫作與算術這兩門基本功尤為重要,值得潛心鑽研。這些技能不但有助於我們洞察世界的奧祕,更能為未來的人生奠定堅實基石,使我們在步入成年後遊刃有餘地應對各種挑戰。

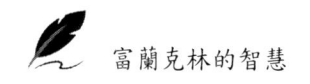

生活如同一場漫長的戰役，恰如戰場上將軍的智謀與士兵的勇武相得益彰，寫作與算術在人生征途中亦扮演著舉足輕重的角色。我們必須時刻保持策略眼光，洞察生命的複雜與多變，才能應對各種挑戰與風險。蜜蜂能憑藉智慧和勤勞釀造出甘甜的蜂蜜，但牠們同時也擁有尖銳的毒刺。人生追求的美好事物往往也暗藏著隱患，提醒我們必須時刻保持警惕，以免因一時大意而招致不必要的困擾。

無論是鑽研學問還是投身工作，我們都需要謹慎行事，以防不測。只有保持警覺，不斷學習和成長，我們才能在這條漫長的人生道路上遊刃有餘，收穫豐碩的成果。生命是一場艱苦的歷程，但只要我們勇於直視挑戰，並以智慧和勇氣去應對，定能找到通向美好未來的道路。

實踐智慧的力量

在當代社會中，知識的價值毋庸置疑，無論是理論還是實踐層面，都能成為獲取財富與聲望的關鍵。這一現象令人聯想到亞里斯多德的哲學思想。這位古希臘賢哲特別強調實踐智慧的關鍵作用，他主張唯有透過實際運用，人們方能深刻領會並真正掌握知識的精髓。

縱觀現今社會，亞里斯多德的見解依舊適用。不論身處何種行業領域，將理論與實踐系統結合，往往能夠產生出乎意料的卓越成果。面臨關鍵抉擇時，我們應當倚重個人的洞見與直覺，而非盲目地服膺他人的觀點。摯友或親信或會提供建議，然其建言難免摻雜私心，未必完全契合我們的核心利益。

這種情景令人憶及拿破崙這位傑出的軍事家。在沙場之上，他始終堅定不移地遵循自己的判斷與決斷，終成不世出的統帥。當我們站在人生的十字路口，這種果敢的自信與決斷力，正是不可或缺的品格特質。

只有充分發揮實踐智慧，運用我們獨特的洞察力，才能在人生道路上開創出不一樣的精彩。

人生的成功之路建立在多個關鍵要素之上。年少時期習得的才能、面臨困境時保持的審慎心態，以及將學說與實務相融合的能力，皆為達成人生目標的核心支柱。從這些見解中，我們或能獲得啟發，以堅毅不屈的精神迎向前路的種種考驗。

面對人生的挑戰，我們往往需要一些簡單而深奧的準則來指引行動和決策。富蘭克林的智慧格言為我們提供了許多珍貴啟示。他特別強調立即行動的重要性，警告我們切勿拖延應做之事。他如此告誡道：「當日事當日就要仔細完成。拖延常會出意外，未來捉摸不定，命運如女人般變幻無常。」這段話深刻地提醒我們，時間是不可逆的寶貴資源，任何遲延都可能引發意想不到的風險和挑戰。

凱撒渡過盧比孔河的壯舉堪稱歷史轉捩點。這位傳奇羅馬將軍深諳跨越這條分界線的重大意義——沒有回頭路可走。他擲地有聲地宣告：「骰子已經擲出。」正是這份果斷行動的魄力，最終助他登上羅馬統治者的寶座。我們的日常生活中，同樣需要秉持這種堅定不移的態度，全力以赴完成每項任務，以免因猶豫不決而錯過機會。

只有以此等奮發向上的精神，不斷超越自我，我們才能踏上通往成功的康莊大道，實現人生理想。讓我們一同牢記這些寶貴的人生智慧，在未來的征途上書寫自己的精彩篇章。

小錢累積之大智若愚

富蘭克林的智慧提醒我們要重視生活中的點滴得失。他的名言道出了一個深刻的道理：「鼠丘漸高可成山岳，小錢累積終成鉅富。珍惜每

一分收益,避免任何浪費。」這看似樸實的話語實則蘊含了深邃的理財哲學。

我們在日常生活中往往忽視那些看似微不足道的開銷,認為它們無關緊要。殊不知,正是這些被我們視為無關緊要的小額支出,隨著時間的推移,最終可能成為我們財富累積的關鍵因素。英國工業革命期間的儲蓄銀行運動堪稱一個絕佳範例。工人們養成每週存入一小筆薪資的習慣,日積月累下來竟然累積了相當可觀的財富,進而提升了生活品質。這種將零星資源聚沙成塔的理念不僅適用於理財,同樣也能應用在知識累積和技能提升上。

莎士比亞曾經說過一句至理名言:「滴水穿石,非一日之功。」這句話深刻闡述了持續不斷的微小進步最終能夠凝聚成驚人成就的道理。一分一毫的累積,才能成就一片天地。正是這些貢獻看似微不足道,但蘊含著龐大的潛能。只要我們能時刻保持珍惜每一分收益、避免任何浪費的心態,這些看似微不足道的小事,最終必將轉化為價值連城的人生財富。

有些人或許會認為,手頭拮据,每分每毫都要小心謹慎地分配,無法讓自己過上體面的生活。但事實恰恰相反,正是這種重視細節、精打細算的習慣,才是通往富足的捷徑。

因此,我們都應該學習富蘭克林和莎士比亞的智慧,珍惜生活中的每一分一毫,用心經營自己的人生財富。唯有如此,才能在不知不覺中攀登至人生的巔峰,實現自我的價值和夢想。

變化是不可逃避的,這個時代充滿著挑戰和不確定性。我們必須以智慧和堅韌的意志來面對每一天的考驗。正如富蘭克林所說的,唯有珍惜所得,汲取教訓,我們才能在人生之路上穩紮穩打,遙遙領航。

這份勞苦和細膩的觀察，彷彿希臘神話中薛西弗斯的宿命。日復一日，我們像他一樣推動巨石上山，卻永遠無法抵達頂峰。年復一年，我們筆耕不輟，希望能將智慧和見解凝聚成曆書，攀登繆斯女神的殿堂。然而，每當接近頂點，我們又不得不從頭來過。這無盡的循環中，我們無可抑制地感到失落和無奈。

富蘭克林：「在十七年的曆書編纂生涯中，我深切感受到讀者諸君的支持和厚愛。即使未能登上聲譽之巔，但您們的支持卻為我帶來了寶貴的收益。」仔細思考，後者似乎更加珍貴。畢竟，能夠溫飽自足，遠比追求虛名來得實在。正如莎翁在《亨利四世》中所言：「榮譽有何用？它既不能療傷止痛，亦不能挽救生命，更無法果腹充飢。」這番現實與理想的矛盾，古今中外皆如此。

我們必須學會包容和寬恕。正如賀拉斯所說：「人皆會犯錯，寬恕乃神性。」在這個充滿疏漏和過失的世界中，培養同理心和體諒之心便顯得尤為重要。唯有懂得接受現實，我們才能更好地擁抱變化，在不確定的未來中找到前行的方向。

英雄的責任：細節如何影響歷史走向

「印刷工人在歷史傳播過程中扮演著關鍵角色。一個小小的錯誤，就能徹底顛覆原本的含義。」這番睿智言論不單純是個人生活的指南，更為整體社會與國家指明前進的方向。每個人都應從中獲得啟示，以謙遜為本，將之作為邁向成功的準則。讓我們一起細細品味富蘭克林的哲思，探尋其中蘊含的真知灼見。

富蘭克林亦以數字零巧妙地比喻了謙遜的特質。就如同零能與其他數字結合而放大其價值，謙遜亦能襯托並提升勇氣、智慧和仁愛等其他

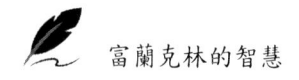

美德的光彩。表面看來，謙遜似乎平凡無奇，但它卻擁有讓美德更加閃耀的神奇力量。這一洞見令人聯想到歷史上諸多偉大領袖。他們並非倚仗權勢，而是憑藉謙遜和誠懇贏得民心。以邱吉爾為例，二戰期間他雖身居高位，卻常流露謙和之態。正是這種品格使他能凝聚英國民眾，帶領國家度過危難時刻。

謙遜不是弱小的表現，而是智慧和勇氣的彰顯。懂得謙遜的人往往也是最勇敢、最睿智的人。他們不會因地位的高低而自傲，反而能以平和、包容的心態對待他人。謙遜能使人更加明智、寬容和仁慈。它讓我們保持開放的心胸，樂於接受他人的意見和建議，不斷學習和進步。因此，我們都應該珍惜並培養這一美德，以之作為邁向成功的基石。只有做到謙遜，我們才能在人生的道路上走得更穩、更遠。讓我們共同努力，用謙遜的態度書寫人生的輝煌篇章。

堅韌自我，開創新篇

「欲克敵者，必先自強。」此語簡明而富哲理，蘊藏著深邃的智慧。無論是在政壇、戰場還是商界，自身的卓越與堅毅無疑是最強大的法寶。當我們孜孜不倦地精進才能、提升品格時，即使面對強大的敵手，也難以將我們擊垮。

二次大戰中的英國便是最佳注腳。面對德軍的強勢攻擊，英國人民並未屈服於恐懼，反而透過不懈奮鬥，增強自身實力，凝聚國家意識，最終獲得全面勝利。這就是「自強不息」所迸發的驚人力量。

富蘭克林的這一精闢見解，不僅啟迪了心智，更能激勵我們在人生道路上勇往直前，克服重重障礙。細細品味這些智慧箴言，我們得以不斷完善自我，提升精神境界，為社會貢獻更多正能量。

富蘭克林的言論不僅閃耀著機智幽默，更蘊含深邃的人生哲理。這些箴言不僅是對個人行為的良好建議，更展現了他對人性本質的透澈洞見。

　　我們當下所面臨的挑戰，或許比前人更加嚴峻複雜。但只要我們堅定信念，秉持自強不息的精神，定能在逆境中綻放耀眼光芒，譜寫人生的新篇章。讓我們一起，以富蘭克林的智慧為指引，堅韌自我，開創美好明天。

　　富蘭克林的警句指出了人性的弱點——對於批評和勸誡常常「從一耳入另耳出」。這確實是人之常情，但是我們若能以智慧之光來面對批評和指摘，必能從中吸取養分，不斷提升自我，這正是領袖人物所需具備的特質。

　　歷史上不乏思想家和領袖人物，他們以睿智的洞見試圖引領眾生走向正途，卻往往遭遇冷眼和抵制。蘇格拉底的遭遇便是一個經典案例——這位智者因挑戰固有觀念而飲下毒藥。這些往事無不告訴我們：智慧與教化若無人領會反思，再精闢的道理亦難以改變現實。

　　若我們能以開放的心態吸收各方面的意見，反覆思考和澈悟，相信必能擺脫庸俗的桎梏，不斷進取，最終邁向更崇高的境界。這正是成就卓越的捷徑，也是所有追求進步的人應當效法的楷模。

信仰的力量：洞見智慧與成長的歷程

　　富蘭克林的金玉良言不僅鼓勵我們坦然面對批評並力求進步，更提醒我們切勿對良言相勸充耳不聞。這些箴言深刻闡明了智慧與成長源於開放的心態和自我約束。富蘭克林的洞見值得我們時刻謹記於心，並將其應用於日常生活中。無論遭遇何種艱難險阻，只要我們堅持不懈地踐

行這些箴言，必能在智慧與成就的征途上穩步前行。

　　而在探討了解自我的同時，也不禁讓人思考起無知與虔誠之間錯綜複雜的關係。在某些宗教和哲學體系中，無知竟成為了虔誠的催化劑。古老的信仰體系中，人類面對自然界的神祕和恐懼時，常常轉向宗教尋求心靈慰藉和解答。這種虔誠，無論是對神明的敬畏還是對命運的接受，都成為了人類心靈的避風港。縱觀歷史長河，從中世紀歐洲到古代東方文明，無知與虔誠的交織呈現出令人深思的畫面。這種現象不僅反映了人類面對未知時的本能反應，也揭示了信仰在人類社會中的深遠影響。

　　信仰賦予我們力量，在茫茫人海中找到歸屬和目標。即使面臨重重挫折和阻滯，只要堅持信念，我們就能在黑暗中尋找光明，在迷航中找到方向。正如富蘭克林的智慧所指引，我們應該懷著虔誠而不自滿的心態，不斷汲取經驗，適時改正錯誤，用知識和智慧不斷充實自己。只有這樣，我們才能在生命的旅途上更進一步，在信仰的光芒中收穫更多智慧和成長。

　　寫作無疑是人類歷史上最偉大的發明之一。它讓我們得以跨越時空界限，將智慧結晶傳遞至遙遠的未來，更是塑造文明的重要基石。僅憑22個字母，我們就能組合出無窮無盡的文字，表達最細膩的情感和最深邃的思想。這種創造力不免令人聯想到古老的文字系統，如埃及神祕的象形文字和中國神聖的甲骨文，它們都是人類智慧的明證。

　　可惜的是，這些劃時代發明的創造者身分已經淹沒在歷史的長河中，鮮為人知。他們的名字和事蹟未能流傳至後世，令人扼腕嘆息。歷史的洪流中，那些無名英雄的貢獻雖然重大，卻常常被時間的沙塵所掩埋。文字背後蘊藏著人類智慧的璀璨光芒和歷史的深厚累積沉澱，值得我們細細探索。

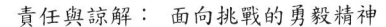

在這個資訊泛濫的時代，人類文明珍貴的智慧精華越發彌足珍貴。我們必須汲取這些得來不易的智慧養分，繼往開來，以文字的力量塑造更加燦爛的未來。探討無知與虔誠、寫作與傳承等議題，能讓我們在沉思中體會到文明發展的動人脈動。

書寫是人類最早的交流和記錄工具，它使我們得以保存珍貴的知識和記憶，讓文化得以薪火相傳。這不僅是一種技藝，更是一種智慧的傳承。一代又一代的文字工匠，用他們的筆墨和心血，鑄就了文明的輝煌。我們今天所享有的無盡智慧，都是前人孜孜以求，薪火相傳的結果。

因此，我們應該懷著敬畏之心，珍惜文字這個偉大發明，用它來守護人類智慧的薪火，承載文化的薪火。只有這樣，我們才能繼往開來，在時間的長河中留下屬於自己的印記，為子孫後代譜寫更加輝煌的篇章。

責任與諒解：面向挑戰的勇毅精神

責任與責難如影隨形，這是人生的一個深刻洞見。擔當重任的人往往需要面對更多指責，同時也更需要他人的寬容。富蘭克林曾精闢地說過：「事務繁忙者，更需諒解。」這句話不僅適用於商界，同樣能延伸至政壇、家庭乃至所有人際關係之中。

回顧二戰歷史，許多人為國家犧牲奉獻，卻遭受更多批評和責難。這恰恰反映了責任與非議相伴相生的現實困境。面對這種困境，我們需要保持堅韌不拔的精神。恆久不懈的專注力能夠移山倒海，即使是看似難以撼動的巨木，也終將在持續不斷的細微努力下倒下。這一道理不僅適用於個人成就的累積，更體現在國家興盛的歷程中。

以英國抗擊納粹侵略的過程為例，人們並未因短暫的勝利而沾沾自喜，反而保持冷靜、循序漸進，最終贏得了戰爭的勝利。這種堅毅不拔的精神不僅在戰場上發揮作用，更能應用於日常生活中的種種挑戰，指引我們克服困難、實現目標。

在面對責任與指責的雙重壓力時，我們要學會理性面對，保持沉著冷靜。既要勇敢擔當，承擔應盡的義務，又要懂得寬容，給予他人應有的理解。只有這樣，我們才能不被責難所淹沒，而是以堅毅的態度，一步一步攀登目標的高峰。這正是我們應該從歷史中汲取的寶貴智慧。

人類文明的精粹凝聚於智慧的箴言之中，猶如指引前路的明燈，引導我們跨越逆境、面對壓力、化解非議。富蘭克林曾深邃地指出，「未經思索的天賦，猶如深埋礦脈中的白銀」。我們必須持續汲取知識、躬身實踐，才能充分發揮潛能，成為社會的中流砥柱。

生活中的箴言格言不僅是智慧的精華，更是照亮前路的明燈，值得我們細細品味反思。戰火洗禮教會我們，堅定的信念和不屈的精神可以克服一切艱難險阻。這些金玉良言將永遠激勵著後人，指引世人邁向光明美好的明天。

富蘭克林以其簡練而富哲理的語言，揭示了諸多人生真諦，如同璀璨的寶石，引人深思。他精闢地區分了謙遜與扭捏：「謙遜乃美德，扭捏實為缺陷。」這番洞見令人聯想到，戰時不僅需要勇氣，更需謙遜。謙遜並非懦弱的表現，而是另一種力量的化身。正如有人說過：「真正的偉大源於坦然接受自身不足，並持續自我完善的能力。」相較之下，扭捏作態反映了對自身能力的不自信，是一種虛偽的表現。這種虛偽不僅無益，還可能成為個人進步的絆腳石。

學識與歷練是我們成長的根基，唯有持續汲取知識、躬身實踐，方

能充分釋放自身潛能。富蘭克林的智慧語言如同璀璨的寶石，引領我們邁向更美好的明天。讓我們一起品味這些珍貴的人生箴言，汲取其中的智慧，在逆境中堅韌不拔，面對壓力時沉著冷靜，遭遇非議時寬厚待人，成為社會的中流砥柱。

發現內在的光芒

富蘭克林告誡我們不要隱藏自身的才華，而應充分發揮。他巧妙地比喻，被遮蔽的日晷失去了存在的意義。這番睿智之言敲響了警鐘，提醒每個人都應珍視並發揮自身的天賦。若我們因畏懼或自卑而不敢展露才能，就如同那被遮蔽的日晷，徒有其表卻無法發揮作用。

富蘭克林睿智地指出，僅僅掌握表面知識是遠遠不夠的。他巧妙地使用了提姆的例子來闡述這一觀點。這位多語言專家雖然能用九種語言說出「馬」這個詞，卻不明白馬和牛的區別，甚至試圖騎乘一頭乳牛。這個荒謬的情景生動地說明了知識與智慧之間的鴻溝。

我們必須走出自我局限，勇敢地發掘內心的光芒。只有充分發揮天賦，才能對社會產生真正的影響力。正如富蘭克林所言，被遮蔽的日晷失去了存在的意義，我們也不應讓自己的才華淹沒在平凡之中。讓我們以富蘭克林的睿智為鑑，用行動證明自己的價值，在人生的旅途上書寫精彩的篇章。

不少所謂的學者雖然學識淵博，卻在實際應用中顯得束手無策。這突顯了真正的智慧不僅需要累積知識，更重要的是要洞察事物的本質，並能靈活運用所學。我們的先賢富蘭克林的洞見，提醒我們追求智慧應該超越表面的知識累積，而是要深入理解和實際應用。

這番言論蘊含深意，警醒世人謹慎維護聲譽。聲譽猶如易碎的珍

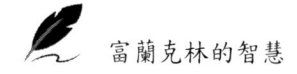

品，一旦毀損便難以修復如初。聯想到治國之道，不難體會名聲對個人乃至國家的重要性。聲譽雖是無形之物，卻是最寶貴的資產之一。一旦喪失，重建聲譽將付出難以承受的代價。這位美國先賢的洞見不僅對個體意義深遠，更為整個社群提供了珍貴的啟迪。

我們應將這些金玉良言銘記於心，在日常生活中勇於展現真我，珍視自身聲譽，並孜孜不倦地探索事物的本質。讓我們以此為指引，共同營造一個更加智慧和諧的社會。真正的智慧不在於表面的知識技能，而在於洞察事物真相，運用知識化解難題。只有這樣，我們才能成為真正的明智之士，為這個世界帶來積極正面的影響。讓我們攜手共進，以智慧為引領，共同譜寫人類文明新篇章。

占星術的榮耀與沒落

占星術這門古老的智慧，曾在人類文明的發展中扮演舉足輕重的角色。昔日的賢哲和偉人無不對此學問推崇備至。歷代君王在面臨重大抉擇時，不論戰爭還是和平，必先諮詢占星師，觀測天象，選定良辰吉時。這門神聖的學問，曾成為引領人類文明前進的指南針。

可惜的是，當今社會卻已不再重視占星術。往昔叱吒風雲的顯赫人物，如今大都已對之漠不關心。君主締結同盟、議會立法時，再也不會徵詢占星師的建議。占星術的應用，如今似乎僅剩下選擇農作收割和閹割牲畜的時機。

這種冷落，似乎源於某些占星師本身的過失。他們的一些言行，不免引起世人的質疑和反感，使得占星術一度頹落。作為掌管天文的繆斯女神，曾遭她所賜予天文智慧之人的背叛。牛頓、哈雷和惠斯頓等天文巨擘，都曾對她進行無情的抨擊和貶低。這其中，惠斯頓早期著作中曾

將占星術斥為邪說，認為除了太陽和月亮外，其他天體離地球過遠，不可能影響地球，更談不上根據其位置變化來預測未來。

然而，我相信占星術必將重拾它應有的地位。這門學問蘊含著深邃的哲學智慧，洞悉人與宇宙的微妙關係。它不僅能為人類的命運提供引導，更可以幫助我們探索宇宙的奧祕，洞察人性的本質。占星術的復興，必將開啟人類文明新的篇章，引領我們走向更加美好的未來。

82歲高齡的惠斯頓在西元1749年的回憶錄中預言了劇烈的歷史變遷：土耳其、奧地利和德意志諸國將驟然崩潰，羅馬教宗勢力將衰退，而猶太民族將重獲新生。他將自西元1715年以來出現的北極光等天文現象視為這些重大事件的前兆，認為「天象異變，向世人預示未來大事」。這部作品成為了預言的權威之作。

惠斯頓的精彩洞見，不僅展現了人類對宇宙奧祕的持續探索，更突顯了古老智慧在現代社會中的價值。昔日君王與賢哲之所以如此重視天象解讀者，正是由於他們對天地玄機抱有敬畏與洞察。這種睿智與洞見，正是當今世人應當傳承與珍惜的寶貴遺產。

縱使科技日新月異，我們仍須謙遜地吸取先人的智慧結晶，以此豐富自己對世界的理解。人生的成長就如同玉米的生長過程：年輕時高昂自信，待到成熟時反而低垂了頭。這般變化不僅是大自然的一幕，更蘊含著深刻的人生哲理。

古老的智慧源遠流長，在現代社會中依然閃耀著光芒。我們應該以謙遜的態度去汲取前人的寶貴經驗，以此豐富自己對世界的認知，並在人生的歷程中運用這份睿智，以更均衡的視角去面對未來的挑戰。

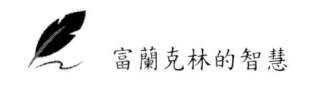

洞見與成長：當「看似對立」的關係融合

　　這句金玉良言蘊藏著深遠的智慧。人們往往為了眼前的利益而忽視了長遠的後果，殊不知可能釀成更大的禍害。二戰時期就是一個鮮明的例證：一些國家屈從於納粹的淫威，企圖以短期的妥協換取暫時的安寧，卻反而助長了敵人的氣焰，最終招致了更加嚴重的浩劫。

　　論證朋友的價值和敵人的優點看似是一種悖論，卻蘊含著深刻的洞見。真摯的友誼需要歷經歲月與考驗方能確立，而對手的長處則能促使我們反思自身的短處。這令人聯想到二戰期間美蘇的結盟。儘管雙方的意識形態和利益迥異，但面對共同的威脅時，他們還是選擇了攜手合作。這一合作不僅助力擊敗了納粹，還為戰後的重建累積了珍貴的經驗與教訓。

　　透過審視看似對立的關係，我們或許能獲得更加全面的認知和成長。當我們放下偏見，用開放的心態去了解和接納「他者」時，往往就能發現意想不到的共通之處。正如愛因斯坦所說，要想解決問題，就需要超越我們原有的思考模式。只有擺脫固有的框框，我們才能洞見事物的本質，找到化解矛盾的新「路徑」。這種洞見不僅能促進我們個人的成長，也可能為社會的和諧發展提供重要啟示。讓我們用這樣的眼光去審視這個世界，相信必能收穫意想不到的收穫。

　　人性正如這句箴言所言，存在著深層的矛盾。在順境時，人往往會露出驕矜自滿等劣習；而在逆境時，卻能展現出美德和高尚品格。這種矛盾正是人之所以為人的本質所在。

　　回顧歷史，二戰時期英國民眾在邱吉爾領導下的表現恰恰就是一個極好的例證。面對納粹德國的猛烈攻勢，他們並未被嚇退，反而表現出了堅毅不屈和頑強鬥志。正是這種不畏艱險、迎難而上的民族精神，最

終協助英國及其盟友贏得了這場關乎國運的殊死之戰。

　　人類在面對重大挑戰時，總能激發出難以想像的創造力與毅力。時間測量技術在羅馬文明中的發展歷程就是一個生動的注腳。最初，瓦萊里烏斯引進了日晷，開啟了精確計時的新紀元。後來，西皮奧・那西針的創新更是突破了天氣限制，發明了能在陰天使用的計時裝置。這一系列的進步最終展現在現代鐘錶的誕生。

　　這些發明不僅反映了技術的進步，更彰顯了人類克服困難、不斷追求精進的精神。即使面臨再大的挑戰，只要保持不屈不撓的意志，人類就一定能開創出新的未來。這正是人性中最可貴的一面，也是我們值得學習與傳承的寶貴精神財富。

時光流轉，珍惜當下

　　汲取前人經驗與洞見，我們方能以開闊胸襟迎接明天。面對未知挑戰，謙卑與理性乃不可或缺。唯有智慧與勇氣並重，才能在每個嶄新晨曦中砥礪前行。

　　現代社會，計時設備的精準度已臻至匪夷所思的境界。「爭分奪秒」儼然成為當代生活的準則。這不僅體現了技術的長足進步，更反映出人們對時間價值的深刻洞察。時光如流水，這份無形而珍貴的資產被精細劃分為一個個小時，使得勤勉之士得以精確規劃每分每秒，藉此提升工作效率。

　　有位令人敬佩的女性深諳此理，堅信「時間即金錢」的箴言。然而，她的丈夫雖為技藝精湛的製鞋匠，卻不懂珍惜光陰，常將寶貴時日揮霍於酒館中與損友狎玩，終致自食其果。這則故事生動闡明了一個道理：時間一旦蹉跎，便永遠無法挽回，這種損失是無可彌補的。

我們每個人都應當珍惜手中的時光，以更加積極進取的態度面對生活。只有充分利用每一秒鐘，才能順應潮流、實現自我。即使路途艱險，只要堅持不懈，定能在激烈競爭中脫穎而出。正如古語所言：「時不我待，只爭朝夕。」唯有以此警醒自己，我們方能在迷茫中找到前進的方向，在變幻中掌握人生的主動權。

縱觀古今，眾多傑出人士都深諳時間管理之道。拿破崙曾言：「戰役可失，時間不可棄。」正是這種對分秒必爭的執著，促使他在短短數載間建立了龐大帝國。相較之下，那些漠視時間價值的人往往難有作為。這一理念不僅適用於個人，對國家和民族的發展亦舉足輕重。

以英國為例，工業革命時期對時間效率的極度重視，使其迅速躍升為全球強國之列。由此可見，善用時間實為成功的關鍵要素。在日常生活中，我們也能深切感受到時間的力量。每個人都只有 24 小時，如何利用好這有限的時間，將決定我們的成就和價值。

智者曾言：「獻策可以，代勞不可。」此語道出了人性與倫理的深邃洞見。諮詢或許蘊含睿智，但實踐終歸個人抉擇與擔當。這就要求我們不能只空談理論，更要付諸行動。

此番論述令人聯想起第二次世界大戰時期的英倫三島。當時國家面臨空前危機，各方謀士獻計獻策不絕，然而最終的決斷與執行仍落在每位將士、每個公民肩上。正是這種群體的行動力與責任感，讓英國得以度過最黑暗的時期，迎來勝利的曙光。

時間管理不僅是個人的課題，更關乎國家民族的興衰。我們必須珍惜每一分每一秒，以積極進取的態度擁抱時間，方能在人生的賽道上奮力前行，譜寫出不凡的人生篇章。

人生智慧：富蘭克林的啟示

　　時光飛逝，一去不返，其珍貴程度實難以衡量。虛擲光陰，無異於耗損生命。他人的忠告固然珍貴，但關鍵時刻，還是需要自己挺身而出，做出抉擇。這些看似淺顯卻蘊含深意的人生哲理，值得我們時時刻刻謹記在心，並身體力行。

　　富蘭克林的智慧之言如同明燈，照亮人性幽暗的角落。他警示世人切勿以貌取人，勿以華麗外表論斷他人的財富或虔誠。這番見解令人想起莎翁經典名句：「金玉其外，未必真金。」真正的價值往往深藏不露，一個人的信仰與財富並非體現於週日教堂中的衣著打扮，而是反映在其內心世界與日常行為中。富蘭克林的洞見如同一面明鏡，映照出人性的本質，啟迪後世反思自身與他人的真實面目。

　　見面不宜過多，方能保持友誼的長久，這是富蘭克林的睿見。此理念與孔子所言「君子之交淡如水」不謀而合。真摯的友誼猶如清泉，雖無甜美之味，卻能歷久彌新。過於親密的往來或會消磨情誼的新鮮感，相反，適度的疏離反能增進雙方對相聚時光的珍視。保持恰到好處的距離，方能讓友誼歷久不衰。

　　富蘭克林的智慧啟示我們，生命短暫，當珍惜光陰，不要虛擲虛度。同時，我們要以開放的心態看待他人，不要以貌取人，更要反思自己的真實面貌。此外，適度的疏離也有助於維繫友誼，使之歷久彌新。只有銘記這些人生智慧，我們才能活出更有意義和價值的人生。

　　富蘭克林提出了一個極具啟發的問題：「若財富真屬於你，為何無法帶入來世？」這番話令人深思，揭示了物質財富的短暫本質。他的洞見與塞內卡的名言「人類赤裸而來，亦將赤裸而去」不謀而合，共同強調了在世為善、培養美德的重要性。兩位思想家的觀點提醒我們，真正的人

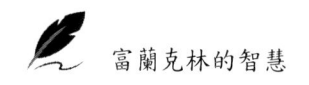

生價值並非在於累積財富,而在於我們如何善用有限的生命,為他人和社會做出貢獻。

富蘭克林以一連串反問句突出了美德的至高價值:「黃金珍貴,鑽石更珍貴,而美德則是無價之寶。」這一論述與柏拉圖理想國的核心思想不謀而合,兩者皆將正義與美德視為人生至高追求。他提醒我們,物質財富如黃金鑽石雖然稀有昂貴,卻無法與人類內在品格的崇高相提並論。富蘭克林的洞見如同明燈,照亮了我們在塵世與永恆間尋求平衡的道路。他引導我們思考:「若金錢無力阻擋死神的腳步,它也不該成為我們通往永生的絆腳石。」這番睿智引發了我們對生命真諦的深刻思考,呼應了聖奧古斯丁的箴言:「唯有在上帝的懷抱中,我們的心靈方能找到真正的安寧。」

誠然,物質財富的累積有其價值,但精神的昇華和心靈的追求更是不可或缺。我們應該以富蘭克林和塞內卡的睿智為指引,在追求物質財富的同時,更要注重培養內在美德,善用有限的生命,為他人和社會貢獻自己的一份力量。只有這樣,我們的生命才能在永恆中找到意義和價值。

智慧的箴言

富蘭克林的睿智箴言是一面明鏡,引導我們審視人性的本質,探索生命的奧祕。這些金玉良言涵蓋了人際關係、財務管理和道德操守等多個面向,深刻解析了富蘭克林對人性和人生歷程的獨到見解。

富蘭克林曾警示道:「抨擊宗教信仰宛如釋放猛虎,被解放的凶獸可能反咬救主。」這句警世之言啟發我們,在言論自由與敬重信仰之間尋求平衡。宗教信仰是社會穩定的根基,英格蘭的國教和其他信仰體系在

歷史長河中均扮演著重要角色。我們不應輕率地批評抨擊宗教，這往往會引發難以預料的後果，正如法蘭西大革命中所見，宗教動盪與社會動亂交織，最終導致了革命走向極端和混亂。因此，我們應以審慎和尊重的態度面對他人的信仰，避免因一時衝動而造成難以挽回的局面。

富蘭克林的睿智之言，彷彿一盞明燈，指引我們建立正確的人生觀和價值取向。他告誡我們要時刻謹慎自己的行為舉止，不斷提升道德修養，追求更高尚的精神境界。這些箴言如同一面明鏡，反射出我們內心的真實面貌，促使我們反思自我，修正缺陷，朝更美好的未來邁進。

富蘭克林的睿智箴言是一部富有洞見的著作，它不僅為個人生活提供了寶貴的指引，也為社會和諧發展樹立了明確的標準。透過深入領會這些智慧語錄，我們必將收穫豐碩的人生成果，在道德和精神層面實現更高遠的追求。

人性的矛盾一直困擾著每個時代的領袖和成功人士。一方面，我們熱衷於追逐財富和權力，以實現個人抱負；另一方面，過度的貪婪和野心卻往往能將我們拖入深淵。這一矛盾也正是富蘭克林洞見的核心所在。

富蘭克林的箴言為我們指明了一條通往成功與智慧的康莊大道。他深刻了解到，蘊藏在貪婪和野心背後的，正是人性中難以磨滅的弱點。從古羅馬帝國到現代商業巨擘，無數的財富王國都是因貪婪而興盛，又因野心而覆滅。拿破崙的命運正是其中的典型代表。即使是在戰場上叱吒風雲的將領，也常因貿然擴張而步入滅亡的深淵。

富蘭克林透過這些歷史事實，向我們傳遞了一個深刻的人生哲理：追逐財富和權力的同時，必須保持清醒的頭腦，時刻警惕內心的貪婪和野心。只有如此，我們才能在實現抱負的道路上走得更遠，不至於因一時的衝動而毀掉來之不易的一切。

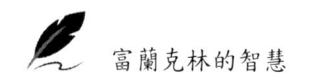

富蘭克林的獨到見解不僅深入剖析了人性的弱點，更為我們指引了通往智慧的道路。在瞬息萬變的當代社會中，這些教誨尤為珍貴。它們呼籲我們以睿智和審慎的態度應對各種難題，成長為真正的智者和勇士。

正如富蘭克林所言，財富與信仰並非彼此對立，而是相輔相成。只有我們既能累積財富，又能保持內心的平靜和清醒，才能真正走向成功和幸福。這就是富蘭克林財富哲學的核心所在，也是我們每個人都應該銘記在心的人生智慧。

人類大家庭：一個驚人的數學真相

回溯人類的繁衍歷史和貴族血脈，歷史的長河在眼前展開。人類的存在絕非偶然，而是代代相傳、累積而成的結果。從遠古到如今，每一位先祖都如同微小的鈕扣，層層疊加，最終編織成了現代社會這件恢宏的大衣。追溯貴族的血統，會浮現出一個令人驚嘆的數學現象。

從單一的貴族祖先出發，逐代往上溯源，祖先的數量呈指數飆升。父母、祖父母、曾祖父母，每一代人數都是前一代的二倍：一變二，二變四，四變八，八變十六。短短二十一代，理論上的祖先數量已達到驚人的 104,857,576 人。這樣一個天文數字，足以讓人瞠目結舌，難以置信。

這種推算揭示了一個無可置疑的事實：貴族和平民階層並非鐵板一塊，而是存在著錯綜複雜的連繫。回顧歷史，不管是戰火紛飛、疆土擴張還是政治聯姻，都難免導致這兩個階層之間的血緣交融。因此，那些自稱擁有純正貴族血統的人，實際上是在自欺欺人。現實中根本不存在所謂的純粹血統。每個民族、每個家族，都是由來自各種背景、擁有不

同身分的人群共同組成的大熔爐。

人類的繁衍史無疑是一個波瀾壯闊的畫卷。我們或許難以想像,短短二十一代就能產生如此天文數字般的祖先。但這正是揭示了人類社會的真實本質:我們都是這個大家庭中密不可分的一分子。無論貴賤高低,我們的血脈交織在一起,共同編織出這個世界的輝煌。這是一個值得我們驕傲和謙遜的數學真相。

人類文明的繁榮昌盛,源於其豐富的多元性和融合能力。這種多樣化不僅體現在基因的多樣性上,更反映在文化、思想和習俗的交織與碰撞中。歷史的經驗告訴我們,只有團結一心,才能克服艱難險阻,贏得最終勝利。面對瞬息萬變的世界,唯有以開放、包容的態度去理解和接納不同,我們才能在時代的洪流中屹立不倒,續寫人類文明的輝煌篇章。

我們必須超越時空的限制,領悟到人與人之間密不可分的關係。唯有拋開成見,欣賞差異,我們才能凝聚力量,共同應對前方的難關,開創光明的未來。人類族群的特質,隨著時間流逝和文化交融,塑造了當今的人口結構,使全球宛如一個龐大的家族。這一現象不免令人聯想到我們共享的人類命運。誠如莎士比亞的名言:「世界不過是個大舞臺,男男女女皆為其中的演員。」這種對人性普遍性的體悟,喚醒我們在應對全球性難題時,應當加強合作與互相理解。

多元文明的碰撞擦出智慧的火花,不同文化的融合孕育出新的契機。人類社會猶如一個寬廣的舞臺,容納著不同的角色演繹。我們應該以開放的心胸欣賞彼此的特色,用理解的態度拓展共同語言,共享人類命運。只有這樣,我們才能讓這個星球更加繁榮富強,綻放耀眼的文明之光。讓我們攜手前行,在這片人類共同家園中寫下更加燦爛的篇章。

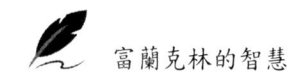

人性的複雜與自制的力量

富蘭克林的洞見為我們深刻地揭示了人性的弔詭。他敏銳地指出，即使是高傲自負者，也無法容忍他人的驕矜。這種矛盾與複雜性，往往蘊藏在人類內心深處，成為引發衝突的根源。回顧歷史，戰爭常源於人類無法克服的驕傲與偏見。唯有透過不斷的自省，我們才能真正理解他人，在國際事務中推動和平與合作。

富蘭克林對酗酒行為的辛辣評論，不僅揭示了這一惡習的危害，更彰顯了自制力的重要性。他警示人們，酒精可將人變為愚者、獸類或惡魔，暗喻了放縱行為對人性的扭曲。自我約束確實是成就大業的根基，無論在個人發展還是治國理政方面，其重要性都不容忽視。

歲月流逝，撫平了傷痛，也給了我們重新審視往事的契機。在艱難與苦楚中，時光總能帶來新生的希冀與機遇。從中汲取智慧，以應對未來的挑戰，這正是富蘭克林所倡導的人性自我突破的力量。唯有堅持不懈的自我完善，我們才能在錯綜複雜的人生中找到通向成功的道路。

自古以來，人類一直渴望理解時間的本質，並將其形諸於曆法之中。18 世紀中葉，英國政府推動曆法改革，將新年起始日期移至 1 月 1 日，這一舉措引發了社會各界對時間概念深入的思考。回顧人類文明的發展歷程，我們不難發現，曆法的演變始終與人類對自然規律的認知密切相關。

最初，人們透過觀察季節更替，創造了以年為計量單位的曆法系統。這一偉大發明，不僅體現了先人的智慧，也反映了人類對宇宙奧祕的不懈探索。隨著時間的流逝，人類不斷調整自己與自然和諧共存的方式，這個過程無疑是人類智慧、弱點乃至成長的縮影。

曆法的變革，不僅是一次技術性的改革，更是一次對時間概念的深

度探索。西元 1752 年的英國曆法改革，不僅縮減了 9 月的天數，更將新年的開始定於 1 月 1 日。這一舉措象徵著人類對時間概念的再認識，人們開始思考時間的本質，以及時間與人類文明發展的內在連繫。

這一改革的深遠意義，不僅體現在學術層面，更影響到整個社會的運作。人們開始意識到，時間的流逝不僅是自然規律，更是人類文明進步的基礎。曆法的演化，如同一面鏡子，映照出了人類探索宇宙、適應環境的歷程。這些寶貴的經驗教訓，猶如明燈，照亮著我們前進的道路。

無論是個人還是國家，我們都應深刻反思並領悟其中的智慧。只有這樣，我們才能獲得真正的力量，實現持久的和平與發展。時間的重塑，不僅是一次技術性的改革，更是人類文明進步的見證。讓我們秉持這份智慧，共同開創屬於我們這個時代的輝煌。

時間的綿延與計量

智慧與自然的交織，譜寫了人類認知時間的漫長篇章。太陽與地球的距離變化，主宰著季節的遞嬗，炎炎夏日與凜冽寒冬的交替，成為大自然永恆的韻律。各地基於這種週期性變化，發展出獨特的計時系統，雖精確度有高低之分，但皆難以達到絕對精準的境界。科學嚴謹與粗略估算並存，反映了人類對時間測量的多元嘗試。

歷史長河中，希羅多德這位希臘史學泰斗，為人類貢獻了劃時代的計時方式。他構想出一個由 360 天組成的年曆，將其均分為 12 個月，每月 30 天。隨後，赫爾墨斯・特里斯墨吉特斯在此基礎上進行了微調，增添 5 天，使一年的長度達到 365 天。這一紀年體系最終由希臘七賢中的泰利斯正式確立為希臘的官方標準。不過，希臘以外的地區和其他文

明，如猶太、敘利亞、羅馬、波斯、衣索比亞和阿拉伯等，仍然保留著各自獨特的計時傳統。

時間的精確記錄，不僅反映了人類對宇宙運行規律的探索，更是一種對秩序與規律的渴望。從單一的太陽曆，到多元並行的曆法系統，背後是各個文明在不同地域與歷史語境中，對時間概念的追逐與遞嬗。這些千差萬別的計時體系，折射出人類文明的多樣性，但同時也指向一種普遍的時間經驗，即生命在時間流逝中的變遷與延續。智慧不斷探索，自然永恆循環，時間的綿延與計量，成為人類認知世界的基石。

古代天文學知識匱乏，人類難以準確描繪太陽與地球的運行軌道。這導致各族群間計時方式出現差異，實屬情理之中。多位古代學者和文人，包括狄奧多羅斯、西克勒斯、普魯塔克和普林尼，都指出埃及曆法自創立以來歷經了數次變革，現今的埃及年曆與其初始形態已有顯著區別。

隨著人類對宇宙探索的不斷推進，我們逐漸揭示了回歸年的精確定義──太陽沿黃道完成一次週期運動所需的時間為 365 天 5 小時 49 分鐘。儘管這一數值在分鐘級別上仍存在爭議，但整體差異微乎其微。現代天文學先驅克卜勒提出的時長為 365 天 5 小時 48 分 57.65 秒，而西奧羅則主張 365 天 5 小時 48 分。這些看似微不足道的差異，實則彰顯了人類對時間精確測量和宇宙奧祕探索的不懈追求。

天文學家們的不同計算結果反映了人類對自然界秩序研究的不同視角。早期由於觀測方式有限，難以獲取精確的天文資料，導致曆法在漫長的歷史程序中不斷調整。而隨著科技的發展，我們能更準確地測算天體運行規律，進而修正曆法，使其與自然規律更加吻合。這種對時間與宇宙奧祕的執著探究，體現了人類勇於求真、不斷進取的科學精神。

我們或許永遠無法窮盡宇宙的奧祕，但這種永不止息的探索精神，正是人類文明持續向前的根本動力。透過對時間概念的不懈追求，我們最終得以揭開自然界的神祕面紗，這是人類認知層面的一次又一次進步。未來，我們定會在天文學和各個科學領域獲得更多令人振奮的突破。

智者的創造與智慧的孕育

人類探索自然奧祕的過程，無疑展現了驚人的智慧與毅力。這種精神與戰場上的堅韌如出一轍——面對重重障礙與艱鉅挑戰，我們始終不屈不撓。正是這種不懈的堅持與奮鬥，使我們得以克服萬難，最終邁向光明燦爛的前景。

回溯歷史長河，我們來到一個智者輩出的遙遠年代。智者中的傑出代表布拉厄，他提出了一個精確的時間概念。他認定一年的長度應為 365 天 5 小時 40 分。這個發現無疑堪稱一項了不起的科學成就，開啟了人類對時間與自然節奏的更深入理解。

然而，為了簡化日常生活中的時間計算，我們採用了 365 天整數的民用年。這種做法省去了繁瑣的零碎時間，使得計時更加便捷實用。天文學上的一年實際長度為 365 天 5 小時 49 分，超出了我們日常使用的 365 天計算法。為了協調這個差異並保持與天體運行的同步，每四年便設定一個 366 天的閏年。這種調整機制確保了日曆能夠精確反映天體的週期性變化。

儘管每年實際多出的時間為 6 小時左右，這種計時方式仍能相當準確地反映自然界的節奏變化。這令人不禁敬佩布拉厄的卓越洞見，以及後人巧妙的調整方案。這不僅彰顯了智者們深厚的科學素養，也展現了人類智慧的無窮創造力。我們由此感受到，智慧的孕育需要漫長的累積

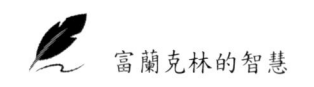

與探索，而其結晶則為後世開啟更廣闊的道路。

　　古羅馬的曆法經歷了一段曲折發展的歷程。起初，創始人羅慕路斯制定的曆法僅涵蓋十個月分，從三月起至十二月止，總計 304 天。這一時間跨度明顯短於回歸年，導致無法與自然界的季節更替同步。為了彌補這一缺陷，羅慕路斯在統治期間採取了權宜之策，每年增添若干天數，以期與自然規律保持一致。然而，這些額外新增的日子並未被納入正式年分計算，也未獲得特定名稱，體現了曆法設計的粗糙性。

　　後來，努瑪・龐皮留斯對既有的紀年制度進行了革新性的調整。他在原有的月分基礎之上，增設了一月和二月，使得羅馬曆法擴展至十二個月，始於一月，終於十二月，總計三百五十五天。這一改革大大完善了曆法的結構，使其更貼近自然週期。然而，即使經過努瑪的修訂，這一曆法依然與回歸年存在十天的差距，尚未達到完善的程度。

　　曆法的建立和改革是一項複雜而又艱鉅的工作，需要兼顧多方面因素，如季節變換、天文現象等。羅慕路斯和努瑪・龐皮留斯先後對羅馬曆法進行了嘗試和調整，儘管存在不足，卻為後世的曆法發展奠定了基礎，體現了古羅馬人勇於探索、不斷完善曆法的企圖心。這一過程雖然充滿曲折，卻也見證了人類時間觀念的不斷確立和精化，為我們留下了寶貴的歷史遺產。

時光密碼：古人的計時智慧

　　古老的年曆系統，承載了無數先賢智者孜孜不倦的探索足跡。努瑪的創新舉措，正是這一智慧結晶的生動寫照。他規定在每隔兩年的 2 月分增添 22 天，而每四年增加 23 天，這種週期性調整，旨在使年曆與自然界的週期變化更加吻合，提升計時的準確度。

這些遠古時期的智慧結晶，見證了人類對時間的執著追求。他們面對著時間這一永恆的挑戰，發揮非凡的創意，不斷探索、修訂、最佳化，企圖達成更高的計時精準度。今日我們所使用的年曆系統，正是這些智慧結晶的累積成果，為我們帶來了前所未有的便利與準確。

　　歷史的長河中，充斥著無數先賢智者的奮鬥足跡。他們孜孜不倦地探索時間的奧祕，竭盡全力追求時間與自然的和諧共振。這些智慧結晶，凝聚了古人面對時間挑戰的創造力和堅韌意志，令人肅然起敬。

　　當我們沉浸在現代年曆系統的便利中時，不禁會心生敬畏。這浩瀚的時光長河，承載著無數先賢智者的智慧結晶，對映著人類無止境的探索精神。這種探索的動力，正是我們後世子孫應當繼承和發揚的寶貴遺產。面對時光的無窮無盡，我們更應該珍惜眼前的成就，並為之再接再厲，開拓出更廣闊的時間密碼。

　　古羅馬的偉大改革者們以前所未有的智慧和勇氣，重新定義了人類對時間的認知。尤其是偉大的尤利烏斯・凱撒，他的遠見卓識徹底改變了人類對時間管理的理解。

　　自古以來，時間的計算一直是人類文明程序中最難攻克的難題之一。歷史上一次次的曆法改革，都是人類對陳舊時間體系的挑戰，也是人類對新秩序的嚮往。這些改革者們的努力，不僅僅是對曆法的修訂，更是對人類文明程序的推動。而凱撒的曆法變革堪稱最為劃時代的里程碑。

　　凱撒慧眼識英才，邀請了埃及數學泰斗索西琴尼鼎力相助，攜手打造出前所未有的精準計時系統——儒略曆。這一曆法以365天為基礎，每逢第四年增設一日，即我們熟知的閏年制度。這一創舉不僅終結了羅馬曆法的紊亂狀態，更為人類測度時光的方式開闢了新天地。

　　對當時的人類來說，如此深遠的時間管理革命，無疑是驚天動地的

變革。儒略曆的誕生，為百姓提供了一個可靠的時間坐標，使他們得以在歲月的長河中找到安身立命之所。人類不再被時間的流逝所左右，而是能夠掌握時間的節奏，規劃自己的人生航程。

這一曆法革命的影響力，遠遠超出了當時人們的想像。它不僅徹底改變了人類對時間的認知，更為日後整個西方文明的發展奠定了堅實的基礎。儒略曆所創造的時間秩序，成為人類社會運轉的根基，成為我們至今仍然沿用的重要時間標準。凱撒的智慧和遠見，開啟了一個全新的時代，讓人類得以在時間的長河中找到方向，書寫屬於自己的精彩篇章。

曆法的精準之道

儒略年制雖然革新了曆法，卻仍存在精確度的缺陷。每年多出的 11 分鐘看似微不足道，但 131 年的累積就會造成一天的誤差，最終嚴重影響春秋分點的判定。這一現象令人聯想到政治軍事決策中的蝴蝶效應。看似微小的策略偏差，經時間推移可能引發重大變革。正如二戰期間，每一個細微的戰術調整都可能左右戰局走向，最終決定勝負。這提醒我們，在制定長遠計畫時，必須謹慎考慮每個細節，因為即使是最微小的誤差，也可能在未來產生深遠影響。

教宗葛利果十三世意識到了這一問題的嚴重性，於是對儒略曆進行了革新性的調整。他精細化了閏年規則，將四年一循環中的三年定為平年，僅保留一年為閏年。這項改革大幅提升了時間測量的精準度。格里曆的引入不僅消除了每年累積的 11 分鐘誤差，更為人類帶來了一個更為精確和合乎科學的計時系統，奠定了現代曆法的基礎。

這一改革無疑是曆法史上的重大進步。它打造了一個更加精準的時間框架，有助於人類對自然界的觀測與認知。就像政治軍事決策中的微

小調整可能導致極大變局，曆法的微小誤差也可能為人類社會帶來重大影響。教宗葛利果十三世的改革擺脫了這一困境，確保了時間計量的準確性，為人類的科技發展和文明程序帶來了無可替代的貢獻。可以說，這一革新開啟了現代曆法的新紀元，為人類文明譜寫了嶄新的篇章。

時間計算的進步不僅體現了技術上的飛躍，更彰顯了人類智慧的光輝。在歷史的長河中，每一個關鍵時刻都蘊含著智慧與勇氣的結晶。改革之路往往源自對過去的深刻反思，同時寄託著對未來的美好期許。尤利烏斯·凱撒和教宗葛利果十三世在年曆改革上的卓越貢獻，正是人類智慧與勇氣的典範。

時光倒流，我們回到了那個曆法變革的關鍵時期。身為當代頂尖天文學家的教宗葛利果十三世，深諳準確曆法對人類社會的重大意義。他召集專家們一同發起了一場影響深遠的改革，不僅革新了人類計時方式，更在文明史冊上留下了不朽的印記。他們大膽刪除儒略曆中的 10 天，將 10 月 5 日直接跳至 15 日，使春秋二分重新回歸正確位置，讓人類的時間再度與大自然的律動和諧共振。

到了西元 1700 年，儒略曆法的誤差將累積至 11 天之多。為規避這種混亂局面，信奉新教的德意志諸邦也毅然採納了格里曆法。這種勇氣和智慧無疑值得我們學習和傳承。面對新的挑戰時，我們同樣需要這種勇氣與智慧，以及對未來無限的希冀之心。時光荏苒，但人類智慧的光輝必將永遠照耀歷史的程序。

時光之痕：英國曆法改革的歷史轉折

18 世紀中葉，英國最終放棄了源遠流長的儒略曆法，轉而採用了精確度更高的格里曆法。這次曆法改革發生在西元 1752 年，雖然新的格里

曆仍有些微瑕疵，但其誤差累積速度遠低於儒略曆。格里曆每400年僅偏差3天，而同期的儒略曆卻高達3天1小時20分。這次曆法變革，無疑展現了人類追求精確計時的智慧結晶。

回顧英國曆法的變遷史，我們可以窺見一段有趣的歷史。過去，英國人在每年3月25日慶祝新年伊始，而1月1日則是主的割禮節。相比之下，義大利和德國早已將1月1日定為新年。這次改革使時間概念更趨一致和規範。美國隨後也跟隨腳步，國會通過法案，自西元1752年起將1月1日確立為新年首日。這一法律迅速傳播至英屬殖民地，並在各地廣泛實施。

這一變革不僅是日曆上的修改，更象徵著我們對新的一年充滿期待和憧憬。新年的開始從3月25日調整至1月1日，象徵著時間計算的重大轉折。這項變革徹底改變了我們的生活方式，勾勒出一幅新時代的畫卷。

願各位在嶄新的歲首，身心康泰，邁向更加光明的前程。讓我們一起見證這段曆法變革的歷史，並在新的一年中，以更精準、更文明的方式，規劃和度過我們的人生旅程。

我們這個物種確實獨特非凡，總是在自我批評與自我發現之間搖擺不定。有時，我們陷入指責的泥潭，反而迷失了自己的本真。衷心希望，在新的一年裡，每個人都能重新認識自己的本質，在時光的洪流中刻下屬於自己的光輝印記。

富蘭克林的洞見深刻揭露了人性的弔詭與生命的奧義。他那句至理名言道出了一個無可爭辯的事實：即使是威權滔天的君主，也難逃命運無情的擺布。縱觀歷史長河，不乏權傾一時的統治者最終折戟沉沙的例子。古羅馬的凱撒帝國覆滅，法國路易十六的悲慘結局，都印證了這一鐵律。這些案例無不昭示，無論地位多麼顯赫，權力多麼熾盛，命運的

力量依舊不容小覷。它如影隨形，無處不在，任何人都無法置身事外。

富蘭克林巧妙運用了一個連鎖反應的比喻來強調細節的關鍵作用：缺少釘子的馬掌無法發揮功能，沒有馬掌的馬匹難以奔馳，而失去坐騎的騎士則無法施展身手。這番睿智之言不禁令人想起英國歷史上的轉捩點——柏絲沃原野戰役。理查三世因一個看似微不足道的馬蹄問題而喪失江山，恰恰印證了富蘭克林的洞見。這個歷史教訓生動地闡明了細節的重要性，警示我們在日常生活和職場中不可忽視任何微小之處。戰爭中的後勤供應同樣遵循這一原則，即使是最微小的疏漏也可能導致整場戰役的潰敗。

綜上所述，我們必須時刻警惕細節的力量。只有深入洞察事物的本質，才能掌握人生的關鍵。讓我們在新的一年中，以更加謹慎和敏銳的態度審視生活，發現隱藏其中的寶貴洞見，譜寫更精彩的人生樂章。

富蘭克林的智慧金燈

富蘭克林的箴言猶如指路明燈，為我們人生的道路指引方向。這些智慧之語時刻提醒我們在掌權時必須保持警惕，處理每個細節都當謹慎周到。它們不僅是個人修身的良方，更為社會治理提供了寶貴見解。將這些金玉良言銘刻於心，在日常生活中時刻提醒自己謹慎行事，我們便能趨吉避凶，打造理想人生。

富蘭克林的金句如同一盞盞智慧明燈，照亮了個人成長和國家治理的道路。這些凝練的箴言蘊含深刻哲理，在歷史長河中也有著印證。讓我們細細品味其中幾則，並將之與歷史事件和名人軼事相比較。

「揮霍比貪婪更缺乏道德底線」的論斷，引人深思。肆意揮霍不僅造成資源耗竭，還可能危及他人權益。在第二次世界大戰期間，邱吉爾

生動描繪了合理分配和節約使用資源對戰況勝負的關鍵性。他深刻了解到，任何浪費都可能造成致命打擊。這正呼應了富蘭克林的觀點：揮霍比貪婪更具毀滅性。

富蘭克林還教導我們：「不要把一天的工作留到明天」，強調及時行動的重要性。這不僅適用於個人，在治國理政中同樣發揮關鍵作用。延宕決策、拖延處理恰恰是造成諸多公共危機的根源。史籍中有許多案例彰顯及時果斷的重要性，如林肯在南北戰爭中果敢決策、甘地在獨立運動中堅毅不屈。我們應以此為鑑，時刻警惕拖延的危害，堅持及時行動，方能化解重重危難。

富蘭克林的智慧金句猶如一盞盞明燈，引領我們走向成功之路。它們不僅為個人成長指明方向，更為社會治理提供了寶貴啟示。讓我們銘記富蘭克林的箴言，時刻警醒、謹慎行事，定能在人生和國家發展的道路上，收穫碩果纍纍。

寬恕和蔑視，向來是人生歷程中不可或缺的兩大元素。一方面，寬容包容、心胸寬闊是成就卓越人生的關鍵；另一方面，適當的蔑視和從容也能彰顯內在的力量與智慧。這便是處世哲學的精髓所在。

回顧歷史長河，這一智慧在眾多傑出人物的身上都有生動的體現。舉例而言，邱吉爾在政壇上的表現，正是寬恕和蔑視相得益彰的典範。儘管他在漫長的政治生涯中面對無數對手，但他卻鮮少採取報復的手段，而是以包容、寬容的態度來應對。這不僅展現了他超凡的政治智慧，更彰顯了他高尚的人格品格。

富蘭克林的那些簡潔有力的箴言，也蘊含了類似的人生哲學。無論是修身養性還是治國理政，這些生活指南都能為我們提供寶貴的啟迪。我們當以此為鑑，砥礪前行，成就更好的自我，共創美好明天。

在這個瞬息萬變的時代，保持寬容、包容的大智若愚，同時也要有蔑視一切俗事的從容淡泊，才能走向人生的巔峰。讓我們一起探討這段文字所蘊含的深層意義，從而掌握人生的關鍵密碼，活出更加美好的人生。

憐慨悲嘆：成人與兒童的共同命運

人類總是難免被驕傲這一特質所操縱。正如富蘭克林所言，驕傲猶如一把雙面刃，它能夠推動人們獲得輝煌成就，但也有可能令他們陷入自我毀滅的深淵。法國大革命的領袖羅伯斯比就是一個最好的例證。他初時憑藉著熱情與自負贏得了廣泛擁戴，但最終，正是那份無休止的驕傲讓他迷失了方向，由革命英雄淪為恐怖統治的代表，最後慘遭斷頭之刑。這段歷史向我們敲響了警鐘：驕傲往往需要付出沉重的代價。

富蘭克林敏銳地發現，成人與兒童在尋找快樂和滿足感的方式上其實並無本質區別，只是物品的價值和形式有所不同。孩子們會為簡單的積木或洋娃娃而歡欣鼓舞，而成年人則追求更為奢華的豪車、珠寶乃至權力與地位。這讓人不禁想到莎士比亞在《皆大歡喜》中的那句名言：「世界是舞臺，男女皆為演員。」生命不就是一場戲嗎？每個人都在扮演自己的角色，不分年齡，都在尋找能帶來歡愉和滿足感的「玩物」。

或許，我們應該反過來思考。那些彌足珍貴的簡單快樂，正是我們在追逐名利時所遺忘的。儘管外表不同，但最終我們都不過是尋求自我價值實現的可憐小兒，只是有的人選擇在榮華富貴中尋找慰藉，而有的人則在生活的點點滴滴中找到了幸福。

這究竟是人性的悲歌還是人性的慶歌？亦或是一種更為深沉的啟示？或許只有在真正放下驕傲，坦誠面對自我的時候，我們才能找到通向幸福的道路。

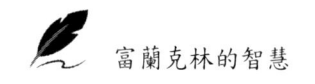

人類溝通的根本障礙，在於「無休止的爭論往往只是『是這樣，不是這樣』的循環往復」。這句洞察之言，剖析了人類交流中的根本困境。各種宗教和哲學論戰，本質上都是對同一事實或真理的歧異詮釋。正如宗教改革時期，馬丁‧路德與教宗之間的激烈辯論所展現的，雙方各執一詞，堅守己見，終至造成基督教世界的裂痕。富蘭克林的妙喻生動地描繪了這種爭論的本質——一場永無止境的「是與非」的拉鋸戰。

我們應當汲取先人的睿智，銘記謙遜與理性的價值。縱觀人類歷程，驕矜自滿與頑固己見往往招致禍患，唯有互相理解、寬容待人，方能締造持久的安寧與富庶。富蘭克林的睿智如同璀璨的繁星，照亮了人生的各方面。他洞察到適當的時機對重要事項進行討論的重要性。他認為，空腹時進行商討最為理想，因為飽食過後，人往往會陷入思考遲鈍、行動怠惰的狀態。這一洞見不僅適用於日常事務，更在戰爭與政治領域中得到印證。

富蘭克林的博學多聞和睿智洞見，無疑為我們帶來了寶貴的啟示。他倡導理性和互相理解，反對故步自封、爭論不休。他提出的適當時機進行討論的建議，也為人際互動提供了寶貴的智慧。我們應當汲取這些智慧，以謙遜和同理心對待他人，追求持久的和平與繁榮。只有這樣，我們才能在這個紛繁複雜的世界中導航前行，不斷提升自我，締造更美好的未來。

寅、戌之時的英明決策

歷史長河中，許多關鍵時刻的重大決策都是在晨曦初露或腹中飢餓的時刻做出的。這是因為此時大腦最為清晰敏捷。以第二次世界大戰為例，諸多重要的軍事會議都選在清晨時分進行。這體現了軍事家們深諳

晨間頭腦最為活躍的道理。

勇者與智者的共同特質，在於他們能夠展現宏大的胸襟與慈悲寬容的心胸。正如富蘭克林所言，這種高尚品格恰恰是懦弱與愚昧之人所缺乏的。這一洞見深刻地剖析了人性的本質。即使身經百戰，真正的勇士在戰火平息後仍能以仁慈對待昔日的敵人。這種寬容並非軟弱，而是一種崇高的美德，體現了勇者與智者的共同特質。

相較之下，那些內心怯懦、頭腦遲鈍的人，往往對弱小者表現出殘酷無情的一面。其根源正是因為他們缺乏真正的勇氣和智慧。不僅在關鍵時刻做出了錯誤決策，更在戰爭結束後，缺乏寬恕與寬容的胸懷。

正是憑藉著清晨大腦的敏捷，以及寬容慈悲的品格，偉大的英雄人物在歷史長河中留下了不朽的豐碑。他們的智慧和勇氣，不僅在戰場上獲得勝利，更在和平時期展現了卓越的胸襟。這樣的英明決策，成就了他們不朽的英雄地位。

富蘭克林深刻洞察人性，認為真正的勇者與智者，必兼具仁慈與寬容的品格。這並非單純的格言，而是對人性本質的精闢剖析。

在戰場上，無畏的勇士往往能在戰事結束後，展現出對敵人的同情與包容。這種寬宏大量的態度，並非出於軟弱，而是一種彰顯勇氣的高尚品德。相比之下，那些懦弱無知的人，在面對弱小時常表現出殘酷無情，正是因為他們內心缺乏真正的勇氣與智慧。

勇者不僅能在面對強敵時展現無畏，更能在戰後對敵人伸出援手。這種兼具剛柔並濟的品格，正是智者的表徵。他們能夠超越單純的勝負，以同理心去理解他人，並給予恩慈。這樣的洞察力與寬容心，正是通往智慧之路的必經之徑。

相比之下，懦弱愚昧之人往往缺乏同情心，對弱者採取殘酷手段。

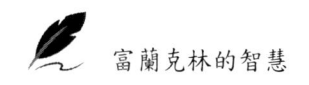

這種行為背後，隱藏著內心的空虛與膽怯。他們並非真正的強者，反而暴露了自身的缺陷。

富蘭克林的觀點，不僅點出了勇氣與智慧的關聯，更深入探討了人性的複雜性。真正的強者，不僅能在外表上顯露力量，更能在內心保持溫暖與寬容。這樣的品格，不僅值得我們尊敬，也是通往智慧的重要指引。

成功的真諦：保持清醒與謙遜

表面上看來平凡無奇的字句，卻蘊含了深邃的哲思與對人性的透澈剖析。這些箴言不僅是富蘭克林個人智慧的結晶，更代表了人類集體經驗的精華。它們值得我們反覆咀嚼，細細體會其中的智慧之光。若能將其中的智慧融入日常生活與工作中，我們或許能在勇氣與智慧間找到平衡，成為更好的自己。

富蘭克林深刻洞悉了成功與驕傲這兩大人性弱點。成功，是眾人趨之若鶩的目標，卻也成為摧毀個人的潛在危機。正如莎士比亞在《哈姆雷特》中所言：「榮譽與富貴，常常是人類墮落的根源。」達到成功並非終點，反而是一場新的考驗的開始。許多人沉溺於成功的光環中，迷失自我，最終被虛榮所吞噬。甚至《第二次世界大戰回憶錄》中也提到，不少將領因初期勝利而自滿，導致後續戰役慘敗。

成功的真諦在於如何保持清醒和謙遜的態度，這是一項長期的挑戰。我們必須時刻警惕自己，不被成功所迷惑，保持清醒的頭腦和謙卑的心態。只有這樣，我們才能真正從成功中汲取養分，不斷超越自我，成為更優秀的人。富蘭克林的箴言啟示我們，真正的成功不在於外表的光芒，而在於內在的修養和品格。讓我們用心領悟這些智慧，在追求成

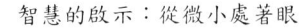

功的道路上，找到自我，成就更高遠的人生。

驕矜自滿與卑劣行徑往往是相互交織的兩面。自負者為維護虛浮的尊嚴不惜使用卑鄙手段，而品行低劣者常以傲慢態度掩飾內心的空虛。這種人性中存在的對立統一，正如尼采所闡述的，正是人性深處矛盾與錯綜複雜的寫照。

富蘭克林在其著作中洞見了這種對立，揭示了人性的迴旋。作為一位卓越的領導者，他深知在自負與謙卑之間尋求平衡，是一門需要精心修練的藝術。他始終秉持對待每一個資料的嚴謹科學態度，這種精神值得我們效法。

富蘭克林第 20 期年鑑的問世，延續了他與讀者長達二十年的交流。這本年鑑不僅包含實用的天氣預報，更體現了他對科學與理性的虔誠。儘管預測主要針對北方殖民地區，但他仍關注具有廣泛影響的重大天氣變化，展現了宏觀視野和深入思考的特質。

從卑微到驕傲，人性往往在這兩極間徘徊。富蘭克林的洞見提醒我們，要克服內心的矛盾，培養科學態度與宏觀視野，以達到自我超越，實現真正的卓越。這種精神境界，正是我們每個人都應當追求的目標。

智慧的啟示：從微小處著眼

格里曆年制的採用可說是一個微不足道的變革，卻影響深遠。這一啟示折射出，生活中的細微之處往往蘊含龐大能量，足以左右全局發展。我們必須以審慎和理性的態度面對每一項變革，才能奠定成功的基礎。

富蘭克林以敏銳的觀察力洞悉人性深處，剖析社會真相，留下睿智之言。他的見解或波瀾壯闊，或風平浪靜，恰似海潮起伏，蘊含深刻道

理。人生如同一場起伏跌宕的旅程，富蘭克林的至理名言，深刻剖析了其中的奧妙。

當順境中容易迷失方向，忘卻初心時，命運的變幻無常又會讓我們感到無助。拿破崙的洞見更加印證了這一點：成功時朋友湧現，困境中方知摯友。人性錯綜複雜，唯有時刻保持謙卑與感恩之心，才能在順境中不忘根本，逆境裡堅持不懈。

這份智慧提醒我們，無論處於人生何種階段，都應該保持清醒的自我認知，對他人保持理解。不管是面對喜悅還是逆境，我們都需要保持頭腦清醒和謙遜的態度，堅守內心的正直品格，時刻不忘初心。這樣才能在人生的旅途中，收穫智慧與力量，不被世事所累，而是從容面對每一個轉折。

哲學家與紈褲子弟看似南轅北轍，實則有著微妙的相似之處。這兩個截然不同的群體，一個致力於探索宇宙真理，一個沉溺於追逐流行時尚，竟然都具備對新事物的熱切追求。這種現象恰如赫拉克利特所言的「變化是唯一的永恆」，折射出人性的多樣性與複雜性。

在這個日新月異的世界裡，持續學習和適應成為了在動盪環境中立足的關鍵。富蘭克林的睿智之言便揭示了人性的複雜面向，同時也道出了社會的深層現實。他的洞見提醒我們，唯有以理性為導，懷抱謙遜之心，不斷自省，方能在這錯綜複雜的世界中尋得自我定位。我們應當共同奮進，追尋真理，不斷完善自我。

富蘭克林洞悉人性深處的驅動力，剖析了權力慾望、自由追求、怒火爆發、財富渴望和聲名企盼等核心動機。他對人類行為的精闢見解引人深思，令人不禁連繫到歷史長河中無數事例與智慧。這些觀察不僅入木三分，更能引發讀者對自身行為動機的反思。

哲學思潮如同時裝潮流，隨著時代的推移不斷更迭。在這個多變的世界裡，我們既要順應潮流，又要保持理性與謙遜的態度。只有在不斷學習與自我完善中，我們才能在瞬息萬變的環境中找到立足之地，實現自我價值的真正追求。

權力與自由的平衡

歷史曾多次證明，權力和自由的急遽獲得往往會導致狂妄自大和魯莽行為。邱吉爾在他的回憶錄中指出，納粹德國迅速崛起和掌握龐大權力，使希特勒失去理智，德國民眾也盲目追隨，最終將世界推向戰爭的深淵。相反，那些經歷長期抗爭和磨練的國家及其領導者，通常能以更加謙遜理性的態度行使權力。

富蘭克林認為，這種漸進式的成長過程才是最佳的發展路徑。他的這一洞見，與托爾斯泰筆下列文人物的經歷相呼應。作為一位睿智的地主，列文對社會不公和人性陰暗面有著深刻的認知，這驅使他逐漸疏離世俗。這種隨著認知加深而滋生的厭世情緒，在文學和哲學界中並不罕見。眾多思想家在深入剖析人類社會後，往往流露出類似的失望之情。他們對人性缺陷的清楚認知，恰恰證實了富蘭克林的觀點——理解與厭惡之間似乎確實存在某種正相關。

然而，我們不應因此而對人性失去信心。相反，我們應該致力於尋找合理的權力行使方式，在保障自由的同時，也不忽視社會公平正義的追求。只有在權力與自由之間找到適當的平衡，我們才能推動社會持續健康發展，避免重蹈歷史覆轍。這需要我們每個人都保持謙遜、理性的心態，用智慧而非盲目情緒來行使權力，用同理心而非偏見來看待他人。只有這樣，我們才能共同締造一個更加公平、自由、充滿希望的未來。

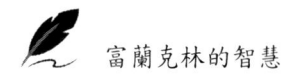

富蘭克林的洞見提醒我們，憤怒固然常有源頭，卻鮮少具備正當性。這一觀點不禁讓人想起莎翁筆下的《奧賽羅》。劇中主角奧賽羅被嫉妒與怒火矇蔽，淪為伊阿古的棋子，最後落得悲慘下場。這齣膾炙人口的戲劇生動展現了憤怒如何遮蔽理性，引發無法挽回的悲劇。富蘭克林的警語與莎翁的寓意不謀而合，皆點出了憤怒雖有根由，但往往缺乏正當理由。

富蘭克林進一步闡述了財富的影響力與聲譽的脆弱性。他警示世人，聲譽一旦受損，修復過程異常艱難。這一見解與約翰‧史都華‧密爾在《自由論》中對個人名聲的論述不謀而合。密爾深入探討了聲譽對社會地位和心理健康的重大影響，強調一旦名聲受損，重建難度極高。富蘭克林的觀點呼應了這一思想，提醒世人謹慎維護自身聲譽。

名聲如同一面鏡子，映照著一個人的品德與成就。它不僅決定他人對我們的評判，也影響我們對自我的看重。正如密爾所言，一個人的社會地位和內心感受，都與名聲息息相關。一旦聲譽遭到破壞，重塑往往艱難曲折，須耗費大量時間和精力。富蘭克林的洞見提醒我們，應以智慧和謙遜的態度對待名聲，避免因衝動或自負而輕易損害。只有禁得起時間的考驗，名聲才能成為一個人持久的社會資本和精神支柱。

掌握人生關鍵，成就非凡人生

富蘭克林在其著作《窮理查年鑑》中闡述的種種洞見，對個人品格塑造和社會管理均有深刻啟發，即使在現今社會依然具有重要的參考價值，值得我們深入思考並加以運用。他精闢的格言和警句，不僅體現了對生活的深入思考，更彰顯了他對人性本質的獨到洞察力。

富蘭克林指出，在決策過程中，我們常常面臨著兩難困境。貿然行

動無異於魯莽冒進，然而過度計較得失又可能導致猶豫不決。這番洞見啟示我們，在抉擇時須謹慎權衡，但同時也要接受計畫永遠無法面面俱到的現實。以諾曼第登陸作戰為例，生動闡釋了這一觀點。這場堪稱二戰中最精心籌劃的軍事行動，盟軍投入大量時間和資源進行周密部署，但實際行動中仍遭遇諸多意料之外的困難和阻礙。這一歷史事例突顯了人生中不可預測性的普遍存在。

面對諸多不確定因素，富蘭克林提醒我們保持謙遜和智慧。他認為，只有謙虛地接受人生的不可預測性，才能更好地應對各種挑戰。同時，他也強調了個人品格的重要性。他認為，只有培養良好的品德，才能在逆境中保持克制和理性，做出正確的選擇。

富蘭克林的智慧啟示我們，要成就非凡人生，關鍵在於掌握人生的關鍵。我們需要謙遜地接受不可預測性，並同時培養良好品德。只有這樣，我們才能在面對人生重大挑戰時保持冷靜和從容，做出正確的抉擇，最終書寫出精彩絕倫的人生篇章。

富蘭克林的睿智箴言如同一盞明燈，照亮了我們人生旅程的前方。他的至理名言蘊含深邃的哲理和獨到見解，值得我們細細品味、深入思考。

當今世界瞬息萬變，我們不僅需要智慧，更需要勇氣和毅力來應對挑戰、把握機遇。正如富蘭克林所說：「危險是祈禱者的調味品。」面對各種艱難險阻，保持堅定的信念和持續不懈的努力，才是關鍵。

縝密規劃固然重要，但在面對變幻莫測的現實時，靈活應變和堅韌不拔的精神同樣不可或缺。這種平衡之道或許正是應對人生挑戰的智慧所在。富蘭克林的箴言如同一記警鐘，喚醒沉睡的靈魂：「貪睡的狐狸逮不到家禽。起來！起來！」這番話力道十足，激勵人心，揭示了一個殘酷的現實：怠惰與拖沓只會讓機遇從指縫中溜走。

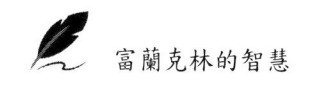

我們不禁會聯想到那些在戰火中奮勇抗敵的將士們，他們日夜不息地捍衛著國家與同胞。邱吉爾在二戰期間所宣告的「我們絕不投降」，正是這種堅毅不拔精神的完美體現。這種頑強的意志，正是每個人都應當汲取和效法的。

富蘭克林的睿智如同指路明燈，為我們的人生旅程照亮前方。他的箴言啟示了一個不可或缺的真理：在瞬息萬變的世界中，唯有堅韌不拔的精神，才能引領我們走向成功，把握住人生的機遇。讓我們以富蘭克林的智慧為鑑，以堅定不移的決心，迎接人生的各種挑戰與考驗，成就更加精彩的人生！

知足常樂：祕領內心平靜

在這個追求物質與權力的世界中，我們往往將崇拜上帝等同於行善。祈禱確實是一種簡單的奉獻方式，因而深受歡迎。但是我們必須明白，真正的善行並不局限於言語或祈禱，更需要落實到實際行動中。正如古諺所言，「服侍上帝即是善待世人」。我們的責任不僅是虔誠禱告，更包括切實幫助身邊有需要的人，這種高尚品德值得每個人珍視並在生活中身體力行。

有些人則會以謙遜為面具，掩蓋內心的野心。表面的溫和有禮不過是一種策略，暗藏著對權力的渴望。正如邱吉爾所洞察的，「野心即將攀升時，無物比它更謙卑」。我們必須警惕那些看似謙和實則心懷野心的人，外表與內心可能存在極大落差。

貪得無厭的人往往難覓舒適之處。即使身居高位、家財萬貫，但若心中充斥不滿與貪婪，我們終難以獲得真正的滿足與平靜。正如古人所說，「不知足者無安席」。我們應當學會知足常樂，珍惜眼前的美好，而

不是無休止地追逐更多。

　　滿足並非源於外在的物質，而是來自內心的平靜。只有當我們學會感恩、珍惜眼前擁有的一切，才能找到真正的幸福。也唯有如此，我們才能在這個無情的世界中，保持內心的平靜與安寧。

　　美德與專業技能堪稱孩童最珍貴的資產。這不單為他們的前程鋪路，更塑造其人格特質。富蘭克林洞悉此理，曾言道：「美德與一技之長乃孩童最佳遺產。」這番睿智超越時空，無論身處何方何時，培養孩子的道德品格與實用才能都應當被視為重中之重。

　　培養孩子的美德是我們最根本的責任。孩子是未來社會的棟梁，他們將肩負起推動社會進步的重任。因此，我們務必在他們的成長過程中，不斷灌輸正直、誠實、負責任等品德，讓美德成為孩子們內心最堅實的支撐。只有擁有高尚的品格，孩子們才能在未來的人生歷程中，堅持正道，為他人樹立良好榜樣。

　　同時，我們也須注重培養孩子們的專業技能。在瞬息萬變的時代，掌握扎實的專業知識和技能，不僅能夠為孩子們鋪就通往成功的大道，更能夠培養他們的自信心和勇氣，面對未來的各種挑戰時能從容應對。比如防雷系統的設計，正是眾多科學家長期潛心研究的成果。他們開發出簡單而有效的避雷針，大大提高了居民的生活安全。我們應當以此為鑑，激勵孩子們努力學習，追求專業卓越，為社會創造更多價值。

　　美德和專業技能的完美結合，必將成就孩子們美好的未來。讓我們攜手同心，用教育的力量，培養一代又一代擁有高尚品德和卓越才能的新人，為這個世界注入更多光明與希望。

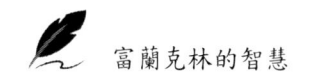

曆法的傳統 —— 農民的占星守護者

　　如同建築物利用尖端鐵棒吸引閃電，將電流引導至地下以規避損害，船隻也可在桅桿頂部安裝尖銳鐵棒，以鐵絲連線至水面，穿過支索，確保雷雨天氣中的航行安全。這種設計巧妙地運用了電流導向原理，為不同環境下的結構提供了雷電防護。我們從這些實用技術中汲取啟發，將其應用於占星預測的精準性上。

　　生命中的甘美往往暗藏玄機，我們不得不對其潛在的威脅保持警惕。溫柔婉約之人心中也可能蘊藏著滔天怒火，宛如甜美醇酒中的一絲酸意。這一現象提醒我們，不可輕視那些表面看似無害的事物，因為在某些特定情況下，它們可能會爆發出驚人的破壞力。戰場上的敵軍常常運用看似無傷大雅的策略來麻痺我們的警惕，繼而在我們最為鬆懈的時刻發動猛烈攻擊。因此，無論身處何種環境，我們都應時刻保持高度警惕，未雨綢繆。

真誠與謙卑：生活中的智慧指引

　　教堂的鐘聲響起，卻喚不醒某些權威人士的良知。他們口口聲聲要人遵守道德準則，自己卻掩蓋了內心的矛盾與虛偽。我們必須警醒並反思，因為這些明智的箴言正如一面映照人性的明鏡，直指我們內心深處的真實面貌。

　　政界中許多政客如是，高喊正義公平，但卻暗地進行見不得人的勾當。軍事策略同理，統帥必須以身作則，方能真正鼓舞士兵勇往直前。歷史上的偉大領袖們，如凱撒和納爾遜，都是憑藉著自身的感召力締造輝煌戰績的。可見，以身作則，誠實守信，乃是成功的關鍵所在。

真誠與謙卑：生活中的智慧指引

我們每個人在日常生活中，也都應該牢記這些睿智的箴言，時刻保持真誠和謙遜。唯有如此，才能在這瞬息萬變的世界中立足，在面臨挑戰時從容應對，勇往直前。

生命中總免不了挫折和困境，但只要我們時刻保持內心的正直和誠實，定能克服一切，立於不敗之地。讓我們銘記這些智慧箴言，在生活的道路上堅定前行，成為一個真正的人。

富蘭克林的睿智洞察深入人性與社會的複雜面向，其觀點既深邃又放諸四海皆準。他的箴言「親近鄰里，莫拆籬笆」蘊含了更廣義的智慧──在表達善意時須保持適度距離，這不僅適用於個人，也能反映國家之間的策略考量。二次大戰時，同盟國雖須密切合作，但也須維護各自國家利益。敦克爾克大撤退便是絕佳例證，英法兩國通力合作，英軍卻也必須確保自身安全順利撤離。

富蘭克林尖銳地指出，人們對小過大錯的反應失衡，譬如批評戴帽入教堂卻對盜竊聖物視若無睹。這番見解令人聯想到政壇上常見的言行不一。表面上高談闊論道德，私底下卻行為不端的政客比比皆是。這種虛偽和雙重標準不僅存在於個人層面，更滲透到國際政治舞臺。在與軸心國的爭鬥中，盟國一方固然需要維護道德制高點，但同時也不得不在盟友之間的錯綜複雜的利益糾葛中尋求平衡。

富蘭克林的睿智思維不僅深入人性，更涵蓋了社會的各方面。他洞見人性的弱點，批評虛偽和雙重標準，為我們樹立了行為準則。同時，他也透視了國家之間的利益糾葛，提醒我們在追求理想時也需兼顧現實。總之，富蘭克林的智慧源源不絕，啟發我們更深入地了解人性與社會，以更開闊的視野看待這個複雜的世界。

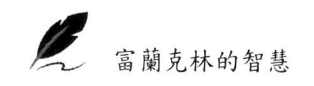

時間與金錢的智慧之道

富蘭克林的箴言不僅觸及友誼、信仰、讚美與批評等人性深層的議題，更引發我們對生命意義的深入思考。面對戰爭等歷史巨浪，他敏銳地洞察決策者必須在國家利益與道德正義間尋求平衡。這種智慧無疑為我們指明了前行的方向。

富蘭克林的觀察揭示了兒童與成人對待時間和金錢的迥異認知。在童稚的眼中，二十先令猶如取之不盡的財富，二十年光陰亦彷彿永無止境。這種天真的觀點反映了孩童對世界的單純理解，他們尚未領悟到資源的稀缺性。然而隨著歲月流逝，人們逐漸體會到生命的短暫和財富的有限。這種認知的轉變不僅彰顯了成長過程中心智的蛻變，更喚醒我們對生命本質的思考。

富蘭克林的洞見提醒我們要明智地運用時間和金錢，因為這兩者都是人生旅途中彌足珍貴，卻又難以挽回的資源。對待時間，我們不能浪費分秒，而是要學會合理規劃、充分利用每一刻。金錢的使用亦應遵循節儉、謙遜的原則，既不奢侈浪費，也不囤積累積。只有理性地對待這兩種寶貴的資源，我們才能在人生的道路上獲得最大的收穫。

富蘭克林洞見的背後，對映出他對生命的深刻洞察。他了解到，時間和金錢的有限性，實際折射的是生命本身的有限性。面對這一事實，我們或許會感到恐懼和焦慮，但正如他所說，我們必須智慧地運用手中的資源，才能活出精彩的人生。讓我們用富蘭克林的智慧來指引我們，在有限的生命中，擁抱無限的可能。

富蘭克林曾警示我們，切勿自負自大，輕視他人。他深刻地指出，個人的精明難以匹敵集體的智慧。這番睿見揭示了自負與謙遜之間的微妙關係。那些自詡聰明的人往往低估他人的才智與能力，最終自食其

果。拿破崙在滑鐵盧戰役的慘敗就是一個典型例子，他過於自信，低估了對手的實力，導致策略失誤。這告訴我們，無論個人成就多高，都應保持謙遜態度，尊重他人的智慧與閱歷。

富蘭克林的箴言凝聚了深刻的人生哲理，揭示了人性的本質。他的格言啟發我們善用時光、妥善理財、保持謙卑、追求進步、以及敬重他人。這些智慧如同明燈，在人生的旅途中為我們指明方向，讓我們不致迷失自我。我們可以從中領悟到生活的真諦，並在日常生活中實踐這些寶貴的人生教訓。

富蘭克林的精闢見解不僅涉及友誼，也延伸到權力和智慧。他洞察力十足，深刻認識到個人的力量往往遠不及集體的智慧。這一洞見啟示我們，即使一個人學富五車、才思敏捷，也很難獨立完成偉業。只有以開放包容、互相尊重的心態，才能充分發揮個人與群體的協同效應，創造出更輝煌的成就。

我們應當細細品味富蘭克林留下的珍貴人生哲理，以之作為人生的指南針。只有保持謙遜，敬重他人，我們才能不斷進步，更好地實現自我。這些智慧如同明燈，照耀著我們前行的道路，引領我們走向更美好的明天。讓我們一起踐行富蘭克林的人生智慧，在這片光明中前行吧。

智慧的力量：
歷史上最偉大掌權者的忠誠友誼

友誼對於掌權者而言堪比權杖，其價值無可替代。縱觀歷史長河，無論是馳騁四方的亞歷山大大帝，還是叱吒風雲的拿破崙，他們的輝煌成就背後都有一群忠誠摯友和智囊團的鼎力相助。這些知心好友不僅與他們一同分享榮耀時刻，更在風雨飄搖時成為了堅實的後盾。

以二戰期間的邱吉爾為例，他與羅斯福和史達林建立的深厚友誼與合作關係，成為擊敗法西斯勢力的關鍵因素之一。這種跨越國界和意識形態的友誼，宛如一柄無形的權杖，助他們度過了最艱難的時期。即使面對層出不窮的挑戰，在知心好友的支持下，這些歷史偉人依然能保持清晰的頭腦和正確的決策，最終獲得勝利。

智慧的缺失等同於全面的匱乏，這一簡潔有力的論斷蘊含著深邃的哲學思考。智慧不僅僅是知識的累積，更是洞察事物本質和作出明智判斷的能力。蘇格拉底的名言「我所知道的就是我一無所知」，體現了一種謙卑的智慧態度，推動他不斷探索和學習。這種不斷求知的精神，也正是歷史上那些偉大掌權者成功的關鍵所在。

站在巍峨的歷史高峰上，我們不難發現，縱使權力和資源再多，缺乏智慧的掌權者終將凋零、覆亡。然而，那些以智慧和勇氣著稱的統治者，卻能靠著忠誠友誼的支持，戰勝種種艱難險阻，書寫輝煌的歷史篇章。這些珍貴的歷史經驗，無疑也是我們現代社會的寶貴財富。

當代社會資訊洶湧而至，要從中挑選出真正有價值的知識，並轉化為實際行動，實在需要非凡的智慧和洞察力。縱觀歷史，我們不難發現一些傑出人物在危難時刻做出了正確抉擇，最終成功克服重重困境。這些睿智之士，如同歲月長廊裡的瑰寶，散發著永恆的光彩。

以二戰時期的邱吉爾為例，他憑藉卓越的智慧和前瞻性，帶領英國度過了艱難險阻。在那個黑暗的年代，他不僅鼓舞了人們的士氣，更以自己的言行樹立了正義的楷模。他曾經說過：「即使在最黯淡的時刻，我們也要堅持希望，為彼此照亮前路。」這句話不僅點明了智慧的重要性，更昭示了人性中最光輝的一面。

富蘭克林筆下的聖誕節也同樣體現了這種精神。在那個艱難的年代，這個節日不僅是人們對過去一年的感恩，更是伸出援手給予弱勢族

群的契機。這種互幫互助的品格，無疑是對人性光輝的最好詮釋。

由此可見，智慧如同明燈，在漫漫人生路上為我們指引方向。而體現在行動中的智慧，更是我們最珍貴的人生資產。我們應當學習這些傑出人物，慎重為智者之友，以德行開啟天國之門，用自己的智慧和勇氣，為這個世界帶來更多光明。

富蘭克林筆下的科學探險

富蘭克林生動描述的西元 1755 年科學探險，揭示了一段鮮為人知的科學探索歷程。當時，為解決地球形狀的爭議，一群勇敢的科學家毅然遠赴赤道和極地展開調查。他們不畏艱難，誓要捍衛真理，其打拚精神與當代科學研究人員探索宇宙奧祕的勇氣如出一轍。

二戰期間，眾多科學家和工程師在極端惡劣的環境中，為國家的存續和發展而夜以繼日地奮鬥，最終獲得了令人矚目的科技成就。富蘭克林在描繪巍峨山脈時，說道：「與之相比，我們最高的山峰也不過是些微不足道的丘陵。」這種謙遜的態度和勇於探索的精神，正是我們應當傳承和發揚的寶貴特質。

老富蘭克林還提及了一個耐人尋味的細節：曆書中標注的星宿名稱會隨著夜晚九時它們接近子午線時的位置而變化。這令人聯想到，天文學在戰時的導航和計時方面扮演著關鍵角色。飛行員和海軍將士，正是憑藉這些天文知識，才得以在浩瀚的海洋和無邊際的天空中準確定位，出色完成了眾多艱鉅任務。表面上看來微不足道的天文學識，實則成為克服重重困難的利器。

富蘭克林筆下的科學探險，昭示了科學探索的寶貴價值。即使是在最艱難的環境中，也依然能激發人類最高尚的探索精神。我們應當以此為鑑，在

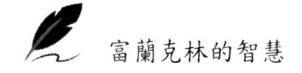

未來的科技發展道路上，永不止步，矢志不渝地推進人類文明的進步。

　　各位親愛的讀者朋友們，在這個瞬息萬變的時代，我們更需要仰望先驅者的智慧，以指引我們通往成功的道路。富蘭克林的箴言妙語，就如同一座明燈，照耀我們前行的方向。

　　這位偉大的思想家，不僅在政治、科學、發明等領域有著卓越成就，更以其獨到的生活哲學，給予我們無數寶貴的人生啟示。舉例來說，他那句「劇烈運動前應當少吃」的古老智慧，乍看之下似乎只是一個簡單的健康建議。但若深究其中蘊含的道理，我們不難發現，這則箴言實際上揭示了一個更為深層的生活哲學。

　　原來，當人體進行高強度活動時，肌肉組織對血液的需求會急速增加，以獲取充足的氧氣和營養物質。如果在運動前攝取過多食物，消化器官也會爭奪血液資源，造成體內血液分配的競爭。這種生理衝突可能導致運動效能的下降。富蘭克林的智慧，不僅為我們提供了健康指導，更進一步昭示了生活中各種需求之間如何獲得平衡，最佳化資源分配，以達成最理想的結果。

　　這正是我們當今社會所需要的智慧。在面對種種挑戰時，我們都應當效法富蘭克林那種無畏探索、無私奉獻的精神，汲取前人的智慧，照亮我們前行的道路。只有這樣，我們才能夠在生活中找到真正的平衡，成就更加輝煌的明天。讓我們一起奮進，用富蘭克林的智慧指引，開創屬於自己的璀璨人生。

幸福人生的智慧啟示

　　酒精的魔力在於它能解開人們的舌頭，讓內心深處的真實想法不經過濾地流露出來。這種降低自我審查的效果，往往導致人們在酒後說出

平日不敢言的真心話。歷史長河中，不乏因酒後失言而改變命運的軼事。古羅馬元老院的酒宴就是一個典型例子，議員們藉酒勁暢所欲言，無意間透露的真實立場往往左右了國家大政方針。然而，這把雙面刃也可能讓人在酒醉意亂之際暴露自己的弱點。因此，在享受美酒帶來的坦誠之時，也須謹慎把握分寸，以免酒後失言造成無法挽回的後果。

這些精闢的人生格言，蘊含了富蘭克林對個人成長和社會進步的深刻洞見。他的名言「欲得人愛，先須可愛」道出了一個深刻的人際互動真理：唯有透過自我完善和積極行動，方能贏得他人的敬重與青睞。這些凝練而富有哲理的箴言，如同指引我們邁向幸福與成就之路的明燈。當我們面臨人生的種種挑戰時，只要時刻謹記這些智慧教誨，便能以更強大的心智和勇氣去應對。

人生路漫漫，充滿機遇與險阻。但只要我們秉持著富蘭克林所倡導的自我完善、積極進取的精神，相信定能在這條通往幸福的道路上越走越順遂。讓我們從這些饒富哲理的名言中汲取智慧養分，以更開闊的視野審視人生，以更堅毅的意志迎接未來。只有這樣，我們才能在人生的長河中扮演好自己的角色，最終收穫幸福美滿的人生。

在瞬息萬變的當今時代，審視個人的源起、未來方向以及責任歸屬，無疑是一個極具啟發性的課題。定期進行這樣的自我反思，不僅能促進個人的成長與發展，也能為社會的穩定和進步奠定堅實的基礎。

每個人都應該時刻保持警惕，細細思考自己的人生之路。金錢在現代社會中扮演著舉足輕重的角色，其重要性已是不言而喻。無論是個人還是國家，金錢都是維繫一切運轉的關鍵要素。然而，當急迫的需求出現時，我們有時會暫時擱置法律和道德原則，這突顯出了財富與權力分配的敏感性，提醒我們需要謹慎地對待這一議題。事實上，缺乏金錢可能導致人們在困境中做出違背常理的選擇，因此合理分配資源對於維護

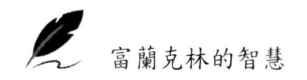

社會秩序至關重要。

就如同工業生產中的道理，粗糙的原料難以鑄造精良的工具。這不僅反映了生產實際，也暗喻了人性的本質。唯有擁有堅毅不拔的意志和崇高的品格，才能創造出非凡的成就。這就如同戰場上，只有經過嚴格訓練且配備先進裝備的部隊，才能贏得最終的勝利。

因此，我們每個人都應當時刻審視自己的源起、未來去向，以及與之相伴而生的責任。只有這樣，我們才能更好地掌握人生的方向，為社會的進步貢獻自己的力量。讓我們攜手共進，共同締造一個更加美好的明天。

智慧與內在力量：生命的本質探尋

狼族年年換新裝，本性卻始終如一。這一諺語揭示了一個深層道理：外表的蛻變難以撼動內在的根本。不論是個體還是國度，要實現質的飛躍，必須從根本處著手，否則終將淪為空洞的表象變革。

真正的智者懂得從身邊的每個人身上汲取智慧。智慧的本質並非與生俱來的天賦，而是透過不懈的學習和經驗累積而成。無論是在科學領域還是政治舞臺，只有保持謙遜開明的心態，才能持續成長與進步。

真正的力量源於駕馭情緒的能力。遇到逆境時，保持鎮定和理性思考的人往往展現出非凡的堅韌。這種內在力量不僅體現在個體層面，更是卓越領袖必備的素質。

真正的富有並非源於財產的累積，而是來自內心的充實。那些懂得心滿意足的人，才是真正富足的人。他們懂得感恩生活中的點滴，珍惜所擁有的一切，不論環境如何變遷，都能保持平和喜樂的心境。這種知足常樂的態度，無論身處順境或逆境，都能讓人獲得持久的幸福與安寧。

智慧與內在力量，正是生命的本質所在。外在的蛻變不過是表象，而內在的根本才是真正的力量泉源。唯有以謙遜、感恩的態度，追求內在的成長與充實，我們才能在這個多變的世界中，保持穩健而有意義的人生航程。

　　這些箴言不僅為個人生活指明方向，更是對社會現實的真知灼見。它們警醒世人保持理性思考，追求真正的智慧與內在力量，同時培養知足常樂和感恩之心。唯有如此，我們方能在這紛繁複雜的世界中安身立命，並為社會貢獻自己的一份力量。

　　富蘭克林那句「肚飽生萬惡」的箴言，宛如一盞明燈，照亮了人性的幽暗角落。這簡短而深刻的警示，揭示了人類在安逸中容易滋生的懈怠與墮落。它提醒我們，不論處於何種境遇，都應當保持警惕和自制。這一智慧與邱吉爾的人生哲學不謀而合。在其自傳《我的早年生活》中，邱吉爾描繪了自己年輕時作為軍官的經歷。即使身居要職，他仍然時刻保持戒備，為可能出現的突發狀況做好準備。正是這種不鬆懈的態度，讓他在日後的政治生涯中多次化險為夷，成功度過難關。

　　邱吉爾在書中寫道：「作為一名軍官，我時刻保持警惕，隨時準備應對突發狀況。這種態度不僅讓我在戰場上獲得勝利，也讓我在政壇上化險為夷，順利度過重重危機。」正如富蘭克林所言，「肚飽生萬惡」，人之所以會淪落，往往源於自身放緩了警惕和修養的腳步。當我們安於現狀，遺忘了奮鬥的初心，便很容易陷入懈怠和墮落的深淵。

　　因此，我們不論身處何種環境，都應以邱吉爾和富蘭克林為鏡，時刻保持警覺和自制。唯有如此，我們才能在紛亂的世界中保持清醒的頭腦和堅韌的意志，在順境中不忘奮鬥，在逆境中不失信念，以智慧和力量為社會貢獻自己的一份力量。

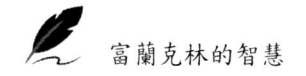

智慧的邀請 —— 探尋人性的深度與高度

　　智慧的大門時刻敞開，等待著渴望探索的心靈。這一箴言饒富深意，引人深思。只要心存求知慾，智慧便會向你敞開懷抱，無須特殊鑰匙。這句話道出了智慧的普遍可及性，只要我們保持好奇與學習的態度，智慧就會在不經意間滲透進來，為我們指引方向。

　　二戰期間，邱吉爾面對納粹德國的咄咄逼人，不僅依靠軍事實力，更重視情報和策略的運用。正是這種對智慧的崇尚，使英國在最艱難的時刻仍能挺立不倒，展現出非凡的韌性。作為一位卓越的政治家和策略家，邱吉爾深諳智慧的力量。他善於洞悉問題的本質，運用周密的策略，帶領英國克服重重困難，最終戰勝強敵。他的智慧不僅體現在軍事策略上，也體現在對人性的深刻洞察。

　　這句箴言「草藥有很多功效，而人類甚少美德」觸發了一個深刻的反思，對比了自然界的慷慨與人性的局限。大自然慷慨地賦予草藥各種治療能力，而人類的美德卻需要透過持續的修身養性和自我審視才能培養。這一對比揭示了人性的矛盾和脆弱性。與自然界的慷慨相比，人類往往缺乏崇高的品德和善意，需要不斷修練和反省。

　　邱吉爾的《二戰回憶錄》生動地描繪了戰爭的殘酷如何揭示了人性的脆弱與崇高。這位英國政治家不僅在軍事策略上展現了卓越才能，還在道德層面上堅持公平正義和仁慈之心。他對美德的不懈追求，使他成為了一位受人景仰的歷史人物。邱吉爾的生平道出了智慧與品德的關係密不可分，智慧的真諦不僅在於洞察問題的本質，更在於以善良和正義來引領人性的崇高。

　　追求卓越，永不停歇。這是偉大領袖邱吉爾和富蘭克林一生所遵循的人生信條。他們不僅擁有淵博的學識和精湛的造詣，更以身作則，將

智慧發揮到了極致。

邱吉爾的一生就是不斷汲取新知、提升自我的過程。這位偉人在軍事、政治、文學和藝術等多個領域都展現出出色的才能，成就斐然。正如那句廣為人知的格言所言，「真正令人羞愧的不是知識的匱乏，而是對學習的排斥」。邱吉爾身上的學習熱情和精進追求，值得我們永遠效法。

即使在戰時艱難環境下，邱吉爾仍然保持著宏觀視野和卓越領導才能。他不僅參與制定策略，更密切關注戰況發展，並不斷鼓舞民心。這種強大的精神力量，成為英國人民堅實的依託。「雇主的眼睛比他的雙手更忙碌」，這句諺語正好概括了邱吉爾的領導智慧。真正的偉大，在於對局勢的深刻洞察和引導。

富蘭克林的箴言，更是揭示了人生的深刻洞見。「錢並不能買到所有的快樂，但它確實是通向快樂的一條不錯的道路」，他如此一針見血地指出了財富與幸福的關係。「你不必富有，但一定要做一個有價值的人」，這句話更是深刻地闡述了人生的本質。

讓我們以這兩位偉大人物為榜樣，時刻保持對知識的渴求和學習的熱情，以智慧引導人生道路。不管是在戰時逆境，還是在日常生活中，堅持不懈的精神追求，都是通向卓越的關鍵所在。只有不斷提升自我，擴展視野，我們才能締造出更富價值的人生。

富蘭克林的智慧箴言

富蘭克林的箴言猶如智慧的結晶，洞察人生本質。這些金玉良言穿越時空，照亮了世代前進的方向，為後人提供了寶貴的生活指引。他的名言道出了勤勉與怠惰的本質差異，為我們指明了通往成功的必經之路。

在這個競爭激烈的社會中，唯有透過不懈努力，方能突破重重障礙，攀登成功的巔峰。這恰如二次世界大戰的艱辛歷程，堅忍不拔的意志使我們最終戰勝強大的敵人，贏得勝利。相反，懶散如同慢性毒藥，漸漸侵蝕人的意志力，將人推入難以脫身的困境。這猶如在戰爭中退縮不前的人，最終難逃失敗的命運。由此可見，勤奮不僅應成為每個人崇尚的美德，更是通往成功的必經之路。

富蘭克林還主張克制私慾、親善鄰里、自我超越。這番見解蘊含深意。生命歷程中難免遭遇種種誘惑與挑戰，但我們須時刻自省，淨化心靈，堅守道德操守。與此同時，培養和諧的人際關係至關重要，這不僅有助於融入社會，更能贏得他人敬重。這一理念與外交政策異曲同工，唯有與各國友好往來，方能締造世界和平與穩定。更為關鍵的是，我們應不斷自我完善，以全新的姿態迎接每一年的到來。這恰如國家在戰後重建中的不懈努力，持續追求進步，鞏固國力，促進繁榮。

富蘭克林的睿智之言道出了人生的精髓，為後人指引了通往成功的正道。倡導勤奮、道德操守、自我超越，正是我們應當崇尚的美德。正如他所言，唯有堅持不懈，方能創造出光輝燦爛的人生。

富蘭克林留下的智慧箴言猶如明燈，為我們照亮人生的道路。他的年鑑遠非僅僅羅列日期和天文資料那般簡單，而是將深邃的人生智慧巧妙地融入其中。

透過富蘭克林精心挑選的格言、行為準則和致富之道，他激勵我們追求理性、誠信、勤勉和節儉的品格。他的年鑑不僅是時間的記錄，更是一本啟迪心靈的指南。

熱愛敵人這一觀念，體現了富蘭克林深刻的人生哲學。敵人往往如同一面無情的鏡子，映照出我們自身的缺陷與不足。透過他們的尖銳批

評和敵對態度，我們得以更清晰地審視自我，發現需要改進的地方。

每個人都應將勤勉、品德和自我提升視為畢生追求的理想。唯有恪守這些原則，我們方能在人生旅途中走得更遠、活得更精彩。富蘭克林的智慧指引，猶如一盞明燈，指引我們走向更加豐盛和有意義的人生。

我們應該銘記富蘭克林的教誨，以堅定的決心和不懈的努力，在人生的道路上追求卓越，踐行美德，成就一個更加理性、誠信和充滿希望的世界。這就是富蘭克林留給我們最寶貴的遺產。

以智慧之名：從舊時格言中汲取生命力

智者大智若愚。他們深知人生如潮起潮落，命運的波瀾壯闊不過是尋常風景。因此，他們以超然物外的心境，從容面對世事變遷。這份沉穩與灑脫，讓智者即使身陷逆境，亦能冷靜思考，尋覓破局之策。

人最大的敵人常常是內心的恐懼和偏見。因此，學會欣賞敵人的價值，將他們視為促進個人成長的助力，實為明智之舉。智者深諳此理，以寬容大度的心態面對挑戰。這種態度不僅能幫助我們在面對敵意時保持鎮定，還能激勵我們不斷自我提升。

正如蘇格拉底所言：「真知灼見在於明白自身無知。」智者之所以能淡然處之命運起伏，實因他們洞悉自身認知有限。唯有虛心求教、與時俱進，方能在這瞬息萬變的世界中屹立不倒。

富蘭克林的年鑑不僅僅是天文知識的寶庫，更是人生哲學的精華集錦。其中蘊含的格言警句如同明燈，指引我們在人生的迷霧中前行。它教導我們克服困難的智慧、與人相處的藝術，以及在逆境中保持樂觀的祕訣。每一頁都蘊含著可供深思的真理，值得我們細細品味，並將其融入生活的各方面。

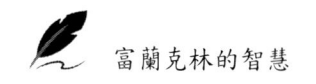

相信透過這些智慧的滋養，我們都能在精神和物質上獲得豐盛的回報。讓我們一起學習智者的超凡魄力，在瞬息萬變的人生中，保持平和從容的心態，踏上通往自我成長的道路。

賢者的箴言如同星光，能照耀人心。本書收錄了富蘭克林的卓越智慧結晶，定能啟迪讀者，成為人生的明燈。

富蘭克林的智慧源於對人性的深刻洞察。他看透了自負的本質──華而不實。這一見解與莎士比亞筆下哈姆雷特的警世之言不謀而合，道出了自負終將自毀的道理。兩位智者的睿見貫穿時空，指向了一個真理：謙遜乃立身處世之本。

富蘭克林的箴言堪稱為人處世的圭臬。他主張以禮相待、廣施援手、慎選密友、避免結怨。這番見解與老子的「上善若水」理念不謀而合。水滋養萬物而不爭競，能適應各種環境，正如道的精髓。富蘭克林的高明之處，在於他深諳如何在錯綜複雜的人際網絡中遊刃有餘，既堅持自身原則，又不失靈活變通。

富蘭克林的人生智慧源自於對生活的深思熟慮。他的箴言不僅字字珠璣，更蘊含著豐富的哲學內涵。在他的引導下，讀者能夠洞悉人性的奧祕，掌握待人處世的要訣，進而成為一個更加睿智、恬淡自若的人。

願各位讀者能在富蘭克林的智慧雨露中獲益匪淺，以此為生活明燈，行好道、修善行，最終達致喜樂安泰，諸事如意。

充滿智慧與希望的歲月

當富蘭克林造訪澤西島的舊友時，深感島民們對生活的艱辛與無奈。他們頻頻抱怨著貧困和難以償還的沉重債務。因此他倡導節儉之道，建議將20萬英鎊的進口款項一分為二，其中一半用於採購急需物

資，餘下部分留作儲備。如此一來，僅需一年時光便可解決衣食之憂。回顧人們在戰火紛飛之際所採取的生存之道，這正是我們所踐行的智慧啊。人們將稀缺資源集中於要務，以此度過了那段艱難的歲月。富蘭克林的遠見卓識令人敬佩，他將深奧的道理轉化為切實可行的指導原則。

他那句廣為人知的格言「一分耕耘，一分收穫」雖表達簡潔，卻蘊藏著深刻的人生哲理。這句話揭示了一個普世真理：唯有透過個人的勤奮付出，方能真正掌控自己的命運。這一原則不僅適用於個體，更可推及整個國家的發展程序。我們在戰時所採取的生存智慧同樣適用於今天，只要我們堅定信念，發揚不懈努力的精神，定能走出逆境，書寫出更加輝煌的明天。

歷史的車輪滾滾向前，但人性中那份堅韌與希望卻從未改變。讓我們學習前人的智慧，將其發揚光大，共同譜寫出一曲充滿勇氣與力量的篇章。這不正是我們應該珍惜並傳承的寶貴遺產嗎？

富蘭克林的箴言洞見深邃，蘊含豐富的人生哲理和實用智慧。他的睿智之言猶如明燈，為後人指引前進的道路。讀者諸君，讓我們共同探究其中一項攸關人生的箴言：儉約與自我約束。

「有了手藝，就有了名利。」這句話深刻揭示了一個永恆的道理：唯有透過持續不懈的努力和精湛的專業技能，人才能在社會中站穩腳跟，實現自身價值。這份智慧值得每個人銘記在心，作為人生的座右銘。

富蘭克林提出了一個睿智的建議：購置新衣前，不妨先檢視舊衣能否清洗或修補後再穿一年。這樣的實用忠告讓人聯想到戰時的艱難歲月，當時資源匱乏，節儉成為必要的美德。俗話說得好，「衣服多打補丁，錢包就多存錢」。這種智慧不僅適用於個人財務管理，更可推及國家層面。

特別是在經濟低迷時期，節約資源能助我們累積更多財富，為應對未來挑戰做好準備。面臨戰爭與危機，這一理念的重要性更是不言而

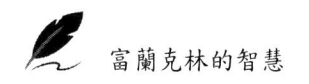

喻。富蘭克林洞察力驚人，他深知節約精神在人生道路上的不可或缺。

我們應該以他為榜樣，秉持「儉約」的生活哲學。這種自我約束的態度不僅可以幫助我們度過難關，更能培養出堅韌的品格。正如富蘭克林所言：「窮人沒有什麼值得分散注意力，所以總是專注於提高自己。」這句話啟示我們，只有將注意力集中在最重要的事情上，我們才能在人生道路上不斷進步，達成理想。

讓我們一起把富蘭克林的智慧銘記於心，在生活中身體力行。只有這樣，我們才能在風雨飄搖的人生航程中，穩步前行，最終抵達理想的彼岸。

懷著節制的心態 ── 追求完善的生活與治國之道

關於嗜好飲料的攝取，富蘭克林建議愛好者每日不超過兩杯，隔年再縮減至一杯。這看似苛刻的勸告，實則彰顯了自制的重要性。我們生活中難免有各種消遣嗜好，但富蘭克林深諳適度與節制的道理。他認為，透過漸進式地減少非必要支出，我們能累積更多資源，這些累積最終會轉化為重要的資本，用於更具價值的事業。這種自律不僅能提高個人生活品質，還能推動整體經濟向前發展。

治國之道與此相通。富蘭克林洞見法律的效力在於拿捏分寸。過於寬鬆則難收約束之效，過於嚴厲又恐引發反彈。為政之道，關鍵在於尋求法律威懾力與民眾接受度間的微妙平衡。唯有如此，法規方能既廣受遵循，又不致令人感到窒礙難行。在國家治理與政策制定過程中，不斷調適以達致這種平衡，乃是永恆的挑戰與追求。

富蘭克林深諳此理。他認為，適度與節制往往是成功的基石。無論是個人生活，還是社會治理，都需要一種「適可而止」的心態。透過適度

限制，我們能更好地最佳化資源配置，將有限的資源投放在最有價值的領域。與此同時，我們也要以開放、理性的態度不斷調整，以符合時代發展的需求。只有這樣，我們才能在個人與國家層面上實現持續進步。

富蘭克林的這些智慧洞見，無疑對當代社會仍有重要啟示。在個人生活中，我們應以量力而行，克制慾望，專注於更有意義的事情。在國家治理上，制定法律法規時亦應以民意為依歸，在嚴厲與寬鬆之間尋得平衡。只有做到這些，我們才能在各個層面上實現更加完善的發展。這正是富蘭克林追求的，也是我們應當效法的。

一句富有洞見的格言告訴我們：「煩惱源自懶惰，勞苦源自安逸。」這一智慧之語引發了我們深入思考，時刻保持積極進取的重要性。如果我們屈從於懶惰，必然會陷入煩惱之中。真正的幸福與成就，往往來自於我們不懈的努力和奮力打拚。面對這個充滿挑戰的世界，只有持續追求卓越，才能實現宏大的目標，為國家和人民帶來祥和。

這番見解蘊含著深邃的智慧，值得我們仔細品味。其中的哲理不僅可以啟迪我們的個人修養，也能為治國理政提供借鑑。將這些箴言銘記於心，並付諸於日常行為中，必將讓我們受益匪淺。適度節制慾望，滿足內心需求，是人生的大智慧。正如蘇格拉底所言，知足常樂並非消極妥協，而是對生命本質的深刻體悟。富蘭克林所倡導的平衡生活理念，與政治和軍事領域的策略思維不謀而合。適度節制、合理分配不僅是個人修養的體現，更是維繫社會穩定的關鍵要素。

我們應當以開放、愉悅的心態分享生活的美好，在滿足中保持謙遜，最終以從容的姿態告別塵世。這種生活哲學蘊含著對人性的深刻洞察，值得我們深思與實踐。唯有懂得從節制慾望中尋找真正的幸福，我們才能在這千變萬化的世界中保持內心的寧靜和從容。讓我們一起，以智慧的眼光審視生活，在修養與實踐中找到通往幸福的道路。

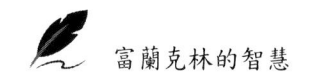

度過逆境，珍惜真情

　　在歲月的洗禮下，我們不難發現，真摯的友誼猶如一片陽光，總能在最黑暗的時刻照耀我們前行。回顧歷史，二戰時期各國同盟的關係無疑經歷了重重考驗，但唯有那些在艱難時刻依然堅定不移的盟友，才能稱得上是真誠的夥伴。正如莎士比亞所言：「患難見真情。」真摯的友誼不僅是在順境下相伴左右，更應體現在逆境中彼此扶持，給予支持。

　　然而，人性中常存拖延的弊病，使得我們總是將改正錯誤的決心一再推遲，以為「明天」還有機會。然而正如拿破崙所言：「戰爭的精髓在於迅速果斷的行動。」這番話不僅適用於軍事領域，在生活中也同樣適用。猶豫不決往往會讓良機溜走，甚至導致不可挽回的後果。我們必須時刻保持警惕，絕不能因一時鬆懈而錯失良機。

　　美好的友誼如同一盞明燈，引領我們在漫漫人生路上前行。然而，這份珍貴的友誼並非天生如此，而是需要我們用心維護和珍惜。回首過去，我們不難發現，真誠的友誼有時如影隨形，唯有在逆境中方能看清彼此的真誠。因此，我們更應珍惜那些能在艱難時刻與我們同舟共濟的知心好友，用真誠的情誼築成堅不可摧的友誼之牆。讓我們一起用生命中的每一刻，在友誼的大道上共同譜寫更多感人肺腑的篇章。

　　趁他人放鬆之際，你應當更加努力耕耘自己的事業。勤奮不懈正是成就大業的根基所在。回顧英倫工業革命的歷史，我們不難發現，無數勤勞的工人和企業家們，透過日以繼夜的辛苦付出，才最終鑄就了今日的繁華景象。相反，若是躺在功勞簿上安於現狀，貧困便會如影隨形，飛速降臨。

　　在友誼或商業交易中，雙方都需要建立明確的契約，不僅可以保障各自的權益，也有利於維繫長期的合作關係。這一理念同樣適用於國際

外交和企業合作。正如二戰後的雅爾達會議所示，參與國透過詳細的協議，共同建構了戰後的和平秩序。無論是私下的人際互動，還是公開的商業往來，都應該以書面形式明確規定各方的權利義務，這樣不僅可以預防潛在的爭議，更能確保關係的長遠發展。

懶散是通往失敗的捷徑，而勤勞則是通往成功的不二法門。我們應當時刻警醒自己，即使他人放鬆了警惕，也必須加倍努力，才能獲得應有的回報。只有堅持不懈的奮鬥，才能最終收穫豐碩的成果。只有這樣，我們才能夠在競爭激烈的社會中脫穎而出，實現自己的理想和抱負。

富蘭克林的智慧箴言

富蘭克林的箴言不僅超越了個人層面，更展現了他對社會運作和國際外交的深刻洞見。這些智慧語錄蘊含哲理，值得我們細細品味與汲取。

讓我們駐足片刻，細細品味富蘭克林的睿智箴言。他的每句話都如同智慧的結晶，閃耀著永恆的光芒。「節制飲食者，鮮有懈怠之心。」這句箴言雖簡單，卻蘊藏著深邃的人生哲理。細思生活點滴，我們是否常因縱情享樂而喪失奮進之志？適當的自制不僅有益身心，更能保持頭腦清晰、行動敏捷。此番見解不禁令人想起古羅馬哲人塞內卡的至理名言：「真正的愉悅源於克制，而非放縱。」自律乃成功之基石，它使我們擺脫慾望的桎梏，始終保持奮發向上的精神。節制之道，實為通往卓越人生的不二法門。

富蘭克林深刻洞察人性，指出知識與美德這兩把雙面刃。他警告我們，沉醉於學識會矇蔽雙眼，而沾沾自喜於美德則如同自我中毒。這番

話揭露了人類的兩大致命弱點：知識的狂妄自大和道德的自我膨脹。我們必須謹記，真正的智慧不在於博學多聞，而在於以謙遜的心態對待知識。同樣地，真正的高尚品德，並非自我吹噓，而在於恪盡職守，以身作則。

富蘭克林對人生的洞察遠遠超越了個人層面，他的箴言映照出社會運轉的奧祕，更預見了未來的國際局勢。他警示我們，世界並非一個單純的舞臺，而是一個錯綜複雜的網絡，充滿著利益糾葛和權力角力。只有秉持智慧和修養，我們才能在這個充滿挑戰的時代中，穩健前行，造福他人，建立美好的未來。讓我們一起細細品味富蘭克林的睿智箴言，從中汲取力量，為自己和社會鋪就通往卓越的道路。

當我們掌握了一些知識和見解時，容易產生優越感，認為自己比他人更加聰明。然而，正如莎士比亞所言，「愚者自詡聰明，智者明白己愚」。真正的智慧並非表現在自滿和自負之上，而是源於虛心和不斷學習的態度。同樣地，美德的本質也在於身體力行，而非口頭炫耀。一個人過度標榜自己的品德，往往已經偏離了美德的本質。

富蘭克林的一句箴言道出了這個道理：「正直之人拒絕不當得利和虛假讚譽」。這句話深入人心，道出了誠信和正直的精髓。堅守原則的人，不會被阿諛奉承所迷惑，也不會為了非法利益而犧牲道德標準。這讓人想到邱吉爾在《第二次世界大戰回憶錄》中所描述的一位無名戰士。這名士兵在戰場上英勇奮戰，卻從不追求功名利祿，只為捍衛家園而戰。這種行為無疑是正直品格的完美體現。

我們應當以這位無名戰士為楷模，時刻警醒自己，不要被知識和美德的虛榮所矇蔽。相反，我們應當保持謙遜的態度，不斷學習，並以實際行動踐行正直。只有這樣，我們才能真正擁抱智慧和美德的精髓，成為一個值得尊敬的人。

生命的真諦：超越物質，守護心靈

　　智者的箴言無疑是生命航程中的指引明燈。它們指點我們應當恪守節制、謙遜、正直與誠實的美德，這些品格如同堅實的基石，讓我們得以在紛繁複雜的世事中屹立不倒。正如富蘭克林所言，「竭盡全力去追求，珍惜所得到的一切，這便是點鐵成金的祕訣」。只有堅持不懈地奮鬥，我們才能將平凡的日子昇華為非凡的人生，將每一分付出轉化為成功的璀璨光芒。

　　然而，一個更加深入的問題是：一個人若喪失了精神核心，縱使征服全世界又能如何？這個發人深省的命題迫使我們重新審視自身的價值取向與生命追求。在這個崇尚物質的年代，許多人被浮華虛名所矇蔽，卻忽視了心靈的真實需求。正如富蘭克林睿智地指出，那些輕視精神世界的人，即使坐擁鉅額財富，在旁人眼中仍不過是個可憐蟲。

　　我們必須超越物質的表象，去追求內在的精神饋養。只有當我們建立了堅實的品德基礎，培養了豐富的心靈世界，我們的生命才會擁有真正的意義與價值。純真、善良、智慧、正義，這些都是我們應當珍視的精神財富。唯有如此，我們才能在這瞬息萬變的人生中保持定力，面對各種逆境時仍能保持平和與超然。

　　生命的意義不在於外在的成就，而是在於我們內心所擁有的品德與智慧。正如那句耳熟能詳的名言所說：「人生的意義不在於你擁有的，而在於你所成為的。」讓我們一起努力，以智慧之光照亮我們的人生道路，朝著心靈的富足與內在的成長不懈前行。

　　我們常被物質世界的迷思所矇蔽，以為財富、地位、成就等才是人生最寶貴的財富。然而，今天的洞見卻提醒我們，真正值得珍視的，乃是內心的寧靜與精神的豐盈。

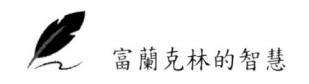

西元 1757 年象徵著一個關鍵的歷史時刻，值得我們深思。健康無疑是人生最寶貴的財富，它與我們呼吸的空氣品質和生活環境的衛生狀況密不可分。良好的身體狀況不僅關乎生活品質，更是生存的根本保障。正如俗語所說：「藥罐子常駐，財富難進門」，健康對人生的重大影響，值得我們反覆思索。

人生不過短暫，但若能擁有健康的身心，富足的精神，那才是值得珍惜的人生財富。讓我們一起踏上通往健康與幸福的道路，為自己和家人締造更美好的明天。

富蘭克林智慧箴言：洞見人生

富蘭克林的箴言蘊含著深邃的洞見，猶如生活中的明燈，指引我們探索內心，照亮前路。

舌頭是思想的洩露管道，提醒我們言語須謹慎，因太多話易暴露內心。成功之路必經屈辱與重壓，暗示攀登巔峰須歷經艱辛磨練。雖然悲痛之淚終將乾涸，但我們必須學會走出陰霾，迎接曙光。

創造容易，維持卻是挑戰。這啟示我們，世間萬事並非一蹴而就，需要持續的努力與投入。富蘭克林的洞見亦提醒，生活中有太多不確定因素，我們必須謹慎行事，洞悉事物的內在邏輯。

正如富蘭克林所說，這些智慧之言猶如生活中的明燈，在忙碌奔波之餘，引導我們暫時歇息，審視內心，探尋心靈的寧靜與智慧之門。

親愛的讀者，讓我們一同探索富蘭克林的智慧寶庫吧。在這動盪不安的年代，他的洞見不僅指引我們的生活，更能照亮人性的微妙之處。這些箴言猶如明燈，照耀我們通往美好人生的道路。讓我們一起學習富蘭克林的智慧，在生活中實踐，以光明照耀人生。

我們都知道富蘭克林的那句名言:「寬容愚昧是難能可貴的美德。」它道出了一個人際互動中的大難題。面對無知的言論,我們常陷入兩難:是粗暴制止,還是默默縱容?然而,這兩種極端做法都有其缺陷。

與人交談,就如同制定策略一樣,需要權衡利弊,尋求平衡。我們應以智慧和耐心為基石,探索一條既不失禮節又不縱容愚昧的中道。這種處事之道不僅適用於應對無知言論,更是克服人生種種挑戰的關鍵所在。

人類社會的進步,關鍵在於合作。個體力量有限,唯有通力合作,才能成就大業。這一洞見揭示了人與人之間互助的重要性。在今天的世界,英雄主義式的單打獨鬥已不合時宜,無論是在戰場還是生活中。成功需要團結一致,互相信任,共同努力。

第二次世界大戰的勝利就是明證。盟軍的成功並非源於某個國家或個人的單獨貢獻,而是所有盟國齊心協力的結果。這種合作精神在現代社會中仍然適用。每一家成功的企業,每一支優秀的團隊,無不建立在相互信任與合作的基礎之上。

我們要學會以智慧與耐心化解人際衝突,建立互利雙贏的關係。同時,我們也要發揚合作精神,團結一致去應對人生的各種挑戰。只有這樣,我們才能在這個日新月異的世界中不斷進步,實現個人和社會的共同繁榮。

富蘭克林智慧指引人生航向

富蘭克林的睿智格言如同指路明燈,為我們的人生旅途指明方向。這些金玉良言提點我們在無知的黑暗中尋覓智慧之光,在追求卓越的道路上攜手共進。它們不止是簡單的文字組合,更是我們在這紛繁世界中

的行為準則。讓我們以這些智慧為引，昂首闊步，攜手並肩迎接未來的種種挑戰。

富蘭克林精闢地闡述了個人能力的局限性，同時突出了信任在團隊合作中的重要地位。他指出，縱使個人才華橫溢，若缺乏他人的信賴與支持，也難以完成宏偉事業。這番見解令人不由自主地聯想到二戰時期的諸多場景，深刻印證了這一論點的普適性。在那段艱難時期，我們遭遇了前所未有的挑戰，單打獨鬥顯然無法應對。富蘭克林曾經睿智地指出，信任是合作的根基。

回顧敦克爾克大撤退，英軍在德軍猛烈進攻下，若非獲得法國盟友的信任與鼎力相助，恐怕難以順利完成這一驚險任務。正是這種跨越國界的互信，成為兩國聯手對抗納粹威脅的致勝法寶。富蘭克林的智慧啟示著我們，在這瞬息萬變的世界裡，唯有腳踏實地，團結互信，方能在逆境中闖出新天地。讓我們以此智慧為指引，秉持開放包容的胸襟，推動人類文明不斷前進。

政治舞臺是一個建基於信任的殿堂。推行任何政策或改革，都必須先贏得國民與議會的信心。這一認知與富蘭克林的見解不謀而合。政治人物若被視為虛偽不實或難以託付，縱使才智超群、能力卓絕，亦難有所建樹。正如富蘭克林所言，「被揭穿的偽善者無法成就任何偉大或重要的事業」。這一觀點不僅適用於政治與軍事領域，更深入商界及日常生活的各方面。

企業高層若未能獲取員工與合作夥伴的信任，將難以推進公司的發展。二戰後英國的復興正是一個絕佳例證。若非社會各界齊心協力，互信互諒，英國絕不可能在短時間內從戰火的灰燼中重新崛起，迅速重建國家經濟。富蘭克林闡述的這一洞見，堪稱放諸四海而皆準的至理名言。

信任實為人與人之間來往以及群體合作的根本。若缺乏這一要素，個人將難以獲得他人支持，也就難以成就大業。對此，我深有感悟，並深信不疑。

築建信任需要時間與付出，但卻是通往成功的必經之路。一個政府、一家企業，乃至一個社會，若能維繫良好的信任關係，必能激發團結合作的力量，共創美好的未來。我將竭盡全力，在政治、商業乃至社會各界，樹立可靠的信任形象，讓信任成為推動進步的不竭動力。

真誠 —— 領導者的根本品格

毫無疑問，國王對於民眾的苛刻剝削，極大地激起了人民的憤怒。他們視百姓為傀儡，妄自尊大地揮霍著取自於民的財富，毫無悲憫之心。這種傲慢與冷漠，不禁令人聯想到歷史上那些昏庸無道的君主，最終都遭到人民的反抗和推翻。

然而，真正的統治者並非如此。真正的領導者應以真誠待人，切實關懷百姓的福祉。真誠乃是所有美德的根基，沒有它，任何其他品德都難以持久。正如林肯所言，你可以暫時欺騙某些人，但無法永遠欺騙所有人。真誠最終會戰勝虛妄，引領人們走向光明。

回顧歷史，我們不難發現，那些最為傑出的領袖和思想家，無一不是以真誠為本。他們直率地面對現實，坦誠地表達內心，從不掩飾自己的缺陷。正是這種純粹的品格，才能贏得人民的信任和擁戴。相比之下，那些唯恐露出破綻的統治者，終將被人民所拋棄。

在這個日新月異的時代，我們更加需要真誠的領導者。只有他們才能洞察民意，體恤民困，以真誠的姿態贏得人心。唯有如此，我們才能共同走向光明正大的未來。讓我們攜手共建一個充滿真誠的世界，為之奮鬥終生。

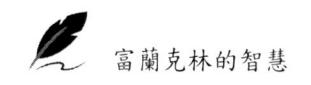

真誠，就像航海路上的燈塔，在這個複雜多變的人生中為我們指引方向。它不僅是個人品格的基石，更是維繫社會和諧的關鍵。面對人生種種艱難與障礙，唯有以真誠之心才能破除重重迷霧，勇敢前行。這種真誠並非停留在表面的誠實守信，而是源自內心最深處的純粹與坦蕩。

　　正如偉大的富蘭克林所說，真誠能讓我們時刻反思內心的想法與行為，避免犯錯陷阱。當我們面臨誘惑與挑戰時，是否能真心誠意地對待自己和他人？這是每個人都應該深思的問題。只有保持內心的真誠，我們才能真正洞見自己，理解他人，在這紛雜的世界中找到安身立命的地方。

　　真誠，是一種美德，也是一種力量。它能讓我們的生活更加美好，促進社會的和諧發展。當我們誠懇待人，以真摯之心對待自己，就能在人生的航程上駛向更美好的彼岸。在這個紛擾動盪的時代，我們更需要秉持真誠之道，為自己和他人指引通往成真之路。

中庸之道：生活智慧的恆久定律

　　瞬息萬變的時代要求我們時刻保持警覺。古人智慧早有警示：安逸與自滿絕非通往安全的途徑。生活中暗藏的危機與考驗無處不在，唯有高度戒備，方能在風雨驟至時泰然處之。這就如同沙場上的將領，必須時刻保持頭腦清醒，洞悉敵軍動向，才能確保戰無不勝。

　　尊重他人的私有財產和感情是社會共處的基石。對別人的伴侶心存不軌或覬覦他人錢財，無疑是在為自己挖掘深淵。這種行為不單會導致人與人之間的裂痕，更可能引發難以彌補的禍端。觀察政壇上的種種現象，我們不難發現，任何一位領導者若對他人的權力和利益起了貪念，終究會自食惡果，身敗名裂。

平衡之道乃人生智慧的精髓，無論在職場還是信仰領域皆是如此。以百歲之壽為期，全力以赴地投入工作，體現了積極進取的人生態度；以臨終之心，虔誠懇切地祈禱，則彰顯了對生命的敬畏與謙遜。這種智慧不僅能指引個人生活，更可應用於國家治理與發展之中。

唯有在奮鬥進取與自省謙遜之間獲得平衡，偉大的民族方能在歷史長河中屹立不倒，永保昌盛。時代的步伐永不停歇，面對不確定的未來，我們更需要牢記這一恆久不變的中庸之道，以此化解生活中的重重挑戰，共創美好明天。

友誼中的玩笑話時而如同一柄雙面刃，既能增進感情，又可能造成傷害。貿然以朋友關係為籌碼開玩笑，實屬不智之舉。許多人誤以為摯友間可以無所不談，卻忽視了一句不經意的調侃可能為對方帶來難以磨滅的創傷。這種情況恰似政治聯盟中的盟友關係，雙方需要彼此尊重和理解，任何疏忽大意都可能導致同盟瓦解。

真摯的友誼應當建立在互信和尊重的基礎之上，而非肆意試探對方的承受極限。親近之人往往肆無忌憚，不加節制，殊不知這種行為對摯愛造成的傷害尤為深重。然而，再親密的關係也不應成為任意妄為的藉口。認定摯友的冒犯較易接受，實屬謬論。我們理應謹慎對待每一段關係，無論親疏遠近，都應給予應有的尊重。

這份洞見不僅為個人提供生活指引，更為社會與國家發展指明方向。唯有在審慎與奮進中尋求平衡，方能邁向光明前景。當我們以同理心對待他人，珍惜每一個人的感受，友誼便能變成一柄造福世界的利劍，而非傷害他人的雙刃。只有透過彼此的理解與體諒，我們才能真正建立牢固的友誼，共同開創美好的未來。

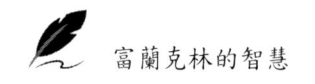

內心的偽裝

　　機敏過人往往滋生詭詐之念，正如富蘭克林所警示，戲謔並非總能一笑置之。很多人都習慣掩蓋內心的不滿，表面上假裝從容，實則內心煎熬。我們常常誤認這些創傷會自行癒合，卻不料情況每況愈下。這恰似傷口尚未痊癒便被二次撕裂，痛楚疊加，終致化膿潰爛。

　　《哈姆雷特》中主角假裝瘋癲的行為，反映了一個深刻的人性悖論。表面的詼諧機智，實則掩蓋著內心的痛楚與憤怒。哈姆雷特的幽默言行非但未能緩解他的苦悶，反而使他越發感到孤獨絕望。這恰恰印證了富蘭克林的洞見——外表的從容往往難以遮掩內部的煎熬。

　　同樣地，邱吉爾在戰時展現的剛毅形象，實則也掩蓋了他內心的矛盾與煎熬。細讀其《二戰回憶錄》中關於敦克爾克大撤退的段落，字裡行間流露出對戰友的無限牽掛和深切憂慮，儘管他極力維持沉穩的敘述口吻。作為一位偉大的領袖，邱吉爾深知戰爭的殘酷本質：每個決策、每項行動都可能造成無可挽回的損失，不論是敵軍還是己方士兵的生命。這種沉重的責任感，始終與他的堅定決心並存。

　　許多人之所以表現出從容不迫的樣子，往往是為了掩蓋內心的真實情感。但是，這種「面具」究竟能遮蓋多少內心的痛苦和掙扎？更何況，一旦這份偽裝破裂，內心的創傷往往會更加嚴重。我們都應該勇於面對自己的情感，用真誠而不是掩飾來面對生活的各種挑戰。只有這樣，我們才能真正走向心靈的解脫與和平。

　　人際衝突與戰爭決策相似，都需要我們以更高層次的智慧和同理心來應對。然而，富蘭克林曾經告誡我們，盲目相信所有傷痛都會自然而然地痊癒，這樣的想法只會使情況惡化。面對內在的創傷，我們不應刻意掩蓋或置之不理，而是要勇於正視，以真摯、寬容的態度去化解。唯

有如此，我們才能真正療癒傷痛，重建和諧共處。

每個人的內心深處都會燃燒著某種信念之火。這些信念可能源自對道德的思考，也可能是長期智慧的結晶。無論其緣起如何，這些信念都如同一盞明亮的燈塔，為個人的人生航程指引方向。這些信念不僅關乎精神層面的救贖，更是日常生活中的重要導航儀。面對如此深摯的信念，我們理應以敬意對待。畢竟，這些信念就像堅不可摧的城堡，守護著人們的心靈家園。

富蘭克林睿智地指出，嘲笑他人的信念，猶如在堡壘中引爆炸藥。這種行為不僅貶低了他人的精神寄託，更暴露了譏諷者智識的淺薄。無論針對樸素的庶民還是睿智的思想家，這種譏諷都是極不得體的冒犯行為。我們應該以理解和包容的態度尊重每個人的信念，共同建設一個更加和諧、共生的社會。只有這樣，我們才能最終走出創傷，重建彼此的關係和美好的未來。

尊重信仰，建構和諧人際

在人際互動中，我們通常會謹慎對待他人的信仰。這種謹慎並非僅僅源於禮節，更深層次地反映了我們對人性的洞察和尊重。對許多人而言，信仰是一個極為私密且神聖的領域，我們自然而然地避免觸及這個敏感話題。這種不言而喻的界限，展現了人與人之間的相互理解和尊重，無論是與熟識的人還是陌生人互動時都會不自覺地遵守。

回顧人類歷史，輕視信仰曾經成為衝突與戰爭的導火線。中世紀的宗教戰爭和近代的信仰迫害，無一不是這種輕視所帶來的慘痛後果。這些血的教訓無聲地告誡我們：尊重他人信仰不僅是一種美德，更是社會和諧共處的根基所在。歷史的車輪滾滾向前，而這一真理卻始終未曾改變。

修養深厚且秉持善念的人士對此尤為明白。他們不單是出於禮貌，更由衷理解每個人的信仰皆為個人抉擇與探索。這種選擇理應得到普遍尊重。我們應該以寬容和開放的心態對待不同的信仰，互相尊重彼此的信仰觀點，並用同理心去理解他人的信仰追求。只有做到這一點，我們才能真正建構和諧的人際關係，不因不同信仰而產生衝突。

　　人性的光輝在於認同差異、包容多元。我們要珍惜這份來之不易的寬容智慧，用尊重的態度維護和諧，在信仰的多元中找到同理的交點，讓人與人之間的交流更加富有溫度。唯有如此，我們才能真正實現一個和平共融的社會理想。

　　當代社會日益多元化，面對不同的宗教信仰，我們更應該以寬容和尊重的態度對待。對於深信自己信仰的人而言，信仰不僅是精神寄託，更是經過深思熟慮後的堅定選擇。我們不能以輕率或嘲諷的態度去看待別人的信仰，這樣往往會引發反感，破壞社會的和諧。

　　富蘭克林曾警示，貶低或嘲笑他人的信仰必然會導致不快和敵意。因此，尊重不同的信仰不僅是一種美德，更是每個公民應盡的基本責任。宗教信仰往往源於內心的良知和對個人判斷的堅定信任。真誠的信徒視得救為至關重要的大事，絕不會隨意戲謔。他們認為，宗教不僅能撫慰人心，更是經過理性思考後做出的抉擇。這種信仰並非出於感性衝動，而是經過深思熟慮的結果。

　　歷史上，英國清教徒運動充分展現了信仰的力量。這些虔誠的信徒對宗教的忠誠和堅定，源於他們對信仰的深切理解和堅不可摧的信念。即使面臨重重困難和嚴酷迫害，他們仍矢志不渝地恪守信仰，表現出令人敬佩的精神。在當今社會中，我們同樣可以看到很多人深入領悟宗教的本質，堅定不移地恪守自己的信仰，不為外界環境的變化而動搖。

我們應該以包容和尊重的態度看待不同的宗教信仰，珍視每個人對生命和宇宙的獨特理解。透過相互理解和欣賞，我們才能共創一個更加寬容、包容和諧的社會。

宗教探討的智慧和同理心

探討宗教話題向來是一個需要智慧和同理心的領域。宗教信仰往往連結著個人最深層次的價值觀和生命意義，因此對於信仰的評論很容易被解讀為對個人智力和洞察力的貶低。我們必須謹記，每個人對於宗教和信仰的看法都是基於自身的生命經歷和內在體悟而形成的，並非一味的對錯問題。

當有人對他人的信仰做出冒犯性的評判時，被評論者無疑會感到尊嚴受損，進而產生強烈的情緒反應。這是再自然不過的人性反應。作為有基本社交敏感度的人，我們應該明白，隨意貶低或嘲笑他人的宗教信仰，無異於貶低了他們的智慧和人格。即使是一些具有爭議性的宗教論述，如拿破崙所言的「宗教是人民的鴉片」，我們也應該以開放和同理心的態度去理解其中的深意，而非簡單地將其視為對宗教的冒犯。

探討宗教和信仰，我們理應抱持著敬意和同理心。這不僅是出於對宗教本身的尊重，更是源於對人類智慧和個人選擇的敬重。每個人都擁有自由選擇信仰的權利，我們應該以寬容和理解的態度去接納和尊重彼此的不同。只有這樣，我們才能在宗教話題上建立真正的對話和交流，共同探索人生的意義和價值。

人類的信仰體系和宗教傳統是塑造文明發展程序中舉足輕重的因素。這些信仰不僅影響個人的價值觀和行為模式，更穿越古今，遍及人類社會的各方面。探討如此敏感的話題時，我們必須以尊重和審慎的態

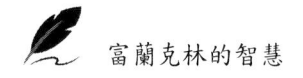

度對待，謹防失言冒犯他人。這種謹慎周到的做法不僅彰顯了我們對他人的敬意，也體現了我們的睿智和周全考慮。

富蘭克林在其著作《窮理查年鑑》中，以簡練而睿智的格言揭示了人性的深刻洞見。他巧妙地運用宗教和傲慢這兩個主題，描繪出人生截然不同的兩種境遇。在富蘭克林的筆下，信仰被譬作一位高潔莊嚴的貴婦，其容貌令人心生敬畏。這個意象不僅彰顯了對信仰的崇敬，更提醒世人應以戒慎恭敬之心對待一切神聖事物。

這讓人不禁想起約翰‧米爾頓在其鉅著《失樂園》中對神聖與墮落的精妙刻劃。米爾頓以磅礴的文筆描繪天使的墮落，揭示了對神聖之物的褻瀆與背棄終將招致無盡悔恨與苦痛。這種對神聖事物的敬畏和虔誠，體現了人類對美好事物的嚮往和憧憬。

每個人的信仰和價值觀都是獨特的，我們應該以開放和理解的態度去欣賞不同的人生追求。尊重彼此，珍惜眼前的一切，是我們應該時刻銘記的人生智慧。只有這樣，我們才能在信仰和價值觀的多元中找到自我的定位，在相互理解中建立更加和諧的社會。

■ 驕傲的代價

生活中，我們每個人都難免會經歷驕傲的時候。有時是因為自己的成就而沾沾自喜，有時是因為想博取他人的注目而不擇手段。然而，正如莎士比亞在《哈姆雷特》中所說的那樣，「愚者自詡聰明，智者知曉己短」。驕傲往往是一把雙面刃，短暫的滿足感之下，潛藏著沉重的代價。

富蘭克林巧妙地用三餐來比喻驕傲的本質。驕傲者的一天就像是：早晨享用了豐盛的盛宴，午間卻只能勉強果腹，到了夜幕低垂時更是只剩下苦澀。這個生動形象的警句，精準地揭示了驕傲所需付出的沉重代

價。驕傲初時或許會帶來短暫的滿足感，但隨著時間的流逝，它終將導致資源的枯竭，最終只能換來一個悲涼的結局。

這番睿智之言，令人聯想到希臘神話中伊卡洛斯的悲劇。這位年輕人因為驕傲自負，不顧父親的警告，執意高飛，最終導致了他的墜落。伊卡洛斯的故事恰如其分地詮釋了驕傲如何招致毀滅性的後果。

在現實生活中，我們也常常見到一些人，為了博取短暫的笑聲，不惜以輕佻的言行來貶低他人。這種行為無疑是一種愚昧的自我傷害。我們理應以禮待人，謹慎言行，展現應有的尊重，這不僅是對他人的尊重，也是對自己正義感的體現。

尊重他人的聲譽，不僅是一種美德，在今天這個社會上也顯得更加重要。每個人都值得被尊重和欣賞，我們應該以同理心去理解和對待他人，用心修養自己，時刻保持謙遜和自省的態度。只有這樣，我們才能在生活中避免驕傲的陷阱，活出更有意義的人生。

富蘭克林的睿智箴言，無不在敦促我們以謙虛與敬畏的態度面對生活。他的言論不僅適用於他所處的年代，更能在現今社會發揮指導作用。我們理應以嚴肅和虔誠的心態對待人生的各方面，避免因驕傲自滿而走上自我毀滅的歧途。正如邱吉爾所道：「成功非終點，失敗非末路，關鍵在於始終保持勇氣。」我們當以此為座右銘，在人生的征途上小心翼翼地邁步向前。

環境並非決定個人品格的唯一因素。無論是繁華都市還是幽靜山林，都有德行高尚和品性卑劣之人存在。羅得的故事便是明證：城市生活中他秉持正直，山中卻墮落為惡。歷史長河中，不乏在動盪時局中堅守信念的偉人哲士。相反，遁世者因缺乏外界制衡，反可能陷入自我放縱。戰場上的景象亦印證此理：前線將士往往展現出非凡勇氣，後方人員卻易生懈怠之心。由此可見，品德修養實源於內心抉擇與日常行為，

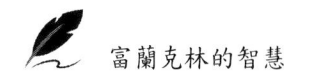

而非僅取決於外在環境。

我們當思及富蘭克林的教誨：不要因驕傲自滿而遺忘自省與謙卑的必要。只有時刻保持敬畏之心，我們才能在順境中不沉淪，在逆境中不動搖。即使面臨失意與逆境，也要保持勇氣與毅力，並時刻警醒自己，不要因一時的得意而喪失了應有的謙遜。當我們拿捏好這份自制與觀照的平衡，方能在紛擾的人生旅途中走得更加穩健。

堅韌不拔：遠離懶散的誘惑之路

懶散如同一片沉寂的死水，時刻威脅著我們的美好品德。然而，勤勉工作不僅能提升自我，更能遠離外界的各種誘惑。靜止不動的鳥兒往往成為獵人的容易目標，同樣地，缺乏行動的人也容易淪為各種誘惑的獵物。

這番言論深入剖析了怠惰的禍害。惰性不但會磨滅人的進取精神，還會使其陷入無窮的誘惑漩渦，最終導致道德的崩塌。正如戰場上無所事事的軍人，不僅易遭敵襲，更會因缺乏行動而精神頹敗。歷史經驗一次次證明，積極行動與持續努力乃是抗拒誘惑，維護美德的不二法門。

觀察政壇便可發現，那些熱衷國事、致力改革的領導者往往能夠抵禦權力與金錢的誘惑，保持廉潔與正直。反之，那些怠政懶政、貪圖安逸的官員，則易為各種利益所誘，最終淪為腐敗分子。

即使在攻讀法律、物理等學科的初期，我們也難免會感到困惑與煩悶。然而，只要能夠勤勉耕耘、堅持不懈，這份倦怠終將消散。你的辛勤付出必有回報，終能脫穎而出，超越那些粗心大意、半途而廢的競爭者，在專業領域中嶄露頭角。

身處當下的社會，誘惑重重，唯有堅韌不拔，勇於奮鬥，我們才能

遠離懶散的陰霾，向著光明遨遊。讓我們銳意進取，堅定意志，以自己的汗水譜寫人生的輝煌篇章。

這番話蘊含深刻啟示，為我們注入無窮動力。無論求學還是就業，初期總難免遭遇困頓與挫折，恰如戰爭伊始所面臨的重重挑戰。但只要意志堅定，終能突破重圍，贏得勝利。

回首二戰歲月，我們初期雖處劣勢，卻因此激發鬥志，最終獲得輝煌戰果。此理放諸四海皆準，不論科學研究或藝術創作，唯有孜孜不倦、矢志不渝，方能登峰造極，成為行業翹楚。辛勤付出、沉著應對和百折不撓的精神，其價值實在難以衡量。只要你日復一日地投入心血，不斷精進，終將迎來豐碩的成果。那些怠惰、鬆散或只重表象的對手，終將被你遠遠甩開，你也必將在自己的領域中脫穎而出，成為佼佼者。

西班牙海岸線附近矗立著幾座島嶼，它們巍然屹立，不懼洶湧海浪的侵襲。這些島嶼自古以來就有人類聚居，居民以其精湛的投石技藝聞名遐邇，在戰場上所向披靡，無往不勝。然而，這群勇士的卓越技能並非與生俱來，而是透過從幼年時期就開始的嚴格訓練逐步磨礪而成。這種長期艱苦的鍛鍊過程，恰如人生中諸多挑戰，唯有經年累月的堅持不懈，方能臻至爐火純青的境界。只要你始終保持堅韌不拔的意志，定能在人生的任何道路上勇往直前，戰勝一切困難，最終獲得預期的成就。

堅韌不拔的精神 ——從投石手到英國人民的不屈意志

島民自幼便接受嚴格的投石訓練，以此磨練身手。對於初學者而言，即使是靜止不動的目標也難以命中，但透過持續的練習，他們逐步掌握了這門技藝。每次未能擊中靶心都是邁向精進的一步，最終練就了

神乎其技的準頭，無論是固定靶還是空中飛禽，都難逃他們的石子。投石手的傳奇令人聯想到英倫群島的光輝歲月。

二戰期間，英國人民面對納粹鐵蹄的侵襲，團結一致，共赴國難。縱使歷經千辛萬苦，遭遇重重挫折，他們依然堅韌不拔，最終捍衛了家園。這份不屈的意志與遠古島嶼勇士如出一轍，在逆境中淬鍊，終將勝利的桂冠戴上自己的頭顱。艱難險阻並非成功的絆腳石，反而是磨練意志的試金石。縱使前路荊棘密布，只要我們咬緊牙關、堅持不懈，終能開闢出一條通往成功的坦途。

勤勉、毅力與恆心，不僅是個人成就的基礎，更是民族繁榮的根基所在。投石手的故事為我們注入力量，激勵我們在人生的每個階段都保持這份堅韌不拔的精神，直到最終贏得屬於自己的勝利果實。無論前路多麼艱險，只要我們秉持投石手般的決心和意志，定能最終戰勝重重挑戰，實現自己的夢想和理想。

富蘭克林以優美的文筆勾勒出從新手到專家的成長歷程，令人想起古代詩人筆下年輕投石手的形象。起初，他們常常失之毫釐，但經過不斷磨練，終能精準命中目標。這種漸進的提升過程，與邱吉爾在自傳《我的早年生活》中的描述如出一轍。他在學生時代並非佼佼者，甚至被視為難以教導。然而，憑藉不屈不撓的精神和對知識的熱忱，邱吉爾最終成長為卓越的政治家和領導者。

富蘭克林和邱吉爾的成功經歷都昭示了一個共同的真理——真正的成就往往來自堅韌不拔的精神和對目標的不懈追求。投擲石頭的新手初次嘗試時難免失利，但他們並未因挫折而放棄。相反，這些執著的學習者透過反覆練習和堅韌不拔的毅力，最終成為了技藝高超的大師。這種精神不僅局限於投石術，更是各行各業成功的關鍵所在。

邱吉爾本人在政壇上的表現就是這一理念的生動體現。從學生時代被視為難以教導，到最終成為偉大的政治家和領袖，他的成長歷程充分印證了：真正的成功往往源於對失敗的坦然接受和對目標的持續追求。即使初次嘗試可能遭遇挫折，只要保持堅韌不拔的精神和不懈的決心，必定能在漫漫征程中收穫屬於自己的成就。富蘭克林和邱吉爾的故事激勵著無數追夢人，他們的人生經歷昭示了通往成功的不二法門──那就是堅韌不拔的意志和對夢想的虔誠奉獻。

堅韌與勇氣──
富蘭克林與邱吉爾的生命智慧

　　富蘭克林巧妙地將馴犬比喻為表面溫順卻可能凶猛噬人的存在，警示我們切勿被外表迷惑。這一洞見在邱吉爾二戰期間的領導中得到了生動體現。這位英國首相以堅韌不拔的意志和大無畏的行動，引領國家度過了最艱難的時期。邱吉爾曾勉勵眾人：「挫折並非放棄的理由，而是成長和堅強的機會。」這種面對困境的態度，恰如富蘭克林所描繪的馴犬：表面平和，內心卻蘊含著無窮的力量與決心。

　　富蘭克林巧妙運用生動比喻和優美文辭，闡明了追求技藝和知識過程中不可或缺的毅力與勤奮。這番見解與邱吉爾的人生歷程及其倡導的堅韌精神不謀而合。投石者的不斷練習和馴犬師的耐心訓練，均突顯了成功背後的持續努力和克服困難的勇氣。

　　這些寓意深遠的比喻，啟發我們在面對挑戰時保持堅定和執著。無論是富蘭克林描繪的馴犬，還是邱吉爾鼓舞人心的勉勵，都昭示了一個不可或缺的真理：成功並非一蹴而就，而是需要長期的堅持與勇氣。我們必須保持內心的力量和決心，以克服一切障礙，實現自己的理想。

歷史上的偉人給予我們寶貴的啟示，他們的生命軌跡昭示著成功的真諦。我們應該汲取他們的智慧，銘記他們的勇氣，以此激勵自己在人生的道路上突破重重困境，實現理想，譜寫精彩的篇章。

慷慨施予不僅是一種高尚的善舉，實則是一種智慧的社會投資。這種行為不但不會導致個人貧困，反而能為我們帶來豐厚的回報。慈善的本質在於惠及他人，但這種行為卻能夠提升我們自身的聲望和內心滿足感。它就如同一位英勇的將領在戰場上所展現的勇氣和智慧，不僅為自己贏得榮耀，更是為了保護和造福眾生。精神層面的富足遠勝於物質財富的累積。正如富蘭克林所指出的，慷慨施予不僅不會降低生活品質，反而能夠增進人際關係，促進社會和諧。

有一則智慧箴言曾經指出，即使是高高在上的君王，其權杖也難解頭痛之苦。這句話深刻地闡述了權勢與地位的局限性。即使是掌控萬里江山的帝王，面對頭痛這等尋常小恙，其權柄亦無濟於事。這種警示著我們，無論位居何等高位，我們都應當保持謙卑與理性，認清人類在自然規律和身體健康面前的渺小。

縱觀歷史長河，不乏帝王將相，他們雖然掌控著萬里河山，卻無法逃脫生老病死的宿命。他們的故事，不僅是權力的象徵，更是人類共同命運的寫照。這些帝王的經歷，引發我們對生命本質的深邃思考，彰顯了人性的脆弱與平等。

因此，慷慨施予並非單純的善舉，而是一種智慧的選擇。它不僅能夠惠及他人，更能提升我們自己的精神富足。讓我們以開放的心懷接納並實踐這種高尚的行為，一同建構和諧共融的社會，共享幸福美滿的人生。

正直人格，不可磨滅

　　正直為人，無懼流言蜚語。此言發人深省，值得細細品味。心懷坦蕩者，縱遭非議與攻訐，亦能從容以對。猶如光潔無瑕的大理石，塵埃難以沾染；反之，汙穢只會附著於髒亂之牆。

　　縱觀歷史長河，林肯等偉人屢受政敵抨擊、流言中傷，然其正直品格終獲民心所向。誠信正直乃人性之珍寶，不僅彰顯個人品德，更是社會和諧進步之根基。正直的人格是無可磨滅的，就像光明永遠能穿透黑暗，真理終將戰勝謊言。即使短暫遭受非議與毀謗，但只要我們堅持內心的正直，定能化險為夷，最終贏得眾人的尊重與認同。

　　借貸關係中蘊含著複雜的權力結構。債務人受制於債權人，背負著償還的重擔，猶如身陷無形枷鎖。擔保人的處境更為艱難，既要對債權人負責，又要對債務人盡責，宛如雙重枷鎖加身。這種關係揭示了財務決策的重要性，提醒人們應當謹慎行事，以免陷入難以脫身的困境。

　　縱觀歷史長河，不乏因債務問題而導致國家衰敗、個人破產的慘痛教訓。這些前車之鑑值得我們深思，時刻警惕債務可能帶來的風險。只有充分了解到財務管理的重要性，才能避免債務的陷阱，擁有自由與尊嚴的人生。

　　堅持己見確實會導致災難性後果，但能夠廣納眾議卻是睿智之舉。這一觀點突顯了群體智慧的價值所在。縱觀歷史，不少獨裁者因故步自封而招致悲慘結局，相比之下，那些善於聆聽並採納多方建議的領導者，往往能夠引領國家邁向繁榮與穩定。這正是智慧與胸襟並重的體現。

　　古羅馬元老院制度便是一個典型例子。透過集體商議和決策，他們有效規避了獨斷專行的弊端，為羅馬帝國的長治久安奠定了堅實基礎。富蘭克林的洞見如同一道閃電，照亮了人性的幽暗角落。他的睿智語錄

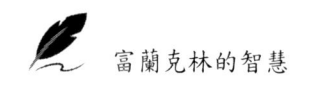

不僅是對人性的深刻剖析,更是一種對生活的智慧指引。

　　就如同在戰場上需要堅毅不屈的精神一樣,我們在平凡的日子裡同樣需要一種內在的力量來面對種種困難。這種力量,源自於對自我的深刻理解,以及對生活本質的洞察。只有具備這樣的洞察力,我們才能夠超越固有思維的局限,更好地聆聽他人的意見,從而做出更明智的抉擇。

　　歷史告訴我們,偏執己見往往會造成災難性後果,而開放心胸、虛心聽取不同觀點,才是通往智慧與成功的關鍵。我們都應該效法古希臘和羅馬的先賢,以包容和智慧的態度看待世界,相信只有這樣,我們才能在日新月異的時代中保持淡定從容,收穫豐碩的人生。

金錢與慈善的和諧之道

　　財富的累積固然重要,但若無法透過慈善公益來建立社會影響力,那再多的金錢也終將顯得空虛無意義。正如作者所言,財富的運用必須與道德層面的考量相結合,才能真正發揮其應有的價值。

　　就如同軍隊需要合理調配資源以確保每一名戰士都能得到妥善的供給和後勤支援,我們在生活中也應該將財富投放到有意義的公益事業中,藉此鞏固社會根基,增強整體的實力。這種財富與慈善的協調運用,不僅是一種道德操守,更是一種策略智慧的體現。

　　另一方面,言語具有的驚人影響力。一句不經意的話語可能引發連鎖反應,造成無可挽回的困擾。這不禁讓人聯想到外交場合中每一句發言的重要性,稍有不慎就可能導致國際關係的緊張。同樣的道理也適用於日常生活,謹慎用語的重要性不言而喻。

　　就像舌頭與耳朵之間的密切關聯性,我們必須時刻謹慎自己的言行舉止。一旦言辭失誤,便難以挽回其造成的傷害。因此,我們都應該珍

惜手中的財富,並透過慷慨的公益捐贈來回饋社會,同時也要謹言慎行,以免讓自己陷入不可挽回的困境。

只有在金錢與慈善的和諧共融中,我們才能真正發揮人生的價值,創造出富足而又和諧的社會。

古代哲學家深刻地洞見到,幸福的本質並非外在環境的擁有,而是內心態度的修養。無論面臨戰火紛飛的艱難時期,還是日常生活中的挫折困境,決定個人幸福感的關鍵因素往往在於自己的內心狀態,而非客觀條件。哲人們強調,獲得幸福的關鍵在於知足常樂。可惜的是,他們並未就如何培養這種心態提供具體指導。

富蘭克林則給出了一個切實可行的建議:與其一味仰望那些優於己者,不如偶爾低頭關注那些處境不如自己的人。這種視角的轉換,無疑能助我們在逆境中找尋內心的寧靜與滿足。相比於羨慕嫉妒他人的幸福,主動關注那些比自己遭遇更加艱難的人,並給予適當的同情與援助,反而能讓我們更加珍惜自身的處境,進而產生內心的感恩與安寧。

事實上,這種視角的轉換不僅能為個人帶來幸福感,也能促進整個社會的和諧。若每個人都能減少對比慾望,多關注身邊更加弱勢的群體,那麼必將形成一個彼此互助、充滿正能量的良性循環。因此,這篇論述不只為個人提供了生活方針,更深入剖析了社會現況,為建構一個更加公平正義的社會指明了方向。我們應將其中蘊含的智慧作為指路明燈,勇於面對人生路上的種種考驗,並在過程中尋覓自身的幸福與內心的寧靜。

滿足和幸福來源於感恩

窮理查的箴言蘊含深邃智慧。他提出一則簡潔有力的人生準則:與其羨慕那些擁有更多的人,不如感恩自己所擁有的,並將目光投向那些

處境更艱難的人。若無法從中獲得滿足感，便難以真正擁抱幸福。此番洞見令人聯想起二戰時期的艱辛歲月。面對重重困境，人們學會了在逆境中汲取力量。儘管國家危在旦夕，民眾並未因他國擁有更多資源而心生嫉妒，反而團結一致、共同奮鬥，最終迎來了勝利的曙光。

在人生的道路上，我們常會被外界的光鮮表象所迷惑，羨慕他人的擁有，但忘記了自己所擁有的珍貴。生活中，我們應當時刻保持感恩的心，珍惜身邊的一切。只有這樣，才能在逆境中找到力量，擁抱內心的真正滿足和幸福。

富蘭克林巧妙地將貪婪比作一個永不衰老的罪惡，指出它在其他罪行日漸式微之際仍然蓬勃發展。這一洞見令人聯想到歷史長河中層出不窮的貪婪事例，從古羅馬帝國的腐敗到當今商業世界的貪得無厭。貪婪宛如一種頑疾，不會因時光流逝而消退，反倒在各個時代和環境中不斷滋長蔓延。

富蘭克林深諳知識固然寶貴，但信仰與品德才是人生最重要的追求。他認為，在最後的審判中，上帝所關注的並非我們是否博覽群書，而是我們是否為人正直、虔誠、理性，是否恪守教規。這一觀點反映了基督教的核心教義，正如耶穌所言：「你們要先求他的國和他的義，這些東西都要加給你們了。」

富蘭克林深信，信仰與道德是我們面對人生選擇時的最佳指引。他勸誡我們要懂得知足常樂，警惕過度的慾望，並將信仰修養和道德培養奉為根本。這些睿智洞見歷久彌新，對現代人的生活和事業仍有深遠啟示。

個人乃至一個國家，唯有秉持這些價值觀，方能在動盪中保持定力，最終迎來美好前景。富蘭克林強調，即使我們精通各種學問，若缺乏正直和虔誠，到最後也難逃上天的質詢。因此，我們務必時刻警惕自己的品行，謹慎地修養內心，以獲得上天的青睞。

正如聖經所言，知識固然寶貴，但「愛才是永不敗落的」。富蘭克林的這番話語，為我們指明了人生的正確方向——以信仰和道德作為行為準則，在現世和來世都能獲得幸福安康。他的睿智教誨，無疑是人類永恆的寶貴財富。

善行勝過虛名

人生道路漫長而曲折，充滿了考驗與掙扎。富蘭克林洞見人性，提醒我們虔誠與德行的重要性不僅在於現世幸福，更為來生奠基。最終，我們將受到的審判並非取決於語言或學問的造詣，而是取決於是否以理性為行事準則，並虔誠地遵循宗教教義過著善良有德的生活。

歷史上的先哲大德，他們所追求的並非塵世虛名，而是超越凡俗的精神境界。聖奧古斯丁的一句名言：「愛神行善，此乃簡潔而崇高之教。」道出了真理的核心。或許到了最後的審判時刻，我們微不足道的善行，像是餵養一群小小的螞蟻，都比一些轟轟烈烈的作為更加珍貴。

這番論述引發了我們深深的思考：獲取知識固然可貴，但若不能付諸實踐，知識本身也難以發揮其應有的價值。知識與德行乃是一體兩面，缺一不可。回溯古希臘思想家蘇格拉底的教誨，他強調智慧與美德是相輔相成的，唯有兼備二者，方能獲得內心的安寧與真正的幸福。

我們應當反思，是否過於執著於虛名和外在的成就，而忽視了內心的修養和善行的實踐。歷代智者的經驗告訴我們，真正的價值在於樹立正確的人生觀，以愛神愛人為宗旨，用善良的行為改變這個世界。讓我們以此為目標，在人生的道路上不懈努力，最終獲得內心的平安和幸福。

回首歷史長河，人類在面臨重重挑戰時，往往憑藉著堅定的信念和高尚的德行克服困境。二戰時期正是一個鮮活的例證。在那段黑暗歲月

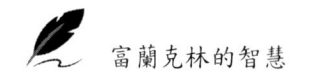

裡，眾多平凡人以其無私奉獻和堅韌不拔的精神，奮起反抗邪惡勢力的侵襲，最終得到自由與和平之果。這些無名英雄的壯舉向我們昭示：真正的偉大不在於學識淵博，而在於心靈是否充盈著愛與善的力量。

世上的光芒殊途同歸，無論是璀璨的星辰，亦或是明媚的日月，終將會湮滅黯淡。然而，善行與美德之光卻能穿越時空，在永恆中熠熠生輝，為靈魂留下不朽的印記。正如偉大思想家富蘭克林所言，信仰與德性乃人生真正的寶藏，是今生來世最堅實可靠的依託。

讀者諸君，生死有命，世事瞬息萬變，大自然的風貌千變萬化，唯有人之善惡行徑恆久不變，銘刻於永恆簡冊，此乃不爭之事實。吾人當以此為鑑，時刻自省，切勿為蠅頭小利而踰越道德界限。二戰時期的英雄事蹟昭示我們，只有持守良知，奉行正義，才能在動盪不安的世界中找到安身立命之所。

窮理查的智慧人生

古老的智慧告誡我們，尊重他人隱私和財產的重要性不容忽視。偷看別人的信件、私自動用他人錢財、或暗中竊聽別人的祕密談話，這些看似微小的行為實則會侵蝕我們的品格和自尊。正如富蘭克林所言：「不要看他人的信件，不要動他人的錢包，不要偷聽他人的秘密。」這句話精闢地闡述了我們應當如何恪守道德底線，維護他人的隱私權和財產權。

掌握時光，開創人生

富蘭克林的睿智箴言猶如銳利的利刃，剖析了人類對時光的無知與怠惰。時間這無形的寶藏，往往在逝去後才彰顯其不可取代的價值。

正如窮理查所言，虛擲光陰乃最大罪過。此語堪稱金玉良言，警示

我們當珍視每一瞬間，因時光一去不復返。這令人聯想起維吉爾的經典名句：「歲月如飛，時光似箭。」人們常誤認時間充沛，結果卻事半功倍，徒增困擾。

究其原因，乃是缺乏明確目標，以及長期怠惰所致。正如富蘭克林所言，勤勉之人如履平地，而怠惰者則步履維艱。此語精闢地闡述了勤奮的價值。懶散之徒終將落於人後，貧窮如影隨形。此語不禁令人想起拿破崙的洞見：唯有未雨綢繆之人，方能掌握稍縱即逝的良機。

要想主宰自身命運，關鍵在於駕馭時光，而非被其束縛。晨起夜寐不僅促進健康，還能增進智慧，充實人生。這種樸素而有效的生活之道，卻常為現代人所忽視。

時間是公平的，給予每個人同等的機會。唯有明確目標，勤勉不輟，才能充分利用時光，開創屬於自己的人生。藉助富蘭克林的睿智箴言，讓我們一起珍惜時光，在有限中締造無限。

勤奮，這個簡單卻深刻的道理，一直是推動人類社會進步的不竭動力。正如亞伯拉罕神父所言，空想只會導致飢餓，唯有付出汗水，才能得到回報。無論是佃農還是地主，只有依靠個人的勤勞，才能維持生計。在商人與專業人士的成就中，也隱含著同樣的道理——要想事業有成，必須精心打理，忠誠盡責。

正如莎士比亞所說：「勤奮掌控命運，怠惰受制於命運。」勤奮的人，絕不會遭受飢餓之苦，因為他們的努力，奠定了富足的基礎。而欠債累累的人，也很少受到執法者的造訪，因為他們能夠按時償還債務，避免了債務的惡性循環。這正呼應了一句古訓：「勤則富，懶則貧。」

天道酬勤，上蒼眷顧那些在他人酣睡時，仍在辛勤耕耘的人們。他們獲得的豐厚收成，不僅足以自給自足，甚至能夠出售和貯存。這不正是我們所追求的生活目標嗎？

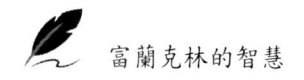

正如亞伯拉罕神父所言，勤奮對於改良社會至關重要。一個由勤勞者組成的社會，必然能夠擁有更加繁榮穩定的未來。讓我們效法窮理查的警示，以勤奮的態度對待生活，去獲得應得的收穫。只有這樣，我們才能真正掌握住命運的掌控權，書寫出屬於自己的精彩人生。

今日行動勝將來

親愛的讀者，我們應時刻謹記富蘭克林筆下窮理查的箴言。他敦促我們要及時行動，絕不可懈怠。未來往往難以預測，或許會帶來更多挑戰，但當下的機會卻遠勝於未來的可能性。因此，凡能立即完成的任務，皆不應拖延至明日。

讓我們設身處地想像一下：如果你是一個僕役，而主人發現你無所事事時，你豈不會羞愧難當？即使我們是自主之人，也當以此嚴格律己。這不禁令人聯想到蘇格拉底的至理名言：「認識你自己。」我們應當時刻自省、保持勤勉，方能真正掌控自身命運。

親愛的朋友們，讓我們以意義和目標填滿生命的每個瞬間吧。窮理查的睿智教誨提醒我們，我們身負多重職責，不僅為己，更為家庭、國家，乃至尊貴的君主。我們理應在曙光初現時便起身，不可懶惰地讓陽光照在臀部上。這種勤勉態度不僅關乎完成任務，更是成就豐盛人生的關鍵。

正如窮理查所述：「勤勞加上耐心，老鼠也能啃斷電線。持續不斷地鑿敲，終能砍倒巨大的橡樹。」這番樸實無華的言語蘊含深邃智慧，啟示我們即使技藝不精，只要持之以恆，終能成就非凡。讓我們共同以此為鑑，在今日行動中書寫美好的明天。

窮理查對那些嚮往悠閒生活的人有獨到見解。他認為真正的悠閒並

非無所事事，而是源於妥善規劃時間，完成有意義的任務後所獲得的愜意時光。他告誡道：「欲享閒適，須善用時間。珍惜每分每秒，莫虛度光陰。唯有勤勉之人方能品味悠閒，懶惰者無緣體會其中滋味。」這番睿智之言提醒我們，懶散並不會帶來更多舒適，反而可能招致禍患。

許多貪圖安逸者雖靠小聰明度日，卻往往因貧困而淪落。窮理查的箴言值得銘記於心。勤奮不僅帶來舒適和財富，更能贏得他人的敬重。當我們遠離享樂時，快樂反而會主動靠近。這種勤勉精神應當融入日常生活的各方面，就如同辛勤織布終能穿上衣裳。堅持不懈至關重要，切忌朝三暮四。同時，保持警惕也不可或缺，凡事親力親為，不要輕易相信他人的言辭。過度信任他人的好意，往往會招致災難。

窮理查還教導我們，在這複雜多變的世界裡，救贖並非來自忠誠本身，而是對忠誠的不懈追求。財富的累積需要精明算計和持續努力。只有把握每一秒，努力耕耘，才能贏得真正的悠閒自在，活出人生的精彩。靜心累積，行善積德，定能收穫人生的豐碩果實，活出從容自在、悠然自得的人生。

如何在人生道路上把握時光、累積財富與權力

富蘭克林的睿智格言指引我們通向成功的道路。勤奮學習是掌握時光的關鍵；審慎理財則能累積財富；而膽識過人的人才能掌握權力。我們應以此為座右銘，孜孜以求，永不言棄，朝著理想不斷前進。

富蘭克林在著作中提出一個深具洞見的觀點：「若要獲得稱心如意的服務，不妨親自動手。」這一金玉良言闡明了自主行動的重要性。不僅能確保事務圓滿完成，還能培養個人的自立精神與責任意識。這種理念

在戰時尤為重要——無論是制定策略還是實施戰術，唯有親身參與才能確保每個細節萬無一失。

富蘭克林進一步強調，即使面對看似微不足道的小事，也應謹慎對待。因為一時的疏忽可能引發嚴重後果。他以一個引人入勝的寓言描繪了蝴蝶效應的威力。從一枚小小的馬蹄釘開始，故事逐步展開，最終導致一個王國的覆滅。這個連鎖反應生動地闡明了微小事件如何引發龐大後果。

這一啟示在第二次世界大戰時期更為突顯。我們深刻體會到每個決策和資源都可能左右戰局。無論是後勤補給的短缺，還是戰術部署的失誤，都有可能成為決定性因素。由此可見，在重大事務中，對細節的關注和對每個環節的嚴格管控往往是成功與失敗的關鍵。

因此，我們必須時刻警醒，謹慎對待眼前的一切，無論大小。只有這樣，我們才能在人生的道路上把握時光、累積財富和權力，實現更美好的未來。

富蘭克林的教導無疑提醒我們，光有賺錢能力而缺乏節制力，終將難免陷入汲汲營營、貧困潦倒的困境。這一睿智不僅適用於個人生活，對於國家經濟治理亦同樣適用。在物資短缺和戰火蔓延的艱難時期，唯有充分利用有限的資源，才能在災難中尋覓生機。富蘭克林深刻洞悉了市場經濟的本質，不無警示世人當心那些為貪小便宜而做出愚昧決策的人。窮理查的箴言：「常購非必需品者，終將變賣必需品。」這一警示至今仍屢見不鮮，許多人為追求虛榮與享樂，最終陷入嚴重的財務困境。

無論是一個國家的實力，還是一個人的生活，都唯有秉持理性消費、儲蓄理財的原則，方能在動盪不安的時代中屹立不搖。富蘭克林的睿智猶如指路明燈，指引著我們在現實生活中規避昔日的錯誤，尋覓真正的幸福安寧。他的教誨提醒我們，唯有以節儉的心態經營生活，方能

在逆境中收穫纍纍碩果。簡樸縝密，方為王道；節約從嚴，乃為致勝之道。這正是我們應當永遠銘記的真理。

從懶惰到勤儉：窮理查的箴言與人生智慧

生活的奧祕往往隱藏在平凡之中。窮理查的智慧箴言恰恰捕捉到了人類內心最深層的慾望和弱點。他以犀利的筆觸，深入剖析了人們陷入困境的根源——奢靡浪費和懶惰無為。

歷史上，許多曾經顯赫一時的貴族家族，正是因為後人的揮霍無度而逐漸式微沒落。英國史冊上留下了許多這樣的悲劇性案例，令人唏噓不已。窮理查透過他那著名的箴言「每個窮人有一百種導致窮困的原因」，生動地點出了這些家族衰落的病根所在。他警醒世人，切莫輕視時光與財富的價值，因為它們如同沙漏中的細沙，一旦流逝便無法挽回。

另一方面，窮理查的睿智箴言「站直的農民比跪著的紳士高一個頭」，生動闡述了勤勉節儉的價值所在。他以富蘭克林式的犀利筆觸，批判了那些認為 20 先令和 20 年時光都是取之不盡、用之不竭的幼稚無知者。這番話如同當頭棒喝，令人不禁聯想到那些因為揮霍無度而一貧如洗的悲劇人物。

窮理查的箴言「米桶只出不進，轉眼見底；揮霍無度，不事生產，終將家道中落」，更是發人深省。這番話如同警鐘長鳴，提醒我們若不懂得節儉勤勉，再豐厚的家底也終將耗盡。

時光荏苒，生活的本質從未改變。窮理查的智慧洞見直擊人性的核心，令我們不禁反思：我們是否也曾被奢靡浪費和懶惰無為所束縛？唯有深刻認識自己的需求，並以勤奮節儉的態度經營生活，我們才能在這個瞬息萬變的世界中擁有真正的豐盛人生。

在亞伯拉罕神父引用窮理查箴言的訓誡中，他將虛榮與貪慾比作一個不知羞恥、喋喋不休的乞丐，甚至更加粗魯無禮。這種比喻啟示我們，這兩種惡習不但會令人失去應有的風度，也會為他人帶來困擾。正如莎士比亞所言，「虛榮乃靈魂之毒」，透過這番話我們深刻地了解到虛榮對心靈的侵蝕。

而窮理查則更深入地分析了人性的弱點。他指出，「遏制初始慾望易如反掌，滿足接踵而來的諸多慾望卻難如登天」。這說明了慾望的無窮無盡，一旦沉浸其中便很難自拔。許多人因一時的虛榮而陷入慾望的深淵，最終付出了慘痛的代價。

歷史上不乏因狂妄自大而身敗名裂的帝王將相的例子。這些教訓告訴我們，無論身處何方、處於何種境遇，保持謙恭有禮、克己自制都是成就事業的根本。窮理查的箴言如同指路明燈，引導我們在人生旅途中掌握正確方向，教導我們珍惜資源、善用光陰，避免落入虛榮和貪婪的泥淖。

在現代社會中，我們更需要時刻警惕自己，不被虛榮和慾望所迷惑。保持內心的平和與淡定，以謙遜的態度對待他人和事物，才能夠走得更穩、走得更遠。唯有如此，我們才能在人生的漫漫長路上收穫更多的成就與智慧。

追求自由，遠離債務

親愛的讀者朋友，讓我們一起探討追求自由，遠離債務的重要議題。

歷史長河中，不乏因過度追求奢華而導致帝國和家族衰敗的例子。我們必須引以為戒，警惕奢靡浮誇與負債的密切連繫。市面上那些提供

半年賒帳期的借貸合約，無疑是對經濟拮据卻又渴望華麗裝扮之人的一大誘惑。然而，負債的本質是什麼？它意味著將自由拱手讓人，淪為他人的附庸。正如智者窮理查所言：「撒謊乃第二大惡習，負債則為第一」。負債會侵蝕人的誠信，迫使人編造謊言以掩蓋窘境。

我們不難想像一個極權政體禁止公民穿著得體衣物，違者將遭受監禁或強制勞動。這種暴政無疑會遭到譴責，因為它粗暴地侵犯了個人權利。但反過來看，為了追求奢華而背負沉重債務，豈不也是自願墮入另一種專制陷阱？負債者實際上已喪失自由，債權人可隨時剝奪其自由，甚至將其視為商品般轉手。在這樣的境地下，自由又從何談起？如窮理查所言：「債主的記憶力總比欠債人強」，這句箴言警示著債務的沉重與無情。當償還期限臨近，債務人或許尚未準備就緒，而債主早已迫不及待地上門索償。

親愛的讀者，讓我們懷著警醒的心情，珍惜眼下的自由，遠離負債的羈絆，追求內心的富足與幸福。只有脫離了物質的束縛，我們才能真正擁抱人生的無盡可能。讓我們一起學習窮理查的智慧，用誠實和節儉的態度，最終贏得真正的自由！

歲月飛逝，轉瞬即逝，這是我們無可迴避的事實。我們必須珍惜當下，學會自我管理，活出從容優雅、無拘無束的人生境界。

身處於這瞬息萬變的世界中，我們更應該汲取前人的智慧精華。富蘭克林在《窮理查年鑑》中所說的箴言：「復活節還清債務，大齋節便不會漫長」，揭示了一個深刻的道理——債務如同枷鎖，會剝奪我們的自由。我們絕不能讓他人或是債務掌控我們的命運。

只有透過勤勉和節儉，我們才能維持獨立和自由。有些人可能自認家境殷實，可以稍事揮霍，但這種想法實屬謬誤。正如窮理查所提醒的，人生難免有衰老之時，生活也會遭遇匱乏，屆時節儉的價值便不言

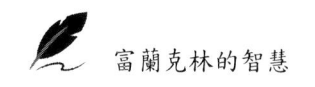

而喻。這句古老諺語蘊含深刻哲理，直指人生奧義——創造財富相對容易，但維持長期穩定收入卻需要更多智慧與努力。

這令人聯想到經濟學泰斗亞當‧史密斯的理論。史密斯在其鉅著中闡述，個體的勤勉節儉乃國家富強之根本。唯有每個公民都能審慎理財，整個社會方能持續繁榮，避免陷入經濟困境。窮理查的箴言恰如其分地佐證了史密斯的論點，為我們提供了寶貴的生活智慧。

我們當遠離虛榮浮誇，言行保持真誠坦蕩。只有如此，我們才能活出真正的從容優雅，擁有無拘無束的人生。讓我們一起珍惜當下，遵循前賢的智慧，共同締造更美好的未來。

自由與豐盛的奧祕

單憑個人的勤勉與節制實難以成事，正如亞伯拉罕神父所闡述，人類必須仰賴上蒼的眷顧和庇佑。神父深邃的洞見啟發人們反思，我們所追求的自由和豐盛，其實並非單單取決於自身的奮鬥與節制，更需要得到天命的引導和眷顧。

約伯的傳奇便是最好的注腳。他在飽歷磨難之後，最終在神的眷顧下重獲昌盛，這向我們昭示了虔誠和善待他人的重要性。我們若能時刻保持敬畏之心，並慷慨相助他人，相信必能獲得天恩，如約伯一般重建美好的人生。

此外，窮理查的箴言也極富啟發性，道出了經驗學習的必要性。只有善於汲取教訓的人，才能從歷史的迴響中找到前進的方向，避免重蹈覆轍。這一洞見與《第二次世界大戰回憶錄》中的觀點不謀而合——歷史的軌跡往往重複上演，但智者能從中吸取智慧，而愚者則注定要重複同樣的錯誤。

亞伯拉罕神父的教誨確實令人深思。他直指生活的本質——我們不

應囿於個人的努力,而是要虔誠地仰望上蒼,並善待周遭的人。只有做到這些,我們才能真正獲得自由與豐盛。

聽眾無疑為神父的睿智所折服,但真正的考驗在於我們能否將這些箴言化為日常的行動。我們應當不斷重複咀嚼這些智慧,努力實踐在生活中,唯有如此,我們才能最終達致真正的自由與豐盛。

人性的矛盾與複雜,在拍賣會上不期而遇。在神父的告誡中,人們肆意揮霍、置之不顧。這幕景象好似一面鏡子,映照出人類面對誘惑時的軟弱與失控。相比之下,神父卻以另一種境界展現智慧的力量。

他深入研究了過去四分之一世紀的年鑑,不僅掌握了其中的箴言警句,更將之轉化為切實可行的行動。這種將智慧傳承並付諸實踐的精神,堪稱我們應效法的楷模。儘管神父大量引用了富蘭克林的箴言,但富蘭克林深諳這些智慧並非出自一人之創。他謙遜地承認,這些都是跨越時空的人類思想精華。

富蘭克林博古通今的學習態度,不禁讓人聯想到古希臘哲人。他們同樣視智慧為前人累積與反思的結晶。富蘭克林孜孜不倦地汲取智慧、完善自我的精神,足為我們效法的典範。

相較於人性的矛盾與脆弱,神父和富蘭克林所展現的智慧與修為,無疑是令人欽佩的。在這個物欲橫流的時代,他們的行事風範,無疑為我們指引了通往智慧的道路。只有我們虛心學習,用智慧武裝自己,才能克服人性的局限,成為真正的智者。

智慧勝過武力:談希臘神話與二戰英國

古老智慧的力量常常令人側目。希臘神話中的智者涅斯托爾與勇士埃阿斯便是最佳寫照。二人的典型對比生動地呈現出智慧勝過武力的道理。

涅斯托爾儘管身材矮小，卻擁有耿直睿智的頭腦，能夠以高瞻遠矚的判斷為軍團出謀劃策。相比之下，埃阿斯雖然擁有驚人的身手與力量，卻缺乏審慎的策略思維。在特洛伊戰爭中，涅斯托爾憑藉機智的建議，終使希臘軍團得以獲得最終勝利。這一曲折而生動的神話故事，深刻地揭示了智慧的價值遠勝於蠻力。

二戰時期的英國亦是最佳例證。面對德國空軍的猛烈轟炸，英國並非孤注一擲地以武力硬拚，而是運用巧妙的計謀與策略。舉凡雷達技術的運用、有效的轟炸防禦、以及充分的心理準備，無一不體現出領導者沉著冷靜、審慎決策的智慧。正是這些周密的措施，使英國最終成功捍衛了國土。

這一段歷史有力地印證了上古箴言的深遠價值。智謀的威力不亞於武力，有時甚至更為凌厲。無論身處何種職位，我們都應當準確掌握自身定位，並竭盡全力發揮應有作用。領導者尤其如此，在危機時刻必須保持冷靜沉著，作出明智果斷的決策，方能帶領國家度過難關，走向光明未來。

富蘭克林的洞見提醒我們，這些智慧箴言的真正價值不在於辭藻華麗，而在於其指引行動的力量。唯有將這些智慧付諸實踐，我們方能深刻領悟並將其融入生命。讓我們以此為鑑，在生活中不斷成長，以更堅韌的姿態面對前路的種種考驗。智慧與毅力，必將是我們克服困難、開創未來的最堅實根基。

時光飛逝，轉瞬即逝。富蘭克林曾警示我們，「你可以拖延，但時間永遠不會」。時間作為珍貴的資源，卻常被人們忽視。拖延往往導致遺憾與損失，無論是國家大事還是個人生活皆然。

歷史上諸多偉人正因把握時機，方能改寫歷史發展。拿破崙在滑鐵盧之役因一時猶豫而致敗局，充分顯示了時間利用的重要性。我們每個

人都應引以為戒，不讓拖延成為通往成功道路上的障礙。

言語的適度運用也同樣值得我們深入探討。富蘭克林的箴言道出了一個深刻的洞見：「沉默未必代表智慧，但喋喋不休必然暴露愚昧。」這番話敦促我們慎重考慮言語的時機與分量。

二戰時期，邱吉爾的演說激勵了英國民眾的鬥志，但他同樣深諳沉默的藝術，懂得何時讓行動勝過言辭。過度滔滔不絕不僅令人生厭，更可能在緊要關頭削弱我們言語的影響力。習得適時保持沉默的技巧，能夠讓我們在真正需要表達時，展現出智慧與威力兼具的言辭。

時間和言語都是人類珍貴的資源，需要我們謹慎使用。拿捏好把握時機的技巧，同時掌握適度表達的藝術，才能在人生的道路上行穩致遠，不辜負一生之歲月。我們應當以富蘭克林和邱吉爾為榜樣，學會在關鍵時刻運用時間和言語的力量，為自己和他人創造美好的未來。

追尋內心的富足

在這瞬息萬變的世代，機遇與挑戰並存。唯有以智慧與修養作為指引，我們才能在這複雜多變的環境中穩立腳跟。

時光飛逝，每分每秒都是寶貴的資源。揮霍光陰者，不僅物質匱乏，精神亦將淪為荒漠。正如富蘭克林所言，「揮霍時日，終致心靈與財富雙重窮困」。回望歷史，在戰火紛飛的年代，我們深刻體會到時間的珍貴。面對險境，我們必須分秒必爭，才能維護自由。這份對時間的敬重，成為我們戰勝萬難的關鍵。

知足，猶如點石成金的魔法，能讓平凡事物閃耀光芒。這一哲理揭示了心靈滿足的無價寶藏。在人生的崎嶇道路上，內心的寧靜與滿足感，賦予我們源源不絕的力量。知足，不僅是對物質的滿意，更是一種

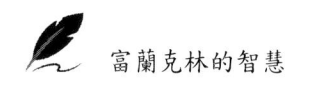

生活態度的選擇。它引領我們在人生旅途中找到真正的富足。

面對當今世界，我們更需要以智慧與修養作為指引。唯有善用光陰，言談有度，我們才能在這紛擾的環境中屹立不倒。珍惜分秒，以知足的態度面對人生，定能讓我們獲得內在的富足，成為迎接未來的堅韌之人。

自滿如疾風勁馳，恥辱如影隨形。這句話深深揭示了傲慢必將招致恥辱的不可逆轉的真理。回顧歷史的長河，我們不難發現一個又一個因為狂妄自大而敗落的統治者，最終沉淪為千古恥笑的對象。傲慢如同矇蔽了雙眼的毒藥，使人喪失清晰的理性判斷，而恥辱則是其必然的後果。唯有保持永恆的謙遜之心，才能遠離傲慢所帶來的滅頂之災。

在參與公共事務的處理過程中，最嚴重的錯誤就是不經深思熟慮就匆匆做出決定。這一論點揭示了我們在處理公共議題時最根本的弊病：不經審慎考慮就倉促下定決心。無論是軍事衝突還是政治角力，草率的判斷常常導致災難性的後果。只有在全面掌握資訊的基礎上，謹慎權衡利弊，才能做出明智的決策，避免不必要的代價。

酒酣耳熱之際可以暢所欲言，但要切記不可輕易定下決斷。待到酒醒頭腦清明時，才能夠客觀分析利弊得失，做出明智的抉擇。這道出了決策過程中感性與理性的微妙平衡。當身陷醉意朦朧時，難免會衝動魯莽，唯有在神智清晰的時候，才能夠冷靜地權衡利弊。對於身居高位的領導者來說，更需要謹慎掌握這種平衡，避免因一時衝動而鑄成大錯。

人生指南針 ——
從富蘭克林的睿智格言探尋真理

真理的形態往往比徹頭徹尾的虛假更加難以捉摸。一半真一半假的資訊，往往比純粹的謊言更容易蠱惑人心。我們必須時刻保持高度警

覺，仔細審視所獲得的信息是否完整真實，才能避免陷入似是而非的迷惘。

富蘭克林留下的睿智箴言，不分時代寒暖，皆能為我們指引人生的方向。這些格言啟發我們要善用光陰、知足常樂、謙遜待人、明智決策，並不懈探尋真相的蹤跡。無論遭遇何種困境，這些處世之道都能成為引導我們前行的燈塔。

生活的挑戰猶如一場永無止境的審問，考驗著我們在理性與信仰之間如何維持平衡。富蘭克林的洞見正切中要害，揭示了這一難題的本質。想像一下，當蠟燭的微光被熄滅後，晨曦的光芒便越發明亮奪目。同理，如果我們能暫時卸下理性的束縛，內心深處的信念之光定能更加清晰地指引我們前行的方向。

所謂的信仰，並非單指宗教信仰，而是指我們對人生目標的堅定追求與不懈信念。只有在理性與信仰之間找到恰當的平衡點，我們才能真正領會富蘭克林智慧格言的精髓，並在生活的道路上終能找到真理的明燈。

追求靈感與智慧時，過度沉溺於物質享受反而可能削弱我們的思維敏銳度。富蘭克林曾警示，暴飲暴食會導致頭腦遲鈍，創意之源往往難以在豐盛的餐桌上找到滋養。這一洞見在當今社會尤為貼切。若要激發持續的創造力，我們需要擁抱簡樸生活，保持適度節制。慎用資源乃品德高尚之表現。富蘭克林睿智地觀察到，明智地保有財富遠優於揮金如土後的匱乏。此番見解啟示我們，在資源稀缺的環境中，謹慎理財將帶來更長遠的滿足，而非短暫揮霍後的空虛與渴望。無論是治理國家還是打理個人財務，這一智慧都值得我們銘記在心，時刻踐行。

善良之心猶如和煦春風，所到之處皆能綻放美麗花朵。這一寓意深遠的比喻啟發我們思考善意在人與人互動中的重大意義。善意不該僅限

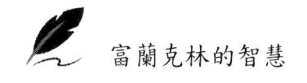

於親朋好友，更應惠及素不相識之人，乃至對立之敵。恰如微風能喚醒大地，催生萬紫千紅，善意亦能在人間播撒幸福種子，孕育和諧氛圍。

我們要時刻謹記這兩項寶貴的人生哲理——節制與善良。節制引領我們尋找持久的創造力，避免被物質所耽溺。善良則教導我們以寬廣的胸懷對待周遭的人事物，播散幸福與和諧。只有兼具這兩種品德，我們才能在充滿挑戰的日常中保持清晰的思維，釋放出源源不斷的創造力，最終成為更好的自己，並造福他人。讓我們共同踐行這一永恆的智慧，為個人和社會締造更美好的明天。

從蜂蜜到高峰：面對生活挑戰

生活中存在著各種美好事物，但卻往往與危險和挑戰如影隨形。攀登事業高峰或沉浸愛情甜蜜，我們都需要保持警惕，時刻準備應對潛在的艱難險阻。

現今社會道德淪喪，試圖整頓世界秩序反而可能引發更大亂象。富蘭克林的智慧提醒我們，不如專注於自身領域。這並非鼓勵自私行為，而是呼籲每個人從自我提升做起，以微小但持續的個人努力，逐步推動社會進步。他的睿智格言不僅為個人品德修養指明方向，更為國家治理提供了重要啟示。我們應當銘記並實踐這些智慧，將其融入日常生活。

邱吉爾曾言，每個黎明都蘊含希望，每次挑戰都隱藏機遇。這番話語恰如其分地點明了富蘭克林箴言的精髓所在。公眾服務的道路上存在一個無可規避的事實：完美滿足所有人的期望是一項無法達成的使命。不論付出多大努力，總會有不同意見和不滿聲音。二戰時期的經驗正是明證，即使英勇奮戰，仍難免遭受部分人的挑剔和批評。這一現實提醒我們需保持冷靜理智和堅定信念，不被暫時的困難所動搖。

生活中美好事物與挑戰同在，我們必須以智慧和勇氣面對。專注於自我，不忘為社會做貢獻；保持理性，堅持信念，克服前方的種種阻礙。只有這樣，我們才能在攀登事業高峰或沉浸愛情時，更好地應對潛在危機，在黎明曙光中邁向更美好的未來。

懶散之人宛如惡魔的僕從，披著襤褸衣衫，只換得飢腸轆轆與病痛纏身。這一警世箴言彷彿當頭棒喝，提醒我們切莫墮落於怠惰之中。生活如同一場持續的戰役，每個人都應時刻警惕，保持不懈的奮鬥精神。倘若懈怠，必將跌入困境，正如戰場上裹足不前者最終被烽火所吞沒。

這些智慧猶如歷史長河中的瑰寶，散發著歷久彌新的光輝。縱觀人類的發展史，每個卓越的民族和國家無不是透過持續不懈的奮鬥和打拚才得以崛起。我們理應將這些寶貴的經驗教訓銘刻於心，並融會貫通到日常生活與工作之中。唯有如此，方能在逆境中找到突破口，在面臨挑戰時贏得勝利。

《窮理查年鑑》正是一部智慧珠璣的傑作，反映了班傑明·富蘭克林的獨特洞見。這位美國開國元勛以其銳利的觀察力和生動的文筆，記錄了18世紀中葉的社會百態和人生哲理。書中蘊含的核心思想值得我們細細品味：懶散只能換得飢寒交迫，而勤勉則是通向美好明天的必經之路。我們必須汲取這些經驗教訓，堅定砥礪前行，為創造更美好的明天而不懈奮鬥。

一個智慧巨擘的金錢哲學

富蘭克林所著述的著作，無不反覆強調勤儉的重要性。他那些金句，如「空口袋站不直」和「錢包輕時心事重」，巧妙地揭示了誠信與財富之間密不可分的關係。這些箴言，不僅凝聚了他個人的智慧，更融會

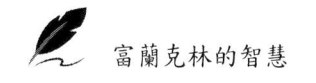

貫通了古今中外的哲理，警示世人應當審慎理財，未雨綢繆。

富蘭克林的寫作風格，充滿了獨特的幽默感和自嘲精神，令人留下深刻印象。他毫不掩飾地承認自己的寫作動機是為了謀生，這種坦率和詼諧，讓人倍感親切。與邱吉爾面臨挑戰時所表現的幽默風格如出一轍，教導我們即使身處逆境，也要保持樂觀與毅力。

富蘭克林對人性的觀察入木三分，其睿智見解令人折服。他那句「來訪莫逗留太久，以免主人心生厭煩」的警句，精闢道地出了社交之道的精髓，提醒世人在人際往來中要懂得適度。這份洞察力，不僅體現在日常交際中，更在其政治生涯裡發揮得淋漓盡致。

富蘭克林深諳權衡之術，善於掌握分寸，往往能以最小的代價換取最大的成效。他的金錢哲學，既體現了他個人的智慧，也昭示了他對人性的深刻理解。正如他所說：「錢不是一切，但沒有錢就什麼都不是。」這樣的觀點，概括了他對金錢的獨到見解，為我們提供了寶貴的生活智慧。

總而言之，富蘭克林的金錢哲學，洞見深遠，智慧獨特。他的著作，不僅開啟了讀者的思維，也讓我們領略到一個智慧巨擘的全貌。他的人生經歷和思想價值，無疑值得我們細細品味和學習。

富蘭克林的生命之火從未熄滅。無論是在烈日當空的街頭巷尾，還是在暖爐旁的書房中，他都能捕捉到生活中的點點滴滴，並將之轉化為智慧的泉源。他鼓勵我們品嘗「牧師釀造的美酒」和「烘焙師精心製作的布丁」，在戰火紛飛的年代，這份生活哲學顯得彌足珍貴。

富蘭克林洞見，即使在逆境中，我們也不應忽視生活中的細微樂趣。相反地，我們要懂得在艱難時期仍然保持樂觀，去享受生命中的小小幸福。他的《窮理查年鑑》猶如一盞明燈，照亮了我們人生旅途中的每

一個轉角。書中的箴言蘊含深刻哲理，啟迪心智，引導我們探索生命的意義。

相信每位讀者都能從中汲取養分，找到屬於自己的人生座標，並在前行的道路上獲得源源不斷的動力。富蘭克林的智慧提醒我們，生活中的點點滴滴都值得我們細細品味，從中感受到生命的美好。無論是歡樂時刻，還是逆境時刻，只要我們保持開放和感恩的心態，就能發現生活中的無窮滋養。

衷心感謝各位讀者朋友，能與我們一起完成這趟充滿智慧的旅程。衷心祝願各位在往後的歲月裡，能以機智幽默的態度迎接生活的種種考驗，並從中汲取靈感與動力，品味生命中的真諦。

富蘭克林的智慧

附錄　格言

1733 年

1

最好的大夫,清楚大多數藥物都沒什麼效果。

He's the best physician that knows the worthlessness of the most medicines.

2

暢飲牧師釀的葡萄酒,盡享烘焙師做的布丁。

Never spare the Parson's wine, nor the Baker's pudding.

3

登門造訪不宜久留,以免主人生厭。

Visits should be short, like a winters day, lest you're too troublesome hasten away.

4

一個家沒有女人和爐火,就好比一具沒有靈魂的空皮囊。

A house without woman and Fire-light, is like a body without soul or sprite.

5

國王和熊一樣,總讓身邊的侍奉者提心吊膽。

Kings and Bears often worry their keepers.

附錄　格言

6

錢包輕時心事重。

Light purse, heavy heart.

7

傻子才會讓醫生繼承自己的遺產。

He's a Fool that makes his Doctor his Heir.

8

娶老婆前，要為她準備好居所和爐火。

Never take a wife till thou hast a house (and a fire) to put her in.

9

他走了，什麼都沒落下，就是忘了和債主道別。

He's gone, and forgot nothing but to say Farewell to his creditors.

10

愛得深，鞭子也抽得狠。

Love well, whip well.

11

餓漢眼裡沒有餿麵包。

Hunger never saw bad bread.

12

當心煮過兩次的肉，謹防和解的舊敵。

Beware of meat twice boiled, and an old foe reconciled.

13

言語的巨人，行動的矮子。

Great Talkers, little Doers.

14

有錢的無賴就像一頭肥豬，飽食終日無所用心，死後才為人們帶來點好處。

A rich rogue, is like a fat hog, who never does good till as dead as a log.

15

若交往中沒有友情，有友情卻無熱情，有熱情但缺少堅持，有堅持卻不見成效，有成效又沒有收益，有收益但無德行，那麼，這些都毫無價值。

Relation without friendship, friendship without power, power without will, will without effect, effect without profit, and profit without virtue, are not worth a far to.

16

填飽肚子是為了活著，但活著並不是為了填飽肚子。

Eat to live, and not live to eat.

17

三、四月的風雨，讓五月更宜人。

March windy, and April rainy, makes May the pleasantest month of any.

18

偉人的魅力並不是靠遺傳獲得的。

The favour of the Great is no inheritance.

附錄　格言

19

愚者擺宴，智者享用。

Fools make feasts and wise men eat them.

20

當心年輕的醫生和年老的理髮師。

Beware of the young Doctor and the old Barber.

21

寧可要一匹全盲的馬，也不要一匹獨眼殘馬。

He has chang'd his one ey'd horse for a blind one.

22

窮人擁有極少，乞丐一無所有，富人應有盡有，但總不知足。

The poor have little, beggars none, the rich too much, enough not one.

23

不管是對待年輕女孩、客人，還是陰雨天，男人三天就會感到厭倦。

After three days men grow weary, of a wench, a guest, and weather rainy.

24

想延年益壽，就要減少食量。

To lengthen thy life, lessen thy meals.

25

以烈火考驗真金，以真金考驗女人，以女人考驗男人。

The proof of gold is fire, the proof of woman, gold; the proof of man, a woman.

26

宴會背後，舉辦者總有所圖。

After feasts made, the maker scratches his head.

27

享受不宜過度，女人將時間用在喝茶上，就沒空做針線活。

Many estates are spent in the getting; Since women for tea forsook spinning and knitting.

28

和狗躺一起的人，身上必定有跳蚤。

He that lies down with Dogs shall rise up with fleas.

29

飽食無憂者，意志往往薄弱。

A fat kitchen, a lean will.

30

安全源自不輕信與謹慎。

Distrust and caution are the parents of security.

31

多嘴多舌麻煩多。

Tongue double, brings trouble.

32

喝酒時商議事情，酒醒後再做決定。

Take counsel in wine, but resolve afterwards in water.

33

飲酒快的人，付帳慢。

He that drinks fast, pays slow.

34

狼吃狼之時，大饑荒之日。

Great famine when wolves eat wolves.

35

失去好妻子，就相當於失去上帝賜予的禮物。

A good Wife lost is God's gift lost.

36

溫馴的馬、受教的女人，還有一個言行一致的老師。

A taught horse, and a woman to teach, and teachers practising what they preach.

37

缺乏美德之人，就像穿了破衣爛衫，粗鄙不堪。

He is ill cloth'd, who is bare of Virtue.

38

愚者的心掛在嘴上，智者的嘴藏在心中。

The heart of a fool is in his mouth, but the mouth of a wise man is in his heart.

39

人心難捉摸，就像西瓜隔著皮，辨不清生熟。

Men and Melons are hard to know.

40

天才之於國家,猶如黃金之於礦山。

A fine genius in his own country, is like gold in the mine.

41

沒有微不足道的敵人。

There is no little enemy.

42

雖然失去了馬靴,但至少保住了馬刺。

He has lost his Boots but sav'd his spurs.

43

生前就將所有財產都給兒子,這簡直愚蠢至極,就像還沒睡覺就脫光了衣服。

The old Man has given all to his Son: O fool! to undress thy self before thou art going to bed.

44

乳酪和鹹肉,應該慢慢品嘗。

Cheese and salt meat, should be sparingly eat.

45

對於盜賊,門和牆都只不過是紙糊的。

Doors and walls are fools paper.

46

尊敬惡棍,惡棍會用刀捅你;用刀捅惡棍,惡棍會尊敬你。

Anoint a villain and he'll stab you, stab him and he'l anoint you.

47

保持嘴部溼潤，雙腳乾燥。

Keep your mouth wet, feet dry.

48

缺少麵包的地方，所有東西都會被一搶而空。

Where bread is wanting, all's to be sold.

49

和惡棍交易，既不體面也無收益。

There is neither honour nor gain, got in dealing with a villain.

50

笨蛋許的願，是希望火永遠不熄滅。

The fool hath made a vow, I guess, Never to let the Fire have peace.

51

寒冬之雪將帶來大豐收。

Snowy winter, a plentiful harvest.

52

沒有什麼比做一個醉鬼更愚蠢。

Nothing more like a Fool, than a drunken Man.

53

上帝偶爾會創造奇蹟。看！身為一名律師，竟然還是個誠實正直的人！

God works wonders now and then; Behold! A Lawyer, an honest Man!

54

縱慾者，生命易朽。

He that lives carnally, won't live eternally.

55

清者自清。

Innocence is its own Defence.

56

從前的詩人說，時間吃掉一切。現在時代變了，時間喝光所有。不用擔心，假期之後，時間就會清醒。

Time eateth all things, could old Poets say; The Times are chang'd, our times drink all away.

1734 年

57

記住窮理查的話：任何事，若始於憤怒，必將終於羞愧。

Take this remark from Richard poor and lame, What's begun in anger ends in shame.

58

腳底打滑勝過嘴上失言。

Better slip with foot than tongue.

附錄　格言

59

想摘玫瑰就不要怕刺，想娶嬌妻就要禁得住折磨。

You cannot pluck roses without fear of thorns, Nor enjoy a fair wife without danger of horns.

60

假如沒有正義，勇氣也是無力的。

Without justice, courage is weak.

61

吃得多，疾病多；服藥雜，病難癒。

Many dishes many diseases, Many medicines few cures.

62

哪裡有屍體，禿鷹就在哪裡聚集；哪裡有良好的法律制度，人們就往哪裡靠攏。

Where carcasses are, eagles will gather, And where good laws are, much people flock thither.

63

冷、熱、甜膩、濃烈的食物都損壞牙齒，使其老化腐蝕。

Hot things, sharp things, sweet things, cold things All rot the teeth, and make them look like old things.

64

一味責備和一味讚揚都是愚蠢的。

Blame-all and Praise-all are two blockheads.

65

節制酒色,別好吃懶做,否則痛風會找上門來折磨你。

Be temperate in wine, in eating, girls, and sloth; Or the Gout will seize you and plague you both.

66

沒有誰不是透過艱辛努力而獲得榮耀的。

No man e'er was glorious, who was not laborious.

67

掩蓋過錯總要煞費苦心,而改正過錯卻只需花一半的心思。

What pains our Justice takes his faults to hide, With half that pains sure he might cure 'em quite.

68

成功了也要保持平常心。

In success be moderate.

69

蠢人繁殖愚蠢。

Fools multiply folly.

70

美麗和愚蠢是老朋友。

Beauty and folly are old companions.

71

對收穫的期望會減輕當下的痛苦。

Hope of gain Lessens pain.

72

勤奮萬事易，懶惰事事難。

All things are easy to Industry, All things difficult to Sloth.

73

騎馬時應緊貼馬背、牢牢控制，駕馭別人時則應放鬆、給其自由。

If you ride a Horse, sit close and tight, If you ride a Man, sit easy and light.

74

雖然傻瓜們不承認，但真理再新，也是真理；錯誤再老，仍是錯誤。

A new truth is a truth, an old error is an error, Tho' Clodpate wont allow either.

75

一隻狗獵不到兩隻野兔。

Don't think to hunt two hares with one dog.

76

占星家說，五月是示愛的好時節。

Astrologers say, This is a good Day, To make Love in May.

77

予人歡樂者，自己也會獲得快樂。

Who pleasure gives, Shall joy receive.

78

疾患不要來得太晚，幸福也別來得過早。

Be not sick too late, nor well too soon.

79

有無愛的婚姻，也就有無婚姻的愛情。

Where there's Marriage without Love, there will be Love without Marriage.

80

律師和牧師好比山雀蛋，孵出的比成才的多。

Lawyers, Preachers, and Tomtits Eggs, there are more of them hatch'd than come to perfection.

81

不要愚蠢，也不要狡詐，但要做個明白人。

Be neither silly, nor cunning, but wise.

82

在開始討價還價後，堡壘和美登赫也就維持不了多久了。

Neither a Fortress nor a Maidenhead will hold out long after they begin to parly.

83

播種得少，收穫也少。

Jack Little sow'd little, and little he'll reap.

84

節儉致富，浪費敗家。

All things are cheap to the saving, dear to the wasteful.

85

空談道理，不如聊聊利益。

Would you persuade, speak of Interest, not of Reason.

86

有些人因學得過多而發瘋，但沒有人因為學到好知識而發瘋。

Some men grow mad by studying much to know, But who grows mad by studying good to grow.

87

快樂是短暫即逝的。

Happy's the Wooing, that's not long a-doing.

88

不要因為一個人的某一特質而評價他，而是要綜合看他所擁有的多種特質。

Don't value a man for the Quality he is of, but for the Qualities he possesses.

89

亞歷山大大帝的戰馬和牠的主人一樣永垂不朽。

Bucephalus the Horse of Alexander hath as lasting fame as his Master.

90

時間會證明一切。

Rain or Snow, To Chili go, You'll find it so, For ought we know. Time will show.

91

有些人雖默默無聞，卻擁有和偉人一樣高貴的靈魂。

There have been as great Souls unknown to fame as any of the most famous.

92

善待你的朋友以維繫友誼，善待你的敵人以化敵為友。

Do good to thy Friend to keep him, to thy enemy to gain him.

93

好人心胸坦蕩，神安氣定；壞人心懷鬼胎，坐立不安。

A good Man is seldom uneasy, an ill one never easy.

94

如果你教孩子沉默，他會很快學會喋喋不休。

Teach your child to hold his tongue, he'll learn fast enough to speak.

95

不懂服從的人，也難以指揮他人。

He that cannot obey, cannot command.

96

純樸的農夫勝過惡毒的貴族。

An innocent Plowman is more worthy than a vicious Prince.

97

魅力無用，無用是一種魅力。

As Charms are nonsence, Nonsence is a Charm.

98

今日一個蛋，強過明天一隻雞。

An Egg today is better than a Hen tomorrow.

附錄　格言

99

戒掉酒，多喝水，把錢放在口袋。

Drink Water, Put the Money in your Pocket, and leave the Dry-bellyache in the Punchbowl.

100

富人享受生活，窮人安貧樂道。

He that is rich need not live sparingly, and he that can live sparingly need not be rich.

101

如果你想報復敵人，須控制好自己的情緒，保持冷靜克制。

If you wou'd be reveng'd of your enemy, govern your self.

102

邪惡的英雄不屑於清白的懦夫。

A wicked Hero will turn his back to an innocent coward.

103

法律如同蜘蛛網，只能抓住小蒼蠅，卻眼睜睜看著大蒼蠅逃之夭夭。

Laws like to Cobwebs catch small Flies, Great ones break thro' before your eyes.

104

真奇怪，那些生活在變化中的人，卻很少改變自己。

Strange, that he who lives by Shifts, can seldom shift himself.

105

傷口容易磨破，傲慢者容易樹敵。

As sore places meet most rubs, proud folks meet most affronts.

106

法官應遵從法律，民眾應服從法官。

The magistrate should obey the Laws, the People should obey the magistrate.

107

即使天氣晴朗，也一定要帶上你的大衣。

When 'tis fair be sure take your Great coat with you.

108

有些人不是占有財富，而是被財富占有。

He does not possess Wealth, it possesses him.

109

我知道有些律師的名字叫「需求面前無法律」。

Necessity has no Law; I know some Attorneys of the name.

110

洋蔥可以讓人流淚，不管是財產繼承人還是喪夫的寡婦。

Onions can make ev'n Heirs and Widows weep.

111

貪婪和幸福從未謀面，更別說相互熟識了。

Avarice and Happiness never saw each other, how then shou'd they become acquainted.

附錄　格言

112

謹慎的荷蘭人有句關於節儉的箴言：節省所有你能碰到的錢。

The thrifty maxim of the wary Dutch, Is to save all the Money they can touch.

113

空等命運垂青，下一餐在哪裡都無著落。

He that waits upon Fortune, is never sure of a Dinner.

114

有學問的笨蛋比沒有學問的笨蛋更愚蠢。

A learned blockhead is a greater blockhead than an ignorant one.

115

找兒媳不著急，嫁女兒貴神速。

Marry your Son when you will, but your Daughter when you can.

116

一無所知的人偶爾也會成為先知，而聰明的人也會有失策的時候。

He that knows nothing of it, may by chance be a Prophet; while the wisest that is may happen to miss.

117

如果想讓客人開心，你首先要熱情，至少要看起來熱情。

If you wou'd have Guests merry with your cheer, Be so your self, or so at least appear.

118

饑荒、瘟疫、戰爭以及無數報復性的疾病，人類都是始作俑者。這些瘟疫、戰爭、饑荒的泛濫，都不足以制止我們的罪行，但妻子的智

慧，卻能夠平息我們不安分的內心。

Famine, Plague, War, and an unnumber'd throng, Of Guilt-avenging Ills, to Man belong; It's not enough Plagues, Wars, and Famines rise, To lash our crimes, but must our Wives be wise?

119

親愛的讀者，願幸福永伴你左右，願你一年更比一年如意、富有。

Reader, farewel, all Happiness attend thee: May each New-Year better and richer find thee.

1735 年

120

假裝自己擁有某種特點，這是最為荒謬可笑的。

A man is never so ridiculous by those Qualities that are his own as by those that he affects to have.

121

向前看，否則你將落後。

Look before, or you'll find youself behind.

122

糟糕的評論員評論偉大的作品，如同上帝送來魔鬼烹調的肉食。

Bad Commentators spoil the best of books, So God sends meat (they say) the devil Cooks.

123

不要相信一個處處恭維你的人。

Approve not of him who commends all you say.

124

只要勤奮有耐心，老鼠也能咬斷電纜。

By diligence and patience, the mouse bit in two the cable.

125

禮多，企圖多。

Full of courtesie, full of craft.

126

房子雖小但裝修舒適，土地雖少但耕種良好，妻子平凡但體貼賢惠，這些都是極大的財富。

A little House well fill'd, a little Field well till'd, and a little Wife well will'd, are great Riches.

127

哪裡有終身未嫁的老處女，哪裡就有傻瓜一般的老光棍。

Old Maids lead Apes there, where the old Batchelors are turn'd to Apes.

128

有些人審時度勢、隨機應變，而有些人則不然。

Some are weatherwise, some are otherwise.

129

窮人為了充飢而四處奔波,富人為了消食而不停散步。

The poor man must walk to get meat for his stomach, the rich man to get a stomach to his meat.

130

遠走他鄉結婚的人,不是騙人就是被騙。

He that goes far to marry, will either deceive or be deceived.

131

眼睛和牧師都不能容忍欺騙。

Eyes and Priests Bear no Jests.

132

傻瓜血統源遠流長。

The Family of Fools is ancient.

133

急需的東西,很難買到便宜貨。

Necessity never made a good bargain.

134

倘若傲慢在前充當先鋒,那麼卑劣必緊隨其後。

If Pride leads the Van, Beggary brings up the Rear.

135

很多人的聰明無法填飽肚子。

There's many witty men whose brains can't fill their bellies.

136

嚴肅重大的問題需要深思熟慮的回答。

Weighty Questions ask for deliberate Answers.

137

慎重選擇朋友,更要慎重更換朋友。

Be slow in choosing a Friend, slower in changing.

138

病痛損耗身體,享樂損耗精神。

Pain wastes the Body, Pleasures the Understanding.

139

狡猾的人偷馬,聰明的人會讓他一個人去。

The cunning man steals a horse, the wise man lets him alone.

140

即使是蜂蜜,也沒有金錢甜蜜。

Nothing but Money, Is sweeter than Honey.

141

謙遜使偉人更受尊敬。

Humility makes great men twice honorable.

142

揚帆的船和大肚子孕婦,是日常中最美的兩件事物。

A Ship under sail and a big-bellied Woman, Are the handsomest two things that can be seen common.

143

經營好店鋪，店鋪自會養活你。

Keep thy shop, and thy shop will keep thee.

144

國王吃乳酪浪費了一半，不過絲毫不在意，反正這是用人民的牛奶做的。

The King's cheese is half wasted in parings: But no matter, 'tis made of the peoples milk.

145

給予的東西熠熠生光，而收受的東西往往容易生鏽。

What's given shines, What's receiv'd is rusty.

146

懶惰和沉默是傻瓜的美德。

Sloth and Silence are a Fool's Virtues.

147

有學問的笨蛋我見過很多，沒學問的智者我也見過不少。

Of learned Fools I have seen ten times ten, Of unlearned wise men I have seen a hundred.

148

三人中若有兩人死去，祕密才可能不被洩露。

Three may keep a Secret, if two of them are dead.

149

窮人要一點，奢人要一些，貪人要一切。

Poverty wants some things, Luxury many things, Avarice all things.

150

謊言靠著單腿站，而真理用兩條腿前行。

A Lie stands on one leg, truth on two.

151

用語言報復不了他人，但卻可能招來他人極大的報復。

There's small Revenge in Words, but Words may be greatly revenged.

152

聰明人跳得高，不想卻撞到了頭。

Great wits jump (says the Poet) and hit his Head against the Post.

153

自我節制是為了更好地完善自我。

Deny Self for Self's sake.

154

有些人在公眾場合節制飲食，但私底下卻大吃大喝。

Tim moderate fare and abstinence much prizes, In public, but in private gormandizes.

155

蠢人只有在玩得筋疲力盡後，才會把注意力轉移到正經事上。

Ever since Follies have pleas'd, Fools have been able to divert.

156

即使受到許多傷害,也不要去傷害任何一個人。

It is better to take many Injuries than to give one.

157

機會是人人都能爭取的。

Opportunity is the great Bawd.

158

早睡早起,能使人健康、充實、聰明。

Early to bed and early to rise, makes a man healthy wealthy and wise.

159

對上級謙恭是職責,對平級謙恭是禮貌,對下級謙恭是高尚。

To be humble to Superiors is Duty, to Equals Courtesy, to Inferiors Nobleness.

160

雄辯家來了,帶著滔滔之辯和一滴道理。

Here comes the Orator! with his Flood of Words, and his Drop of Reason.

161

心智成熟的年輕人,將來會成為心態常青的老人。

An old young man, will be a young old man.

162

薩爾會嘲笑你所說的一切。為什麼?因為她有一口好牙。

Sal laughs at every thing you say. Why? Because she has fine Teeth.

附錄　格言

163

太陽從不為自己的無私奉獻後悔，也從不要求任何回報。

The Sun never repents of the good he does, nor does he ever demand a recompence.

164

他人令你失望時，你是否會發火生氣？請記住，你無法單靠一己之力成事。

Are you angry that others disappoint you? Remember you cannot depend upon yourself.

165

改正一個錯誤勝似找到兩個錯誤，而找到一個錯誤好過犯兩次錯誤。

One Mend-fault is worth two Find faults, but one Find fault is better than two Make faults.

166

親愛的讀者，我祝福你健康、富有、快樂，願善良、勤奮與你相伴。

Reader, I wish thee Health, Wealth, Happiness, And may kind Heaven thy Year's Industry bless.

1736 年

167

不全盤托出自己所知，不隨意評判自己所見，就將生活得安然自在。

He that would live in peace and at ease, Must not speak all he knows, nor judge all he sees.

168

耕田犁地者不是小丑，做滑稽醜事之人才是跳梁小丑。

He is no clown that drives the plow, but he that doth clownish things.

169

如果你懂得賺多花少、量入為出，那麼你就擁有了點金石。

If you know how to spend less than you get, you have the Philosophers-Stone.

170

精明的會計是他人錢包的主人。

The good Paymaster is Lord of another man's Purse.

171

訪客和魚一樣，三天內就會發臭。

Fish and Visitors stink in three days.

172

家族中沒有傻瓜、妓女、乞丐的人必是非凡之子。

He that has neither fools, whores nor beggars among his kindred, is the son of a thunder-gust.

173

勤奮乃成功之源。

Diligence is the Mother of Good-Luck.

174

空憑希望活著的人，死時連個屁都不如。

He that lives upon Hope, dies farting.

175

不要去做那些你不懂的事情。

Do not do that which you would not have known.

176

永遠不要誇讚你的蘋果酒、馬或者夥伴。

Never praise your Cyder, Horse, or Bedfellow.

177

財富不屬於占有它的人，而是屬於享受它的人。

Wealth is not his that has it, but his that enjoys it.

178

看見容易，預見卻難。

Tis easy to see, hard to foresee.

179

在謹慎者的嘴裡，公共事務也屬於隱私。

In a discreet man's mouth, a public thing is private.

180

讓你的女僕保持忠誠、強壯和樸實。

Let thy maidservant be faithful, strong, and homely.

181

讓亞麻遠離火焰，年輕人遠離賭博。

Keep flax from fire, youth from gaming.

182

交易面前沒有朋友也沒有親人。

Bargaining has neither friends nor relations.

183

羨慕出於無知。

Admiration is the Daughter of Ignorance.

184

老酒鬼比老醫生多。

There's more old Drunkards than old Doctors.

185

矯飾之人總擔心自己的尾巴會露出來。

She that paints her Face, thinks of her Tail.

186

這就是有些人所謂的「勇氣」！看到老鼠逃之夭夭，卻要去抓捕看不見影的獅子。

Here comes Courage! That seiz'd the lion absent, and run away from the present mouse.

187

娶個妻子，好好照顧她。

He that takes a wife, takes care.

188

不要看他人的信件，不要動他人的錢包，不要偷聽他人的祕密。

Nor Eye in a letter, nor Hand in a purse, nor Ear in the secret of another.

189

一分錢都不浪費的人,不僅能養活自己,還能養活其他人。

He that buys by the penny, maintains not only himself, but other people.

190

有耐心的人,能獲得自己想要的一切。

He that can have Patience, can have what he will.

191

有羊又有牛,人人爭獻殷勤。

Now I've a sheep and a cow, every body bids me good morrow.

192

上帝幫助那些自助者。

God helps them that help themselves.

193

盲人的妻子化妝給誰看?

Why does the blind man's wife paint herself.

194

螞蟻比牧師強,只做不說。

None preaches better than the ant, and she says nothing.

195

缺席必有原因,正如出席總有理由。

The absent are never without fault, nor the present without excuse.

196

禮物能擊碎岩石。

Gifts burst rocks.

197

一個爛蘋果會壞了整筐蘋果。

The rotten Apple spoils his Companion.

198

出賣信譽的人,終究會落得人財兩空的田地。

He that sells upon trust, loses many friends, and always wants money.

199

如果你家的窗戶是玻璃的,那就不要朝鄰居家扔石頭。

Don't throw stones at your neighbours, if your own windows are glass.

200

豬之卓越在於肥壯,人之卓越在於美德。

The excellency of hogs is fatness, of men virtue.

201

賢妻和良田都是由好丈夫造就的。

Good wives and good plantations are made by good husbands.

202

受難時,勿遷怒於他人。

Pox take you, is no curse to some people.

203

理智就是力量。

Force shites upon Reason's Back.

204

戀人、旅行者、詩人，倒貼錢都願意傾吐自己的心聲。

Lovers, Travellers, and Poets, will give money to be heard.

205

話說得多，錯得也多。

He that speaks much, is much mistaken.

206

債主的記性總是比欠債人好。

Creditors have better memories than debtors.

207

先警告，再動手。除了戴綠帽子的男人，他們往往在接到警告前就已被人下手了。

Forwarn'd, forearm'd, unless in the case of Cuckolds, who are often forearm'd before warn'd.

208

男人最容易被三件事物矇騙：馬、假髮和妻子。

Three things are men most liable to be cheated in, a Horse, a Wig, and a Wife.

209

懂得好好生活的人，才稱得上是大學問家。

He that lives well, is learned enough.

210

貧窮、詩歌以及新的榮譽稱號，使人變得荒唐可笑。

Poverty, Poetry, and new Title of Honor, make Men ridiculous.

211

四處散播荊棘的人，不要赤腳走路。

He that scatters Thorns, let him not go barefoot.

212

只有深信，才可能被騙。

There's none deceived but he that trusts.

213

上帝治病，醫生收錢。

God heals, and the Doctor takes the Fees.

214

慾壑難填。

If you desire many things, many things will seem but a few.

215

瑪麗總是白吃白喝，因為她的嘴只在別人買單時才會張開。

Mary's mouth costs her nothing, for she never opens it but at others expence.

216

我發現，很少有人餓死，但撐死的人卻很多。

I saw few die of Hunger, of Eating 100,000.

217

美國女孩,誰弄壞了你的牙齒?

回答:熱湯和冷凍蘋果。

Maids of American, who gave you bad teeth?

Answ. Hot soupings and frozen Apples.

218

和吃鮮魚一樣,嫁女兒要及時。

Marry your Daughter and eat fresh Fish betimes.

219

如果上帝憐憫一個男人,會讓他的悍婦老婆生出一堆豬仔。

If God blesses a Man, his Bitch brings forth Pigs.

1737 年

220

把祕密告訴他人,就等於向對方出賣了自己的自由。

To whom thy secret thou dost tell, To him thy freedom thou dost sell.

221

即使是坐在最高貴寶座上的偉大君王,也得受累用自己的屁股坐。

The greatest monarch on the proudest throne, is oblig'd to sit upon his own arse.

222

傑出之人,總是胸懷大志。

The Master-piece of Man, is to live to the purpose.

223

少吃晚飯，有益身體。

He that steals the old man's supper, do's him no wrong.

224

一個鄉下人周旋於兩個律師之間，如同把一條魚放在兩隻饞貓面前。

A countryman between two Lawyers, is like a fish between two cats.

225

懂得休息的人比會攻城掠地者更強大。

He that can take rest is greater than he that can take cities.

226

少吃乳酪有益健康。

The misers cheese is wholesomest.

227

愛情和權力不能與他人分享。

Love and lordship hate companions.

228

認清哪些事情是榮耀的，是獲得榮耀的捷徑。

The nearest way to come at glory, is to do that for conscience which we do for glory.

229

懂得做好自己的人，比能著書作曲者更有智慧。

He that can compose himself, is wiser than he that composes books.

230

可憐的迪克，吃東西時像個健康的人，但喝起酒來卻像個病人。

Poor Dick, eats like a well man, and drinks like a sick.

231

經歷滄桑磨難後，人會變得更加謙遜、明智。

After crosses and losses men grow humbler and wiser.

232

戀愛、咳嗽和抽菸，都無法很好地隱瞞。

Love, Cough, and a Smoke, can't well be hid.

233

說得好不如做得好。

Well done is better than well said.

234

不要在燭光下挑選精緻布料、漂亮女孩和閃閃發光的黃金。

Fine linnen, girls and gold so bright, Choose not to take by candle-light.

235

擅長徒步旅行的人，能保養好他的馬。

He that can travel well afoot, keeps a good horse.

236

沒有醜陋的愛情，也沒有美好的監獄。

There are no ugly Loves, nor handsome Prisons.

237

沒有什麼比擁有一個謹慎忠誠的朋友更好的了。

No better relation than a prudent and faithful Friend.

238

旅行者應該具備豬一樣的靈敏嗅覺,鹿一樣的矯健雙腿,以及驢一般的硬實後背。

A Traveller should have a hog's nose, deer's legs, and an ass's back.

239

飢餓即使來到勤快人的家門口,也不敢進去。

At the working man's house hunger looks in but dares not enter.

240

精明的律師不會是個好鄰居。

A good Lawyer a bad Neighbour.

241

牧師、律師和死神有著共同之處:

死神,不管弱者強者都會帶走;

律師,無論有理無理都要接單;

牧師,不管活人死人都要收費。

Certainlie these things agree, The Priest, the Lawyer, and Death all three:

Death takes both the weak and the strong.

The lawyer takes from both right and wrong,

And the priest from living and dead has his Fee.

附錄　格言

242

越破的車輪，噪音越大。

The worst wheel of the cart makes the most noise.

243

不要向醫生和律師提供錯誤資訊。

Don't misinform your Doctor nor your Lawyer.

244

只有在一個地方扎根安居，樹木才會長得茂盛，家庭才會興旺發達。

I never saw an oft-transplanted tree, Nor yet an oft-removed family, That throve so well as those that settled be.

245

先寫好信等著郵差，而不是讓郵差等著你寫好信。

Let the Letter stay for the Post, and not the Post for the Letter.

246

每日三餐都豐盛是種不健康的生活方式。

Three good meals a day is bad living.

247

寧可與敵人戰鬥到死，也不乞求朋友。

Tis better leave for an enemy at one's death, than beg of a friend in one's life.

248

如果想要一個令你滿意的僕人，那就自己伺候自己吧。

If you'd have a Servant that you like, serve yourself.

249

想同時抓住兩隻野兔的人,最終一隻也抓不到。

He that pursues two Hares at once, does not catch one and lets the other go.

250

如果想娶個整潔優雅的老婆,那就看她假期時的樣子吧。

If you want a neat wife, choose her on a Saturday.

251

如果你想有時間,那就不要等待時間。

If you have time don't wait for time.

252

對守財奴說他很有錢,他不會給你一個子;對女人說她很老,她絕不會給你好臉色。

Tell a miser he's rich, and a woman she's old, you'll get no money of one, nor kindness of t'other.

253

不要一有小病就看醫生,不要一有爭吵就找律師,也不要一口渴就找水喝。

Don't go to the doctor with every distemper, nor to the lawyer with every quarrel, nor to the pot for every thirst.

254

債主最遵守時間。

The Creditors are a superstitious sect, great observers of set days and times.

255

世上最高尚的問題是：我能做些什麼善事？

The noblest question in the world is What Good may I do in it?

256

善良是最受歡迎的。

Nothing so popular as GOODNESS.

1738 年

257

閱讀使人充實，沉思使人深刻，交談使人清晰。

Reading makes a full Man, Meditation a profound Man, discourse a clear Man.

258

人一生有三個忠實的朋友：老伴、老狗和現金。

There are three faithful friends, an old wife, an old dog, and ready money.

259

應該把高談闊論者的耳朵剪掉，因為他們根本不需要。

Great talkers should be cropt, for they've no need of ears.

260

如果想讓鞋子耐穿，就要勤剪腳趾甲。

If you'd have your shoes last, put no nails in 'em.

261

除了自己騙自己，誰還能騙你？

Who has deceiv'd thee so oft as thy self?

262

還有什麼比自己折磨自己更痛苦的事情呢？

Is there anything Men take more pains about than to render themselves unhappy?

263

過度享樂會帶來更大的痛苦，過分自由會帶來更多的束縛。

Nothing brings more pain than too much pleasure; nothing more bondage than too much liberty. (or libertinism.)

264

多讀書，但不要亂讀。

Read much, but not many Books.

265

在復活節還債，大齋節就不會太長。（早還錢，早吃肉。）

He that would have a short Lent, let him borrow Money to be repaid at Easter.

266

寫作要引經據典，說話則應通俗易懂。

Write with the learned, pronounce with the vulgar.

267

放飛快樂,與人分享,快樂也將如影隨行。

Fly Pleasures, and they'll follow you.

268

凱撒認為,他的勝利凱旋不僅歸功於堅不可摧的戰車,更重要在於他戰勝了自我。

Caesar did not merit the triumphal Car, more than he that conquers himself.

269

想擁有正直高尚的品德嗎?

不僅要具備它的風采,還要具備它的氣質。

Hast thou virtue?

Acquire also the graces and beauties of virtue.

270

總買自己不需要的東西,則遲早會賣掉自己的必需品。

Buy what thou hast no need of; and e'er long thou shalt sell thy necessaries.

271

如果你聰明又有學識,那就再讓自己變得智慧和謙遜吧。

If thou hast wit and learning, add to it Wisdom and Modesty.

272

正直善良之人,比王子還要快樂。

You may be more happy than Princes, if you will be more virtuous.

273

如果你不想死後被人遺忘,那就寫些值得一讀的作品,或做些值得被書寫的事情。

If you wou'd not be forgotten As soon as you are dead and rotten, Either write things worth reading, or do things worth the writing.

274

不要出賣美德以獲取財富,也不要出賣自由以獲取權勢。

Sell not virtue to purchase wealth, nor Liberty to purchase power.

275

讓惡習在你死之前消滅。

Let thy vices die before thee.

276

婚前睜大雙眼,婚後睜隻眼閉隻眼。

Keep your eyes wide open before marriage, half shut afterwards.

277

古人告訴我們什麼是最好的,但我們必須懂得什麼最適合現代。

The ancients tell us what is best; but we must learn of the moderns what is fittest.

278

既然連自己的舌頭都管不住,又怎能去管別人的呢?

Since I cannot govern my own tongue, tho' within my own teeth, how can I hope to govern the tongues of others？

附錄　格言

279

討價還價並不丟臉，貪小便宜才可恥。

'Tis less discredit to abridge petty charges, than to stoop to petty Gettings.

280

既然掌握不住一分鐘，那就不要虛擲一小時。

Since thou art not sure of a minute, throw not away an hour.

281

如果你做了不該做的事，那就得聽不願聽的話。

If you do what you should not, you must hear what you would not.

282

做善事不要遲疑不決，別像聖・喬治那樣總是坐在馬背上，卻從不策馬奔跑。

Defer not thy well-doing; be not like St. George, who is always a horse-back, and never rides on.

283

與其活得長，不如活得精彩。

Wish not so much to live long as to live well.

284

我們必須對每一句閒話負責，也必須對每一次虛度的時光負責。

As we must account for every idle word, so we must for every idle silence.

285

我從未見過將鉛塊變成黃金的點金石，但我知道尋找點金石的人往往會將黃金變成鉛塊。

I have never seen the Philosopher's Stone that turns lead into Gold, but I have known the pursuit of it turn a Man's Gold into Lead.

286

絕不要請求僕人和你同住。

Never intreat a servant to dwell with thee.

287

時間是治癒一切病痛的良藥。

Time is an herb that cures all Diseases.

288

若有人奉承我，我也會奉承他，將其視為我最好的朋友一樣誇讚。

If any man flatters me, I'll flatter him again; tho' he were my best Friend.

289

祝守財奴長壽，相當於咒他沒有好下場。

Wish a miser long life, and you wish him no good.

290

只有有教養的人才知道如何承認錯誤，或意識到自身錯誤。

None but the well-bred man knows how to confess a fault, or acknowledge himself in an error.

291

打理好你的工作，別讓它來奴役你。

Drive thy business; let not that drive thee.

附錄　格言

292

效仿好人和偽裝好人，兩者之間有很大的差別。

There is much difference between imitating a good man, and counterfeiting him.

293

忽略小錯，終將釀成大錯。

Wink at small faults; remember thou hast great ones.

294

吃好是取悅自己，穿好則是取悅他人。

Eat to please thyself, but dress to please others.

295

看他人的優點，尋自己的缺點。

Search others for their virtues, thy self for thy vices.

296

每年改正一個壞習慣，惡人遲早也會變好。

Each year one vicious habit rooted out, In time might make the worse Man good throughout.

1739 年

297

美德不在，自由也將消失。這對個人還是國家都是真理。

No longer virtuous no longer free; is a Maxim as true with regard to a private Person as a Common wealth.

298

當死神撲滅我們生命的火焰時,透過氣味就能辨別出我們是石蠟還是牛油。

When Death puts out our Flame, the Snuff will tell, If we were Wax, or Tallow by the Smell.

299

在飛來橫財面前,要停下來想一想。

At a great Pennyworth, pause a while.

300

約翰提醒聖・保羅,他是一個有妻子卻如同沒有的人。

As to his Wife, John minds St. Paul, He's one That hath a Wife, and is as if he'd none.

301

如果你想活得長,那就好好生活,因為愚蠢和邪惡使人短命。

If you wouldst live long, live well; for Folly and Wickedness shorten Life.

302

相信自己,其他人就無可背叛你。

Trust thy self, and another shall not betray thee.

303

未完工就付錢,兩分錢只值一分錢。

He that pays for Work before it's done, has but a penny worth for two pence.

附錄　格言

304

歷史學家講述他們願意相信的，而不是實際發生的。

Historians relate, not so much what is done, as what they would have believed.

305

商人，請不要招搖撞騙。當你開始弄虛作假，你就成了徹頭徹尾的騙子。

O Maltster! Break that cheating Peck; 'tis plain, When e'er you use it, you're a Knave in Grain.

306

朵爾學習生活這部大書，而不是學習迂腐的書本。

Doll learning propria quae maribus without book, Like Nomen crescentis genitivo doth look.

307

讓房子因你而生輝，而不是憑漂亮房子為自己添彩。

Grace thou thy House, and let not that grace thee.

308

開玩笑無法化敵為友，但卻可能化友為敵。

You canst not joke an Enemy into a Friend; but thou may'st a Friend into an Enemy.

309

愛上自己的人，將不再有情敵。

He that falls in love with himself, will have no Rivals.

310

讓孩子首先學會服從,然後再學你想讓他學習的知識。

Let thy Child's first Lesson be Obedience, and the second may be what thou wilt.

311

無所求者是幸福的,因為他從不會感到失望。

Blessed is he that expects nothing, for he shall never be disappointed.

312

晚飯可以不吃,早餐絕不能省。

Rather go to bed supperless, than run in debt for a Breakfast.

313

將不滿埋在心裡,使之成為自己的祕密。

Let thy Discontents be Secrets.

314

治療牙痛的祕方是用陳醋清洗痛牙牙根,然後在陽光下晾晒半小時,這樣以後就不會再犯了。

An infallible Remedy for the Tooth-ach, viz Wash the Root of an aching Tooth, in Elder Vinegar, and let it dry half an hour in the Sun; after which it will never ach more; Probatum est.

315

有知識的人就像肥沃的土壤,滋養的若不是莊稼,就是野草。

A Man of Knowledge like a rich Soil, feeds If not a world of Corn, a world of Weeds.

316

決定今後再悔改的人，都不是出於真心誠意。

No Resolution of Repenting hereafter, can be sincere.

317

有些人買書只在乎外在設計，卻不關心書本內在價值，好比人們只衝著皮毛去捕獵海狸。

Pollio, who values nothing that's within, Buys books as men hunt Beavers, for their Skin.

318

尊敬父母，也就是即使他們去世，也要活得讓他們以你為傲。

Honor thy Father and Mother, i.e. Live so as to be an Honor to them tho' they are dead.

319

如果你違背自己的良心，也將受到它的譴責報復。

If thou injurest Conscience, it will have its Revenge on thee.

320

不要聽關於朋友的壞話，也不要說敵人任何壞話。

Hear no ill of a Friend, nor speak any of an Enemy.

321

償還你所欠下的，方知自己所擁有的。

Pay what you owe, and you'll know what's your own.

322

不要吝嗇那些讓你毫無損失的東西,比如待人禮貌、給人忠告和鼓勵。

Be not niggardly of what costs thee nothing, as courtesy, counsel, and countenance.

323

追求你應得的,而不是去奢求報答。

Thirst after Desert, not Reward.

324

當心那些不輕易發怒的人:他們一旦為某事生氣,就很難再高興起來。

Beware of him that is slow to anger: He is angry for something, and will not be pleased for nothing.

325

詩人說,當男人和女人死去時,男人最終停止運轉的是心臟,而女人則是舌頭。

When Man and Woman die, as Poets sung, His Heart's the last part moves, her last, the tongue.

326

不要把自己所知、所欠、所有、所能都全盤托出。

Proclaim not all thou knowest, all thou owest, all thou hast, nor all thou canst.

327

讓我們的父輩因他們的美德而受到尊重，我們則因自己的善行而受人尊敬。

Let our Fathers and Grandfathers be valued for their Goodness, ourselves for our own.

328

勤勞的人不需要祈願。

Industry need not wish.

329

罪惡不是因被禁止而有害，而是因為有害而被禁止。同樣，責任不是因被規定而有好處，而是因為有好處才被規定。

Sin is not hurtful because it is forbidden but it is forbidden because it's hurtful. Nor is a Duty beneficial because it is commanded, but it is commanded, because it's beneficial.

330

為什麼有智慧？因為著書立說？

不，是因為不著書立說。

A, hey say, has Wit; for what? For writing?

No; For writing not.

331

付出愛，才會被愛。

Love, and be lov'd.

332

懶骨頭！你以為上帝白給你手和腿嗎，如果用不著，他也不會設計出來了。

O Lazy-Bones! Dost thou think God would have given thee Arms and Legs, if he had not design'd thou should'st use them.

333

事實上，姿色美、力氣大、錢財多並沒有多大用處，一顆正直高尚的心勝過這一切。

Great Beauty, great strength, and great Riches, are really and truly of no great Use; a right Heart exceeds all.

1740 年

334

對一切顯而易見的美視而不見，卻對每一處小瑕疵耿耿於懷，這是嫉妒心在搞鬼。

To all apparent Beauties, blind, Each Blemish, strikes, an envious Mind.

335

忍受他人的折磨需要勇氣，寬恕則更需要勇氣。

To bear other People Afflictions, every one has Courage enough, and to spare.

336

難怪湯姆長得胖，因為他一輩子只想著吃。

No wonder Tom grows fat, th' unwieldy Sinner, Makes his whole Life but one continual Dinner.

337

空口袋站不直。

An empty Bag cannot stand upright.

338

歷史不繞彎路,是國之大幸,也是時代之幸。

Happy that nation, fortunate that age, whose history is not diverting.

339

蝴蝶是什麼?充其量只是一條打扮過的毛毛蟲,就像穿著花哨的花花公子。

What is a butterfly? At best He's but a caterpiller drest. The gaudy Fop's his picture just.

340

人只會被自己所信賴的東西欺騙。

None are deceived but they that confide.

341

擺在明處的敵人可能是個禍害,但偽裝的朋友更可怕。

An open Foe may prove a curse; But a pretended friend is worse.

342

狼吃羊只是偶爾為之,而人吃羊則數不勝數。

A wolf eats sheep but now and then, Then Thousands are devour'd by Men.

343

舌頭柔軟無骨，但也可能壓斷脊梁骨。

Man's tongue is soft, and bone doth lack; Yet a stroke therewith may break a man's back.

345

有的人身體懶惰，有的人思想懶惰。

There are lazy Minds as well as lazy Bodies.

346

欺騙和背叛是愚者的習慣，他們沒有足夠的智慧成為誠實的人。

Tricks and Treachery are the Practice of Fools, that have not Wit enough to be honest.

347

那些勇於探索，從未知海域航行到未知大陸的人，能欣賞到奇觀異景。

The Man who with undaunted toils, sails unknown seas to unknown soils, With various wonders feasts his Sight: What stranger wonders does he write?

348

不要畏懼死亡，因為我們死得越早，不朽的時間也會越長。

Fear not Death; for the sooner we die, the longer shall we be immortal.

349

勸架的人，常流鼻血。

Those who in quarrels interpose, Must often wipe a bloody nose.

350

許諾會讓你獲得朋友，但失信則會將朋友變成敵人。

Promises may get thee Friends, but Nonperformance will turn them into Enemies.

351

我們總發現別人身上的缺點，並指責他們被矇蔽了雙眼。抓住他人身上的小瑕疵不放，卻對自身更大的缺點視而不見。

In other men we faults can spy,

And blame the mote that dims their eye;

Each little speck and blemish find;

To our own stronger errors blind.

352

和別人說話時，看著對方的眼睛；聽別人說話時，看著對方的嘴巴。

When you speak to a man, look on his eyes;

When he speak to thee, look on his mouth.

353

觀察所有人，尤其是你自己。

Observe all men; thy self most.

354

寧可和希臘哲學家一起吃鹽，也不和義大利弄臣一起吃糖。

Thou hadst better eat salt with the Philosophers of Greece, than sugar with the Courtiers of Italy.

355

追求美德並擁有美德，剩下的事就交給上天吧。

Seek Virtue, and, of that possest, To Providence, resign the rest.

356

和高你一等的人結婚，相當於替自己找了個主人。

Marry above thy match, and thou'lt get a Master.

357

害怕做壞事，你就不會害怕其他任何事了。

Fear to do ill, and you need fear nought else.

358

嘲笑他人易樹敵。

He makes a Foe who makes a jest.

359

當人們開始鄙棄有著嚴肅面孔的貓頭鷹時，莊重肅穆還會被認為是有智慧的嗎？（注：在西方，貓頭鷹是智慧的象徵。）

Can grave and formal pass for wise, When Men the solemn owl despise?

360

守財奴愚蠢不堪，揮霍無度者也異常可笑，而最為愚蠢的則是花錢買後悔藥的人。

Some are justly laught at for keeping their Money foolishly, others for spending it idly: He is the greatest fool that lays it out in a purchase of repentance.

361

透過一個傻子,必然能辨認出他的兄弟,因為其中一人身上會有另一人的影子。

Who knows a fool, must know his brother; For one will recommend another.

362

不要貪圖不義之財,償還罪惡所付出的代價是不可估量的。

Avoid dishonest Gain: No price; Can recompence the Pangs of Vice.

363

當你被人善待,銘記之;

當你善待他人,忘卻之。

When befriended, remember it;

When you befriend, forget it.

364

偉大的靈魂和慷慨憐憫可以融化鐵石心腸,但懦弱的暴君從未察覺。

Great souls with gen'rous pity melt; Which coward tyrants never felt.

365

想有愜意閒暇,就要好好利用時間。

Employ thy time well, if thou meanest to gain leisure.

366

馬屁精從不顯得荒謬可笑,因為被奉承者總是相信他們的話。

A Flatterer never seems absurd:

The Flatter'd always take his Word.

367

借錢給敵人，你將贏得他；借錢給朋友，你將失去他。

Lend Money to an Enemy, and thou'lt gain him, to a Friend and thou'lt lose him.

368

不輕易讚美，也不輕易貶損。

Neither praise nor dispraise, till seven Christmases be over.

1741 年

369

20 歲意氣用事，30 歲機智處事，40 歲遇事不惑。

At 20 years of age the Will reigns; at 30 the Wit; at 40 the Judgment.

370

沒有野獸吼叫就稱不上是森林。

No Wood without Bark.

371

享受當下，銘記過往，無懼死亡。

Enjoy the present hour, be mindful of the past; And neither fear nor wish the Approaches of the last.

372

最好管住自己的舌頭,話多的人,

必然廢話連篇;

人們避開喋喋不休者,

誰願聽那沒完沒了的嘮叨?

Best is the Tongue that feels the rein;

He that talks much, must talk in vain;

We from the wordy Torrent fly:

Who listens to the chattering Pye?

373

玩笑出門,把同伴帶回家,兩者便開始爭吵。

Joke went out, and brought home his fellow, and they two began a quarrel.

374

將不滿藏心底,若四處抱怨,只會遭受他人鄙視,徒增更多不滿。

Let thy discontents be thy Secrets; if the world knows them, 'twill despise thee and increase them.

375

批評他人過失時,先審視檢討自身。

Before you remark another's Sin, Bid your own Conscience look within.

376

憤怒和愚蠢結伴同行,悔恨則緊隨其後。

Anger and Folly walk cheek-by-jole; Repentance treads on both their Heels.

377

不要過分強調感恩，否則，它會反戈一擊。

Don't overload Gratitude; if you do, she'll kick.

378

懶惰的人，應當感到羞恥。

Be always ashem'd to catch thy self idle.

379

無處不在的母愛啊，誰能替換掉她的愚蠢？

Where yet was ever found the Mother, Who'd change her booby for another?

380

基督教義讓我們寬恕他人對我們的傷害；政策法規則是讓我們免受他人的傷害。

Christianity commands us to pass by Injuries; Policy, to let them pass by us.

381

欠債之人謊話連篇。

Lying rides upon Debt's back.

382

心無煩惱，自得清靜。

They who have nothing to be troubled at, will be troubled at nothing.

附錄　格言

383

妻子在丈夫眼裡完美無瑕，旁人看得清楚卻不拆穿：就讓體面莊重成為你所有的驕傲吧。

Wife from thy Spouse each blemish hide More than from all the World beside: Let DECENCY be all thy Pride.

384

尼克的熱情不斷高漲，但他的理智卻似乎消耗殆盡。

Nick's Passions grow fat and hearty; his Understanding looks consumptive!

385

如果厄運未至，那麼恐懼只是徒勞；

如果厄運降臨，恐懼也只能徒增痛苦。

If evils come not, then our fears are vain:

And if they do, Fear but augments the pain.

386

如果不想讓敵人知道你的祕密，那在朋友面前也要保密。

If you would keep your Secret from an enemy, tell it not to a friend.

387

盜亦有道，不要搶劫燔祭品。

Rob not for burnt offerings.

388

貝絲吹噓自己的美貌能夠得到證明。

如何證明呢？

先生，她的小名就叫「美麗」。

Bess brags she 'as Beauty, and can prove the same;

As how? Why thus, Sir, 'tis her puppy's name.

389

懶鬼，起床！不要浪費生命。等你死了，可以在墳墓裡睡個夠！

Up, Sluggard, and waste not life; in the grave will be sleeping enough.

390

做得好，成效翻倍。

Well done, is twice done.

391

迷霧先生，請說清楚點！不要用希臘語解釋英文。

Clearly spoken, Mr. Fog! You explain English by Greek.

392

弗米奧為自己的罪過悲痛不已，心情和跟朋友分離一樣，只有當他們再次相聚時才會開懷了。

Formio bewails his Sins with the same heart, As Friends do Friends when they're about to part. Believe it Formio will not entertain, One chearful Thought till they do meet again.

393

地位決定態度。

Honours change Manners.

394

吃變質乳酪的傑克曾說過，自己會像力士參孫一樣被殺害數千次，羅傑說沒錯，而且都死於同一武器。

Jack eating rotten cheese, did say, Like Sampson I my thousands slay; I vow, quoth Roger, so you do, And with the self-same weapon too.

395

傻子犯小錯，聰明人犯大錯。

There are no fools so troublesome as those that have wit.

396

只要有一方承認錯誤，爭吵就不可能持續很久。

Quarrels never could last long, If on one side only lay the wrong.

397

即使享樂引誘你，利益驅使你，野心腐蝕你，榜樣誤導你，勸說動搖你，也絕不要做壞事。這樣，你才會活得愉快自在、問心無愧，每天都像在過聖誕節。

Let no Pleasure tempt thee, no Profit allure thee, no Ambition corrupt thee, no Example sway thee, no Persuasion move thee, to do anything which thou knowest to be Evil; So shalt thou always live jollily: for a good Conscience is a continual Christmas.

1742 年

398

睡懶覺的人整天都會不得閒,到晚上都很難趕上工作進度。

He that riseth late, must trot all day, and shall scarce overtake his business at night.

399

有一門手藝,也就有了一份固定資產。

He that hath a Trade, hath an Estate.

400

明天有什麼事要做?今天就去做吧。

Have you somewhat to do tomorrow; do it today.

401

沒有工人不用工具,沒有律師不使伎倆,否則,難以為生。

No workman without tools, Nor Lawyer without Fools, Can live by their Rules.

402

辛勤布道的牧師就像蠟燭,燃燒自己,給他人光亮。

The painful Preacher, like a candle bright, Consumes himself in giving others Light.

403

緊閉的嘴巴飛不進蒼蠅。

Speak and speed: the close mouth catches no flies.

404

看望姑媽,但不要每天都去;拜訪兄弟,但不要每晚都去。

Visit your Aunt, but not every Day; and call at your Brother's, but not every night.

405

有錢且有禮貌,才是真正的紳士。

Money and good Manners make the Gentleman.

406

晚生的孩子,會提早成為孤兒。

Late Children, early Orphans.

407

本敲打自己的腦袋,以為靈感就會冒出來;
但可能不管怎麼敲,都不會有應門聲。

Ben beats his Pate, and fancys wit will come;
But he may knock, there's no body at home.

408

熟練的紡紗工人都有一把好梭子。

The good Spinner hath a large Shift.

409

湯姆,你的痛苦解決不了任何問題:利箭從來不是由豬尾巴製成的。

Tom, vain's your Pains; They all will fail: Ne'er was good Arrow made of a Sow's Tail.

410

兩手空空的海盜總被人嘲笑：他們外出劫財，卻衣衫襤褸而歸，就像公羊外出找毛衣，卻被剪光了毛訕訕而回。

Empty Free-booters, cover'd with Scorn: They went out for Wealth, and come ragged and torn, As the Ram went for Wool, and was sent back shorn.

411

人們很難遺棄壞習慣和餿主意。

Customs and bad Advice are seldom forgotten.

412

人能相遇，山卻永不能相逢。

Men meet, mountains never.

413

當無賴爭吵，誠實人才能收穫；當牧師爭辯，人們才能獲得真理。

When Knaves fall out, honest Men get their goods; When Priests dispute, we come at the Truth.

414

凱特想嫁給湯瑪斯，沒人指責她；但湯姆（湯瑪斯的簡稱）不想娶凱特，誰又能指責他呢？

Kate would have Thomas, no one blame her can; Tom won't have Kate, and who can blame the Man.

415

排場擺得大，錢包輕得快。

A large train makes a light Purse.

附錄　格言

416

死神不受賄。

Death takes no bribes.

417

一位好丈夫抵得上兩個好老婆，因為越稀有的事物越顯寶貴。

One good Husband is worth two good Wives; for the scarcer things are the more they're valued.

418

對母馬挑三揀四的人，心裡想要買下牠。

He that speaks ill of the Mare, will buy her.

419

開啟禮物無須用鑽頭。

You may drive a gift without a gimblet.

420

晚飯別吃飽，藥也吃得少。

Eat few Suppers, and you'll need few Medicines.

421

有智慧的人謹慎小心，懂得如何觸及宗教、信譽或心靈的話題。

You will be careful, if you are wise; How you touch Men's Religion, or Credit, or Eyes.

422

嘗過鮮魚，不要再喝牛奶。

After Fish, Milk do not wish.

423

抵禦疾病最有效的方法是節制和禁慾。

Against Diseases here, the strongest Frence, Is the defensive Virtue, Abstinence.

424

平時狗眼看人低，將錢當印記，小心審判日時拉清單。

Fient de chien, et marc d'argent, Seront tout un au jour du jugement.

425

如果你作惡，失去的是快樂而不是痛苦；如果你行善，痛苦逝去，快樂留存。

If thou dost ill, the joy fades, not the pains; If well, the pain doth fade, the joy remains.

426

人難免犯錯，懂得悔改者猶如聖賢，執迷不悟者好比魔鬼。

To err is human, to repent divine, to persist devilish.

427

錢和人之間友誼的見證是：人們偽造假鈔，金錢也製造偽君子。

Money and Man a mutual Friendship show: Man makes false Money, Money makes Man so.

428

勤勞可償還債務，絕望卻增加債務。

Industry pays Debts, Despair encreases them.

429

巧舌如簧者說得比獻詞美妙，撒謊時比墓誌銘更誇張。

Here comes Glib-tongue: who can out-flatter a Dedication; and lie, like ten Epitaphs.

430

紅布激惱公牛，希望催人奮進。

Hope and a Red-Rag, are Baits for Men and Mackrel.

431

讓壞習慣隨著舊年鑑和舊時光一起消失。

With the old Almanack and the old Year, Leave thy old Vices, tho' ever so dear.

432

健康長壽之道是避免惡性發燒和常見疾病的侵害。

Rules of Health and long Life, and to preserve from Malignant Fevers, and Sickness in general.

433

食量要根據自身體質而定，心智需求亦是如此。

Eat and drink such an exact Quantity as the Constitution of thy Body allows of, in reference to the Services of the Mind.

434

腦力勞動者不應該和體力勞動者吃得一樣多，因為他們消化不了。

They that study much, ought not to eat so much as those that work hard, their Digestion being not so good.

435

飲食應當定質定量。

The exact Quantity and Quality being found out, is to be kept to constantly.

436

和飲食一樣，任何事都不應該過度。

Excess in all other Things whatever, as well as in Meat and Drink, is also to be avoided.

437

年輕人、老年人和病人的飲食量各有不同。

Youth, Age, and Sick require a different Quantity.

438

性格相反的人飲食量亦有不同：同樣的食量，對於性情冷淡者來說過多，在性格急躁者眼裡卻很可能是不夠的。

And so do those of contrary Complexions; for that which is too much for a flegmatick Man, is not sufficient for a Cholerick.

439

飲食量應和胃功能相當，因為食物是由胃來消化的。

The Measure of Food ought to be (as much as possibly may be) exactly proportionable to the Quality and Condition of the Stomach, because the Stomach digests it.

440

胃能消化足量的食物,但往往過重負荷。

That Quantity that is sufficient, the Stomach can perfectly concoct and digest, and it sufficeth the due Nourishment of the Body.

441

雖然很難精確自己的食量,但我們應做到為需求而吃,而不是為了享樂而吃,因為食慾不知道實際所需的上限。

The difficulty lies, in finding out an exact Measure; but eat for Necessity, not Pleasure, for Lust knows not where Necessity ends.

442

你想擁有健康的身體、精力充沛的頭腦,並了解上帝的偉大傑作嗎?首先要透過勞動節制食慾。

Wouldst thou enjoy a long Life, a healthy Body, and a vigorous Mind, and be acquainted also with the wonderful Works of God? Labour in the first place to bring thy Appetite into Subjection to Reason.

443

堅持飲食適量的原則。

Rules to find out a fit Measure of Meat and Drink.

444

如果吃到身體不適,無法學習或做其他工作,那就說明你吃多了。

If you eatest so much as makes thee unfit for Study, or other Business, thou exceedest the due Measure.

445

如果飯後身體沉重、頭腦遲鈍，那就是飲食過量的表現。飲食應該是補充體力、恢復精神的，而不是為身體增加壓力和負擔。

If you art dull and heavy after Meat, it's a sign thou hast exceeded the due Measure; for Meat and Drink ought to refresh the Body, and make it chearful, and not to dull and oppress it.

446

如果發現以上不良症狀，想想是不是因為吃多了或喝多了，然後逐漸減少飲食量，直到症狀消失。盡量遠離宴會，因為宴會上很難節制自己的食慾，所謂眼不見心為淨，看不見美味佳餚就不會嘴饞。這方法對其他感官同樣適用。

If thou findest these ill Symptoms, consider whether too much Meat, or too much Drink occasions it, or both, and abate by little and little, till thou findest the Inconveniency removed. Keep out of the Sight of Feasts and Banquets as much as may be; for 'tis more difficult to refrain good Cheer, when it's present, than from the Desire of it when it is away; the like you may observe in the Objects of all the other Senses.

447

如果偶爾吃多了，就取消下一餐，身體就會恢復如常，但不要頻繁如此。如果晚餐過量，那就要節制宵夜。

If a Man casually exceed, let him fast the next Meal, and all may be well again, provide it be not too often done; as if he exceed at Dinner, let him refrain a Supper.

448

適度飲食使人身體健康，極少生病，即使意外生病，抵抗力也會更好，康復得也更快，因為大多數疾病都源於暴飲暴食。

A temperate Diet frees from Diseases; such are seldom ill, but if they are surprised with Sickness, they bear it better, and recover sooner; for most Distempers have their Original from Repletion.

449

飯前運動一刻鐘，譬如投擲重物、每隻手握一個小重物擺動手臂、跳躍等，因為這樣可以鍛鍊胸肌。

Use now and then a little Exercise a quarter of an Hour before Meals, as to swing a Weight, or swing your Arms about with a small Weight in each Hand; to leap, or the like, for that stirs the Muscles of the Breast.

450

適度飲食使身體強壯，更好地抵禦外部事故，你不會輕易受到高溫、寒冷或勞動的侵害。就算受到傷害，不管是刀傷、脫臼，還是擦傷，都更容易治癒。

A temperate Diet arms the Body against all external Accidents; so that they are not so easily hurt by Heat, Cold or Labour; if they at any time should be Prejudiced, they are more easily cured, either of Wounds, Dislocations or Bruises.

451

當惡性發燒在你所居住的鄉村或城市流行肆虐時，為預防起見，飲食無須過分謹慎，隨意自如點反而是明智之舉，因為這種疾病不是由飲食引起的，也很少侵襲吃飽的人。

But when malignant Fevers are rife in the Country or City where thou dwelst, 'tis adviseable to eat and drink more freely, by Way of Prevention; for those are Diseases that are not caused by Repletion, and seldom attack Full-feeders.

452

飲食節制,能使人安詳平靜離世,能保持感覺靈敏,緩和狂熱與激動,提高記憶力,增強理解力,平息慾望之火。

A sober Diet makes a Man die without Pain; it maintains the Senses in Vigour; it mitigates the Violence of Passions and Affections. It preserves the Memory, it helps the Understanding, it allays the Heat of Lust.

453

適度飲食,使人之肉身成為靈魂的舒適居所,讓我們幸福地活在世上,並讓我們來世也永遠幸福。

Consideration of his latter End; it makes the Body a fit Tabernacle for the Lord to dwell in; which makes us happy in this World, and eternally happy in the World to come, through Jesus Christ our Lord and Saviour.

1743 年

454

啊,愚蠢的人!當時間和忠告這兩件珍寶放在你面前時,你卻丟失一個,扔掉另一個。

Ah simple Man! When a boy two precious jewels were given thee, Time, and good Advice; one you have lost, and the other thrown away.

455

很少有人有足夠的勇氣去承認自己的錯誤，或有足夠的決心去改正錯誤。

How few there are who have courage enough to own their Faults, or resolution enough to mend them.

456

人們對有形之物總持不同看法，或許對無形之物會獲得一致觀點？

Men differ daily, about things which are subject to Sense, is it likely then they should agree about things invisible.

457

蛤蟆鼓起肚皮，傲慢地大步走著，毫無自知之明。

Mark with what insolence and pride, Blown Bufo takes his haughty stride; As if no toad was toad beside.

458

同伴就像忠犬，受苦最多，愛得最深。

Company is like a dog who dirts those most, that he loves best.

459

人生得意時，也要保持謙虛和理智，

高峰谷底此消彼長，

傲慢無禮之人，一旦失意落魄，沒有人會憐憫。

In prosperous fortunes be modest and wise,

The greatest may fall, and the lowest may rise:

But insolent People that fall in disgrace,

Are wretched and no-body pities their Case.

460

悲傷懊悔於事無補。

Sorrow is dry.

461

世上到處是傻瓜和膽小鬼,但每個人都還有足夠的勇氣承受不幸,也有足夠的智慧去管鄰居家的閒事。

The World is full of fools and faint hearts; and yet every one has courage enough to bear the misfortunes, and wisdom enough to manage the Affairs of his neighbour.

462

注意!無所敬畏的人,騙人也會毫無顧忌。

Beware, beware! He'll cheat 'ithout scruple, who can without fear.

463

滿足和財富很少一起共存,我寧願要滿足,財富歸你。

Content and Riches seldom meet together, Riches take thou, contentment I had rather.

464

上至國王下到奴隸,都不要對其說輕蔑之語,因為即使是小小的蜜蜂,也擁有並會使用那一根刺。

Speak with contempt of none, from slave to king, The meanest Bee hath, and will use, a sting.

465

教會、州縣和窮人,是我們應該養育而非拋棄的三個女兒。

The church, the state, and the poor, are three daughters which we should maintain, but not portion off.

466

對我們而言,正義獲取之物雖少,也勝過靠掠奪和流血得來的頭銜和權力。

A little well-gotten will do us more good, Than lordships and scepters by Rapine and Blood.

467

負債讓人愁。

Borgen macht sorgen.

468

讓所有人都認識你,但不要讓人徹底看透你。水淺會被人任意踐踏。

Let all Men know thee, but no man know thee thoroughly: Men freely ford that see the shallows.

469

下大膽虔誠的決心容易,但付諸實踐就沒那麼簡單了。

It easy to frame a good bold resolution; but hard is the Task that concerns execution.

470

寒冷和精明都來自北方：有精明而無智慧則是毫無價值的。

Cold and cunning come from the north:

But cunning sans wisdom is nothing worth.

471

抱怨無用，即使是博學的牧師，也有死去的一天。

'Tis vain to repine, Tho' a learned Divine Will die this day at nine.

472

迪克對老婆說，他敢發誓，無論她許什麼願望，上帝都不會讓她如願。的確，內爾說，這是我樂於聽到的，親愛的，我祝願你長壽無疆。

Dick told his spouse, he durst be bold to swear, Whate'er she pray'd for, Heav'n would thwart her pray'r: Indeed! Says Nell, It is what I'm pleas'd to hear; For now I'll pray for your long life, my dear.

473

貪睡的狐狸逮不到家禽。起來！起來！

The sleeping Fox catches no poultry. Up! Up!

474

如果你想富有，應更多地考慮如何節省，而不是得到多少。占有西印度群島也沒能使西班牙富足，因為其支出和收入相當。

If you'd be wealthy, think of saving, more than of getting: The Indies have not made Spain rich, because her Outgoes equal her Incomes.

475

美貌易逝，美德長存。

Tugend bestehet wen alles vergehet.

476

你來自王宮嗎？因為從你臉上，能看到妄自尊大、不可一世的表情。

Came you from Court? For in your Mien, A self-important air is seen.

477

聽聽西班牙人傑克說的話：即使全世界都在戰爭，也要和外國人和平共處。

Hear what Jack Spaniard says, Con todo el Mundo Guerra, Y Paz con Ingalatierra.

478

如果你想做好一件事，去做；如果不想，就放開手。

If you'd have it done, Go; If not, send.

479

很多無休止的爭論或許都可簡單概括為：是這樣，不是這樣，是這樣，不是這樣。

Many a long dispute among Divines may be thus abridg'd, It is so; It is not so. It is so; It is not so.

480

經驗是所寶貴的學校，傻瓜卻從中學不到任何東西。

Experience keeps a dear school, yet Fools will learn in no other.

481

有很多人過聖誕節，但是遵從基督教義的人卻很少！慶祝節日總是比遵守戒律來得容易。

How many observe Christ's Birthday! How few, his precepts! O! 'tis easier to keep Holiday than Commandments.

1744 年

482

可怕之人亦有可恨之處。

Those who are fear'd, are hated.

483

喜歡吃獨食的人，沒人願意幫。

He that drinks his Cyder alone, let him catch his Horse alone.

484

誰是強者？那些能克服自身壞習慣的人。誰是富人？那些享受生命、知足常樂的人。

Who is strong? He that can conquer his bad Habits. Who is rich? He that rejoices in his Portion.

485

沒有娶過妻的男人，算不上一個完整的男人。

He that has not got a Wife, is not yet a complete Man.

486

想成為什麼樣的人,就真正去做什麼人。

What you would seem to be, be really.

487

如果你想擺脫一個討厭的常客,就借錢給他。

If you'd lose a troublesome Visitor, lend him Money.

488

說話刻薄沒朋友:一勺蜂蜜比一加侖醋能抓住更多的蒼蠅。

Tart Words make no Friends: a spoonful of honey will catch more flies than Gallon of Vinegar.

489

穩中求快。

Make haste slowly.

490

吃飯少量,喝酒節制,空腹睡覺,身體更健康。

Dine with little, sup with less: Do better still; sleep supperless.

491

勤勞、堅毅和節儉,會創造財富。

Industry, Perseverance, and Frugality, make Fortune yield.

492

莽撞行事前說「我保證」,事後則說「誰會那麼做」。

I'll warrant ye, goes before Rashness; Who'd-a-tho't it? Comes sneaking after.

493

祈禱和餵糧草不會耽誤行程。

Prayers and Provender hinder no Journey.

494

聽從理智,否則它會給你教訓。

Hear Reason, or she'll make you feel her.

495

給我昨日的麵包,今日的鮮肉,和去年的蘋果酒。

Give me yesterday's Bread, this Day's Flesh, and last Year's Cyder.

496

懶惰像鏽蝕,比勞動更消耗身心。常用的鑰匙總是錚亮發光。

Sloth (like Rust) consumes faster than Labour wears: the used Key is always bright.

497

點滴累積,錢包充盈。

Light Gains heavy Purses.

498

抵制誘惑,上帝就會讓你遠離罪惡。

Keep thou from the Opportunity, and God will keep thee from the Sin.

499

沒有法律的地方,也沒有麵包。

Where there's no Law, there's no Bread.

500

傲氣增加，財富減少。

As Pride increases, Fortune declines.

501

管理好你的工作，否則它會奴役你。

Drive thy Business, or it will drive thee.

502

酒足飯飽、大腹便便是萬惡之源。

A full Belly is the Mother of all Evil.

503

真正的朋友，是不會阿諛奉承的。

The same man cannot be both Friend and Flatterer.

504

越富有的人，操心的事也越多。

He who multiplies Riches multiplies Cares.

505

家有老人是好兆頭。

An old Man in a House is a good Sign.

506

挫折傷害給予人經驗教訓。

The Things which hurt, instruct.

507

雇主的眼睛比手更忙碌。

The Eye of a Master, will do more Work than his Hand.

508

柔軟的舌頭也可能傷人。

A soft Tongue may strike hard.

509

想被愛,就要讓自己和善可愛。

If you'd be belov'd, make yourself amiable.

510

真正的朋友是最好的財富。

A true Friend is the best Possession.

511

敬畏上帝,那你的敵人就會畏懼你。

Fear God, and your Enemies will fear you.

512

丈夫在愛嘮叨的妻子的墓誌銘上寫道:我可憐的布麗奇特躺在這裡,她安息了,我也清靜了。

Epitaph on a Scolding Wife by her Husband. Here my poor Bridgets's Corps doth lie, she is at rest, and so am I.

附錄　格言

1745 年

513

很多人都抱怨自己的記憶力差,卻少有人反省自己的判斷力。

Many complain of their Memory, few of their Judgment.

514

留意小筆開銷,小漏洞也可沉大船。

Beware of little Expences, a small Leak will sink a great Ship.

515

戰爭帶來創傷。

Wars bring scars.

516

貧窮是種沉重的懲罰。

A light purse is a heavy Curse.

517

盡可能多行善事,做出奉獻。

As often as we do good, we sacrifice.

518

因為沒有土地,我們只能出賣勞力。

Help, Hands; For I have no Lands.

519

人們常常用六個虛假的理由,來掩飾一個真相。

It's common for Men to give six pretended Reasons instead of one real one.

520

虛榮心比怨恨更能中傷他人。

Vanity backbites more than Malice.

521

鋒芒畢露的人是愚蠢的。

He's a Fool that cannot conceal his Wisdom.

522

揮金如土者不會慷慨借錢給他人。

Great spenders are bad lenders.

523

在遠古，所有血統都是相似的。

All blood is alike ancient.

524

再好的話題，說多了也招人煩。

You may talk too much on the best of subjects.

525

沒有禮貌，任何別的優點都難以彌補。

A Man without ceremony has need of great merit in its place.

526

沒有努力，就不會有收穫。

No gains without pains.

527

要種就種好果子，否則什麼都不種。

Graft good Fruit all, or graft not at all.

528

懶惰是最大的浪費。

Idleness is the greatest Prodigality.

529

心態老的年輕人會一直老下去。

Old young and old long.

530

砸煤塊、切蠟燭或倒著放掃把的，既不會是好主婦，也不可能是好主婦的朋友。

Punch-coal, cut-candle, and set brand on end, is neither good house wife, nor good house-wife's friend.

531

買東西的人需要 100 隻眼睛，而賣東西的人只要一隻眼睛就夠了。

He who buys had need have 100 Eyes, but one's enough for him that sells the Stuff.

532

一個人可能比另一個人更精明，但不可能比所有人都精明。

One Man may be more cunning than another, but not more cunning than every body else.

533

對上帝，我們應懷有敬畏和熱愛；對鄰居，我們應懷有公正和仁慈；對自己，我們應保持審慎和節制。

To God we owe fear and love; to our neighbours justice and charity; to ourselves prudence and sobriety.

534

勤勞的媽媽造就懶惰的女兒。

Light-heel'd mothers make leaden-heel'd daughters.

535

生活機遇的好與壞，在於選擇妻子的好與壞。

The good or ill hap of a good or ill life, is the good or ill choice of a good or ill wife.

536

防止壞習慣比戒除壞習慣簡單。

It is easier to prevent bad habits than to break them.

537

每個人都說自己很誠實，但少有人誇自己聰明。

Every Man has Assurance enough to boast of his honesty, few of their Understanding.

538

利益矇蔽了一些人的雙眼，卻也啟發了另一些人。

Interest which blinds some People, enlightens others.

附錄　格言

539

花錢買來的智慧，勝過書本教授的知識。

An ounce of wit that is bought, Is worth a pound that is taught.

540

決心以後再改邪歸正的人，永遠不會現在就改。

He that resolves to mend hereafter, resolves not to mend now.

1746 年

541

指責能帶來刺痛，是因為它的真實。

The Sting of a Reproach, is the Truth of it.

542

當井乾枯時，方知水的寶貴。

When the Well's dry, we know the Worth of Water.

543

抱怨 Glass 沒有 G 的人，應該再拿掉 L，剩下的 ass（蠢人）就是他。

He that whines for Glass without G Take away L and that's he.

544

擁有賢妻和健康，是男人最大的財富。

A good Wife and Health, is a Man's best Wealth.

545

好爭論的人,沒有好鄰居。

A quarrelsome Man has no good Neighbours.

546

衣服寬大易磨破,衣服太緊易撕破。

Wide will wear, but Narrow will tear.

547

好衣服能討太太歡心。

Silks and Sattins put out the Kitchen Fire.

548

罪惡深知自身醜陋,於是便戴上了面具。

Vice knows she's ugly, so puts on her Mask.

549

欺騙自己是世上最容易的事情。

It's the easiest Thing in the World for a Man to deceive himself.

550

女人和美酒、賭博和謊言,使財富減少、慾望增大。

Women and Wine, Game and Deceit, Make the Wealth small and the Wants great.

551

所有人都感激那些友好行善之人。

All Mankind are beholden to him that is kind to the Good.

552

站著的農民比跪著的紳士更高貴。

A Plowman on his Legs is higher than a Gentleman on his Knees.

553

美德是幸福之源。

Virtue and Happiness are Mother and Daughter.

554

慷慨之人最不看重錢，然而又最需要錢。

The generous Mind least regards money, and yet most feels the Want of it.

555

錢少時，萬般難。

For one poor Man there are an hundred indigent.

556

你熱愛生命嗎？那就不要浪費時間。因為生命是由時間組成的。

Do you love Life? Then do not squander Time; for that's the Stuff Life is made of.

557

理智是所有人都需要的，但少有人擁有，並且沒有人認為自己缺乏。

Good Sense is a Thing all need, few have, and none think they want.

558

什麼叫體面？看看那個穿白絲圍裙的鐵匠吧！

What's proper, is becoming: See the Blacksmith with his white Silk Apron!

559

舌頭總容易碰到痛的那顆牙。

The Tongue is ever turning to the aching Tooth.

560

粗心懶散比無知更有害。

Want of Care does us more Damage than Want of Knowledge.

561

當即拒絕我,就算幫了我。

Do me the Favour to deny me at once.

562

聰明過頭,就是最大的愚蠢。

The most exquisite Folly is made of Wisdom spun too fine.

563

悠閒的生活和懶散的生活是兩碼事。

A life of leisure, and a life of laziness, are two things.

564

麻繩捆綁不住發瘋的公牛,條規也約束不了發瘋的國王。

Mad Kings and mad Bulls, are not to be held by treaties and packthread.

565

換床治不好發燒,跳槽也挽救不了糟糕的管理者。

Changing Countries or Beds, cures neither a bad Manager, nor a Fever.

566

真正的偉人既不會在小人物面前作威作福，也不會在帝王面前卑躬屈膝。

A true great Man will neither trample on a Worm, nor sneak to an Emperor.

567

假裝好客的人，打開門卻沒有殷切的表情。

Half- Hospitality opens his Doors and shuts up his Countenance.

1747 年

568

把傷痛寫在塵土上，將恩惠刻在石頭上。

Write Injuries in Dust, Benefits in Marble.

569

力圖成為國家最偉大的人，你可能會失敗；努力成為最好的人，你或許會成功。因為和自己比賽，很可能贏得比賽。

Strive to be the greatest Man in your Country, and you may be disappointed; Strive to be the best, and you may succeed: He may well win the race that runs by himself.

570

沒有朽木的森林是罕見的，全都是好人的家族也不常見。

It is a strange Forest that has no rotten Wood in't. And a strange Kindred that all are good in't.

571

幸與不幸總是來得猝不及防。

None know the unfortunate, and the fortunate do not know themselves.

572

有時要眨眼假裝看不見,有時要睜大眼睛看清楚。

There's a time to wink as well as to see.

573

老實的湯姆!你可能會相信有良田萬頃的人。

Honest Tom! You may trust him with a house-full of untold Milstones.

574

內心敬重好人的壞人,也不算特別壞。

There is no Man so bad, but he secretly respects the Good.

575

勇氣想要爆發,但謹慎阻止它行動。

Courage would fight, but Discretion won't let him.

576

傲慢和痛風,都很難根治。

Pride and the Gout, are seldom cur'd throughout.

577

我們很容易覺察到小病,卻對健康視若無睹。

We are not so sensible of the greatest Health as of the least Sickness.

578

好榜樣最有說服力。

A good Example is the best sermon.

579

父親有如珍寶，兄弟有如撫平人心的安慰劑，朋友則兩者兼具。

A Father's a Treasure; a Brother's a Comfort; a Friend is both.

580

絕望毀掉一些人，而傲慢毀掉更多人。

Despair ruins some, Presumption many.

581

問心無愧者打雷也能熟睡，而安寧和負罪感卻無法同處。

A quiet Conscience sleeps in Thunder, but Rest and Guilt live far asunder.

582

不聽取勸告的人無可挽救。

He that won't be counsell'd, can't be help'd.

583

詭計必須穿上外衣，而真理卻能赤身示人。

Craft must be at charge for clothes, but Truth can go naked.

584

拿什麼侍奉上帝？與人為善。

What is Serving God? 'Tis doing Good to Man.

585

縱容邪惡將會產生加倍的後果。

What maintains one Vice would bring up two Children.

586

很多人敗家，是因為總買用不上的便宜貨。

Many have been ruin'd by buying good pennyworths.

587

小有所得便心滿意足，勝過大有收穫仍喋喋不休。

Better is a little with content than much with contention.

588

腳底打滑可能很快就會復原，但是舌頭打滑說錯話就可能永遠無法彌補。

A Slip of the Foot you may soon recover: But a slip of the Tongue you may never get over.

589

當你需要耐心時，你卻找不到它。這怎麼能表示你有耐心呢？

What signifies your Patience, if you can't find it when you want it.

590

人們常認為時間夠用，但實際總是不夠。

Time enough, always proves little enough.

591

不打聽祕密者是明智的，不洩露祕密者是可信賴的。

It is wise not to seek a Secret, and Honest not to reveal it.

592

暴民是怪物,有頭但是沒腦子。

A Mob's a Monster; Heads enough, but no Brains.

593

魔鬼在毒藥裡拌入蜂蜜。

The Devil sweetens Poison with Honey.

594

不能忍受他人脾氣的人,也無法控制自己的脾氣。

He that cannot bear with other People's Passions, cannot govern his own.

595

辛勤犁田耕地的人,生活終將繁榮興旺。

He that by the Plow would thrive, himself must either hold or drive.

1748 年

596

當你缺少理智時,更需要信念的支撐。

You've just so much more Need of Faith, as you have less of Reason.

597

強盜逍遙法外;小偷小摸卻被押上絞刑架;更大的盜賊則登上最高權力寶座。對此,我們又能做什麼呢?

Robbers must exalted be. Small ones ou the gallow-tree. While greater ones ascend to thrones, But what is that to thee or me?

598

若不想在冷天患胸膜炎,在熱天發燒或腹瀉,就要杜絕暴飲暴食和過度激動。

To avoid Pleurisies in cool Weather; Fevers, Fluxes in hot; beware of Over-Eating and Over-Heating.

599

沒有宗教信仰的人臨死時,如同沒拿蠟燭摸著黑上床睡覺。

The Heathens when they dy'd, went to Bed without a Candle.

600

無賴和蕁麻類似,稍稍觸碰就會刺痛你。

Knaves and Nettles are akin; stroak 'em kindly, yet they'll sting.

601

自然以及自然規律都隱藏在黑暗中,上帝說,讓牛頓降生吧,於是一切都被照亮。

Nature and nature's laws lay hid in night; God said, Let NEWTON be, and all was light.

602

傻瓜的生活沉醉在酒裡,而智者的生活沉浸在思考中。

Life with Fools consists in Drinking; With the wise Man Living's Thinking.

603

賣便宜貨的商店就像建在沙洲上,隨時有倒閉的危險,而擁有很多常客的商店才會生意長青。

Sell-cheap kept Shop on Goodwin Sands, and yet had store of Custom.

附錄　格言

604

慷慨大方不是給予得多，而是給予得巧妙。

Liberality is not giving much but giving wisely.

605

迪克苦惱於自己挑剔的味蕾，因宴會上總是沒有美食，所以經常餓個半死。

Finikin Dick, curs'd with nice Taste, Ne'er meets with good dinner, half starv'd at a feast.

606

對朋友、律師、醫生說清楚自身情況，不要粉飾壞的方面。試想，如果他們只看到片面的部分，如何給你忠告？在黑暗中驅趕黑豬是不利且艱難的。

To Friend, Lawyer, Doctor, tell plain your whole Case; Nor think on bad Matters to put a good Face: How can they advise, if they see but a Part? 'Tis very ill drving black Hogs in the dark.

607

懷疑或許沒錯，但四處散布你的猜疑則可能鑄成大錯。

Suspicion may be no Fault, but shewing it may be a great one.

608

總是胸有成竹的人不一定可靠。

He that's secure is not safe.

609

撒謊是第二大惡習，而第一大惡習是負債。

The second Vice is Lying; The first is running in Debt.

610

靈感女神垂青於早晨。

The Muse love the Morning.

611

蚊子，一種小小的、有毒的昆蟲。牠們如此之輕，在填飽肚子前，近一半的蚊子可能還沒有一顆穀粒重，但每隻蚊子都擁有生存、運動、消化、繁殖等必需的器官，也有靜脈、動脈和肌肉。牠們小小的身體還同時具備視覺、聽覺、觸覺、嗅覺、味覺五種感官。牠們的器官一定小得不可思議！其構造之精巧簡直無法形容！然而，還有一些小動物只能用顯微鏡看到，和牠們相比，蚊子就是一頭大象！幾乎每個夏天，人們家中都可能為蚊子繁殖提供充足條件，比如在院子裡留置裝滿雨水沒有蓋蓋子的桶，蚊子會在這些水上產卵，當卵孵化後，成為孑孓，然後再長出腿和翅膀，最終羽化成蟲離開水面，飛進家裡。

Muschitoes, or Musketoes, a little venomous fly, so light, that perhaps 50 of them, before they've fill'd their bellies, scarce weigh a grain, yet each has all the parts necessary to life, motion, digestion, generation, as veins, arteries, muscles, each has in his little body room for the five senses of seeing, hearing, feeling, smelling, tasting: How inconceivably small must their organs be! How inexpressibly fine the workmanship! And yet there are little animals discovered by the microscope, to whom a Musketo is an Elephant! –In a scarce summer any citizen may provide Musketoes sufficient for his own family, by leaving tubs of rain-water uncover'd in his yard; for in such water they lay their eggs, which when hatch'd, become first little fish, afterwards put forth legs and wings, leave the water, and fly into your windows. Probatum est.

612

傻瓜可能會犯兩次同樣的錯誤，他改正到一半就放棄了。

Two Faults of one a Fool will make; He half repairs, that owns and does forsake.

613

哈利不懂裝懂，對每件事情都要插上一嘴。

Harry Smatter, has a Mouth for every Matter.

614

善待他人，最受益的是自己。

When you're good to others, you are best to yourself.

615

一知半解的人總愛高談闊論，但很少說到點上。

Half Wits talk much but say little.

616

如果傑克愛上了吉兒，他就對吉兒的外表失去了判斷力。

If Jack's in love, he's no judge of Jill's Beauty.

617

大多數傻瓜都認為他們只是無知而已。

Most Fools think they are only ignorant.

618

縱容惡,就是傷害善。

Pardoning the Bad, is injuring the Good.

619

無法容忍他人無教養行為的人,本身也沒有什麼教養。

He is not well-bred, that cannot bear Ill-Breeding in others.

620

聖誕宴會上請注意:不要讓餐桌成為大吃大喝的所在,要和窮人一起分享上帝的慷慨恩賜。

In Christmas feasting pray take care; Let not your table be a Snare; but with the Poor God's Bounty share.

1749 年

621

本性善良卻魯莽缺少審慎,是一大不幸。

Great Good-nature, without Prudence, is a great Misfortune.

622

富有和滿足並不總是同伴而行。

Wealth and content are not always bed-fellows.

623

智者從他人遭遇中吸取教訓,愚者則只能從自身遭遇中吸取。

Wise men learn by others harms; fools by their own.

624

波以耳虔誠地探尋,

在他作品的黑暗深處,

尋找偉大的造物主。

—— 湯姆森

BOYLE. Whose pious search

Amid the dark recesses of his works

The great CREATOR sought.

—— Thomson.

625

狂熱結束之日,悔恨開始之時。

The end of passion is the beginning of repentance.

626

語言可以賣弄才智,但只有行動才能表達真意。

Words may shew a man's wit, but actions his meaning.

627

一便士花得值得,相當於省了四便士。

It is a well spent penny that saves a groat.

628

狐狸都會變老,但沒有幾隻會變好。

Many foxes grow grey, but few grow good.

629

傲慢先矇住人的雙眼,然後再驅使他奔跑。

Presumption first blinds a man, then sets him a running.

630

四月寒冷,穀將滿倉。

A cold April, the barn will fill.

631

知足使窮人富有,不滿使富人貧窮。

Content makes poor men rich; Discontent makes rich Men poor.

632

食物過於豐足,嘴巴越發挑剔。

Too much plenty makes Mouth dainty.

633

西元1626年4月7日,偉大的小人物法蘭西斯·培根逝世。說他偉大,主要在於其驚人的天賦、才華及學識。說他渺小,主要因為他奴顏婢膝侍奉朝廷,對君主阿諛奉承。詩人波普是這樣評價他的:如果才華誘惑你,想想培根是如何顯露出來的,這個最聰明、最睿智、最卑賤的人,他被人們尊為近代實驗哲學之父。而另一位詩人對他給予了更高的評價,將其汙點歸咎於他不幸地選擇了錯誤的生活方式。

On the 7th of this month, 1626, died that great little man, Sir FRANCIS BACON; great in his prodigious genius, parts and learning; and little, in his servile compliances with a little court, and submissive flattery of a little prince. Pope characterises him thus, in one strong line; If Parts allure thee, think how BACON shin'd, The wisest, brightest, meanest of mankind. He is justly esteem'd the father of the modern experimental philosophy. And another poet treats him more favourably, ascribing his blemishes to a wrong unfortunate choice of his way of Life.

634

如果熱情肆虐，那就讓理智來勒緊韁繩。

If Passion drives, let Reason hold the Reins.

635

不輕信、不爭辯、不打賭、不放債，如此，你將一生太平。

Neither trust, nor contend, nor lay wagers, nor lend; And you'll have peace to your Lives end.

636

酒不能消愁，只可能澆灌愁悶，愁上加愁。

Drink does not drown Care, but waters it, and makes it grow faster.

637

對愛情挑剔的人，也將被愛情挑剔。

Who dainties love, shall Beggars prove.

638

西元 1564 年 5 月 27 日，著名的宗教改革家約翰・喀爾文於日內瓦去世。他和馬丁・路德一樣節制、冷靜，或許還更加勤勉。他每年演講 186 場，布道 286 場。此外，他還每年出版一本大部頭著作，加上常年不斷的事務，包括管理教會、回覆來自各宗教革新地以及牧師求疑解惑的信函等等。他幾乎不吃肉，睡得也很少，所有的時間都投注在積極有

效的行動中，儘管他 55 歲就逝世了，但他可以說是長壽的，因為睡覺和懶惰幾乎不能算是活著。

On the 27th anno 1564, died at Geneva that famous reformer, Mr. John Calvin, A man of equal temperance and sobriety with Luther, and perhaps yet greater industry. His lectures were yearly 186, his sermons yearly 286; he published besides every year some great volume in folio; to which add his constant employments, in governing the church, answering letters from all parts of the reformed world, from pastors, concerning doubts, or asking counsel, etc. He ate little meat, and slept but very little; and as his whole time was filled up with useful action, he may be said to have lived lon, tho' he died at 55 years of age; since sleep and sloth can hardly be called living.

639

再沒有比擁有健康善良更好的財富了。

A man has no more Goods than he gets Good by.

640

如果禍事只是單獨來訪，那歡迎光臨。

Welcome, Mischief, if thou comest alone.

641

不同的教派就像不同的鐘錶，或許都接近準確時間，但彼此總有分歧，互不承認。

Different Sects like different clocks, may be all near the matter, 'tho they don't quite agree.

642

西元 1215 年 6 月 15 日,約翰王簽署了《大憲章》,宣告並確立了英國的自由。

On the 15th of this month, anno 1215, was Magna Charta sign'd by King John, for declaring and establishing English Liberty.

643

給年輕人一個忠告:選定最優質的生活方式,習慣將使之愉悅無比。但很多人根本就沒有這麼做,他們沒有制定任何人生計畫,以實現有價值的目標,而永遠只是從一件事晃盪到另一件事。

It was wise counsel given to a young man, Pitch upon that course of life which is most excellent, and CUSTOM will make it the most delightful. But many pitch on no course of life at all, nor form any scheme of living, by which to attain any valuable end; but wander perpetually from one thing to another.

644

你還沒有確立自己的人生目標,

並為之努力奮鬥嗎?

你還沒有找到射箭的靶心嗎?

或是像個小孩追逐吃腐肉的烏鴉,

用彈丸和石子,從一棵樹追逐到另一棵樹,

徒勞無功,活得像個無所準備的臨時過客?

有病要及時醫,

因為當水腫病肆虐,並蔓延至全身時,

再哭喊著四處求醫就已經太晚了,

即使傾盡家產，

訪遍再多的醫生也換不回健康了。

可憐的人，你要了解自己內心的想法。

你為何要執迷於他人為你設定的人生，

以及人類崇高的道德目標？

認識你自己，你的社會地位或階層等，

英明的造物主都已為你安排好。

投入其中、心懷審慎地主導你的命運吧。

Hast thou not yet propos'd some certain end,

To which thy life, thy every act may tend?

Hast thou no mark at which to bend thy bow?

Or like a boy pursu'st the carrion crow

With pellets and with stones, from tree to tree,

A fruitless toil, and liv'st extempore?

Watch the disease in time: For when, within

The dropsy rages, and extends the skin,

In vain for helebore the patient cries,

And sees the doctor, but too late is wise:

Too late for cure, he proffers half his wealth;

Ten thousand doctors cannot give him health.

Learn, wretches, learn the motions of the mind,

Why you were mad, for what you were design'd,

And the great moral end of human kind.

Study thy self; what rank or what degree,

The wise creator has ordain'd for thee:

And all the offices of that estate,

Perform, and with thy prudence guide thy fate.

645

如果你的頭是蠟製的,就不要在太陽下走動。

If your head is wax, don't walk in the Sun.

646

貧窮本身並不可恥,以貧窮為恥才是真的羞恥。

Having been poor is no shame, but being ashamed of it, is.

647

力求比鄰居更好,是值得稱道的志向。

It is a laudable Ambition, that aims at being better than his Neighbours.

648

智者從敵人身上獲益,比傻瓜從朋友身上獲取的更多。

The wise Man draws more Advantage from his Enemies, than the Fool from his Friends.

649

據說,驕傲是好人最難擺脫的惡習。它變化多端,用各種扮相偽裝自己,甚至有時會戴上謙遜的面具。如果有些人以衣著整潔得體為傲,就會有另一些人對此不屑一顧,並總是表現得不修邊幅。

PRIDE is said to be the last vice the good man gets clear of. It is a meer Proteus, and disguises itself under all manner of appearances, putting on sometimes even the mask of humility. If some are proud of neatness and propriety of dress; others are equally so of despising it, and acting the perpetual sloven.

650

所有人都想活得長，但沒有人想變老。

All would live long, but none would be old.

651

批判驕傲，並不一定是謙遜的表現。

Declaiming against Pride, is not always a Sign of Humility.

652

忽視可以消減傷害，

而報復只會增加傷痛。

Neglect kills Injuries,

Revenge increases them.

653

10 個人裡有 9 個是自取滅亡的。

9 Men in 10 are suicides.

654

侮辱敵人，你比敵人更低劣；報復敵人，你也只是和他同屬一類；寬恕敵人，你將超越於他。

Doing an Injury puts you below your Enemy; Revenging one makes you but even with him; Forgiving it sets you above him.

655

大部分知識在實際使用中並沒有多大用處。

Most of the Learning in use, is of no great Use.

656

問心無愧，就會無所畏懼。

Keep Conscience clear, Then never fear.

657

盛怒之下的人如同騎了一匹瘋馬。

A Man in a Passion rides a mad Horse.

658

再見，讀者，願幸福伴隨你，新的一年變得更好、更富有。

Reader farewell, all Happiness attend thee; May each New-year, better and richer find thee.

659

西元 1642 年 12 月 25 日，偉大的艾薩克·牛頓爵士誕生。他是近代天文學家和哲學家中的巨擘。然而，和天使的學識相比，我們引以為豪的知識又算得了什麼？如果天使觀察我們的行為，熟悉我們的事務，我們所有掌握的科學知識在他們看來也只是比無知強那麼一點點的話，

那我們芸芸眾生中的博學者，也不足以引起他們的注意。偉大的哲學家中，偶爾也會冒出一個，比如亞里斯多德或牛頓，憑藉自身精妙的思辨，為天使帶來一點消遣，但這似乎也只是對天使高級娛樂的模仿。波普評價牛頓是卓越之人，當天使看到一個凡人揭示了宇宙萬物法則時，驚嘆於人類中還有如此睿智之人，即使如此，在天使眼裡，牛頓也只是一個模仿者。

On the 25th of this month, anno 1642, was born the great Sir ISAAC NEWTON, prince of the modern astronomers and philosophers. But what is all our little boasted knowledge, compar'd with that of the angels? If they see our actions, and are acquainted with our affairs, our whole body of science must appear to them as little better than ignorance; and the common herd of our learned men, scarce worth their notice. Now and then one of our very great philosophers, an Aristotle, or a Newton, may, perhaps, by his most refined speculations, afford them a little entertainment, as seems a mimicking of their own sublime amusements. Hence Pope says of the latter, Superior beings, when of late they saw A mortal man unfold all nature's law, Admir'd such wisdom in a human shape, And shew'd a Newton, as we shew an ape.

660

致富之道主要在於節儉。每個人賺錢的能力不等，但節儉這一美德人人都可擁有。

The Art of getting Riches consists very much in THRIFT. All Men are not equally qualified for getting Money, but it is in the Power of every one alike to practise this Virtue.

661

想領先他人，就必須先發制人。本應該上午完成的事情，卻拖到下午才做，這不僅是管理不善，而且也是性格懶惰的表現。

He that would be beforehand in the World, must be beforehand with his Business: It is not only ill Management, but discovers a slothful Disposition, to do that in the Afternoon, which should have been done in the Morning.

662

少年時學到的有用技能，將幫你在長大後獲得財富，其中，寫作和算術尤為重要。

Useful Attainments in your Minority will procure Riches in Maturity, of which Writing and Accounts are not the meanest.

663

不論是理論知識還是實踐知識，不論是用於一般管理還是綜合管理的知識，都是獲得財富和榮譽的來源。

Learning, whether Speculative or Practical, is, in Popular or Mixt Governments, the Natural Source of Wealth and Honour.

664

規則一：重大事情上，自己做主，不要過度信賴你的僕人或朋友。以私人之見，朋友可能誠實可靠，但僕人很少是真心誠意的。

PRECEPT Ⅰ. In Things of moment, on thy self depend, Nor trust too far thy Servant or thy Friend: With private Views, thy Friend may promise fair, And Servants very seldom prove sincere.

665

　　規則二：當日事當日就要仔細完成。拖延常會出意外，未來捉摸不定，命運如女人般變幻無常。

　　PRECEPT Ⅱ. What can be done, with Care perform to Day, Dangers unthought-of will attend Delay; Your distant Prospects all precarious are, And Fortune is as fickle as she's fair.

666

　　規則三：不要小看小得小失。鼠丘日夜堆積也能成高山，小錢長期累積終將成大錢，珍視每份小得失，也就無所浪費。

　　PRECEPT Ⅲ. Nor trivial Loss, nor trivial Gain despise; Molehills, if often heap'd, to Mountains rise: Weigh every small Expence, and nothing waste, Farthings long sav'd, amount to Pounds at last.

1750 年

667

　　不應該以家族為榮，而是應該讓家族以你為榮。

　　It is a Shame that your Family is an Honour to you! You ought to be an Honour to your Family.

668

　　有三樣東西堅硬難破：鋼鐵、鑽石以及自知之明。

　　There are three Things extremely hard, Steel, a Diamond and to know one's self.

669

飢餓是最好的開胃小菜。

Hunger is the best Pickle.

670

能控制自身情感的人,是自己的主人,反之則只能淪為情感的奴隸。

He is a Governor that governs his Passions, and he a Servant that serves them.

671

零讓其他數字更有意義,謙遜使其他美德更加突出。

A Cypher and Humility make the other Figures and Virtues of ten-fold Value.

672

要不是為了填飽肚子,背上可能都已披金戴銀了。

If it were not for the Belly, the Back might wear Gold.

673

若想挫敗敵人,先做好自己。

Wouldst thou confound thine Enemy, be good thy self.

674

驕傲像大聲叫嚷的乞丐,並且更加魯莽無禮。

Pride is as loud a Beggar as Want, and a great deal more saucy.

675

懊悔是種罪惡,此外一無是處。

Sorrow is good for nothing but Sin.

676

很多人以為自己在花錢買快樂，殊不知自己已委身其中，被快樂奴役。

Many a Man thinks he is buying Pleasure, when he is really selling himself a Slave to it.

677

做到既貧窮又誠實正直很難，但很光榮。就像空袋子幾乎不可能直立，但若能，必定是結實牢固的。

It is hard (but glorious) to be poor and honest: An empty Sack can hardly stand upright; but if it does, It is a stout one!

678

能承受住他人責難並努力改善的人，即使不聰明，也離聰明不遠了。

He that can bear a Reproof, and mend by it, if he is not wise, is in a fair way of being so.

679

聲音從公羊的一隻耳朵進，另一隻耳朵出。同樣，牧師的布道不會讓一些人克制自己，也不會讓另一些人改過自新。

Sound, and sound Doctrine, may pass through a Ram's Horn, and a Preacher, without straitening the one, or amending the other.

680

在指出我的汙點前，先把你自己的手洗乾淨。

Clean your Finger, before you point at my Spots.

681

打翻蘭姆酒，僅僅只是損失了酒；而貪飲蘭姆酒，不僅沒了酒，可能連自己也要賠進去。

He that spills the Rum, loses that only; He that drinks it, often loses both that and himself.

682

換個角度看，無知也可能轉化為虔誠。

That Ignorance makes devout, if right the Notion.

683

寫作是一個多麼絕妙的發明啊！透過寫作，人們可以不開口就能表達自己的思想。只需22個字母，就可以用5,852,616,738,497,664,000種排列組合方式，在極其有限的字母範圍內表達一切，和遠在千里之外的人對話，甚至與後人交流。遺憾的是，如此非凡的藝術品未能保留下其創造者的姓名與生平。

What an admirable Invention is Writing, by which a Man may communicate his Mind without opening his Mouth, and at 1,000 Leagues Distance, and even to future Ages, only by the Help of 22 Letters, which may be joined 5,852,616,738,497,664,000 Ways, and will express all Things in a very narrow Compass. It is a Pity this excellent Art has not preserved the Name and Memory of its Inventor.

684

事務越多，出錯越多，遭受的責難也越多。

Those that have much Business must have much Pardon.

685

換床治不好發燒,換工作也改善不了不滿的心境。

Discontented Minds, and Fevers of the Body are not to be cured by changing Beds or Businesses.

686

細鑿慢敲,大橡樹也能砍倒。

Little Strokes, Fell great Oaks.

687

你可能比某個人更聰明,但不可能比所有人都聰明。

You may be too cunning for One, but not for All.

688

沒有受過教育的天才就像埋在礦山裡的銀子。

Genius without Education is like Silver in the Mine.

689

很多人靠著自己那點小聰明為生,但終會因消耗殆盡而潦倒。

Many would live by their Wits, but break for want of Stock.

690

貧窮但光明磊落,死去時也不會有麻煩事端。

Poor Plain dealing! Dead without Issue!

691

你能容忍自己的缺點,為何就不能容忍妻子的呢?

You can bear your own Faults, and why not a Fault in your wife.

692

雖說謙遜是一種美德,但扭捏作態卻是一種缺點。

Tho' Modesty is a Virtue, Bashfulness is a Vice.

693

不要掩藏自己的才華,應盡其用。否則,就像放在樹蔭下的日晷,形同虛設。

Hide not your Talents, they for Use were made. What's a Sun-Dial in the Shade!

694

如果你不知道事物的本質,只知道其名字又有什麼意義呢?

What signifies knowing the Names, if you know not the Natures of Things.

695

提姆很有學問,可以用九種語言說「馬」,但他又很愚蠢,買頭乳牛當馬騎。

Tim was so learned, that he could name a Horse in nine Languages; So ignorant, that he bought a cow to ride on.

696

黃金時代永遠不是現在這個時代。

The Golden Age never was the present Age.

697

玻璃、瓷器和名譽,易碎但永遠修補不好。

Glass, china, and reputation, are easily crack'd, and never well mended.

1751 年

698

年輕人魯莽自信,年長者謙遜多慮。就像玉米穗,未成熟時筆直挺立,但成熟結穗後,便低下了頭。

Youth is pert and positive, Age modest and doubting: So Ears of Corn when young and light, stand bolt upright, but hang their Heads when weighty, full, and ripe.

699

請不要為了烤你的雞蛋而燒掉我的房子。

Pray don't burn my House to roast your Eggs.

700

有些事值得去論證,比如朋友的價值,以及敵人的優點。

Some Worth it argues, a Friend's Worth to know; Virtue to own the Virtue of a Foe.

701

得意時露惡癖,逆境中顯德行。

Prosperity discovers Vice, Adversity Virtue.

702

很多人財富地位越來越高時,品行卻越來越壞。

Many a Man would have been worse, if his Estate had been better.

703

我們可以給出建議,但是不能越俎代庖。

We may give Advice, but we cannot give Conduct.

704

知道自己褲子臭的人,對他人每個皺鼻的動作都耿耿於懷。

He that is conscious of a Stink in his Breeches, is jealous of every Wrinkle in another's Nose.

705

相思病和牙痛有很多治療方法,但沒有一個能根治,除非擁有和剝奪。

Love and Tooth-ach have many Cures, but none infallible, except Possession and Dispossession.

706

抑制最初的慾望容易,滿足隨之而來的諸多慾望難。

It is easier to suppress the first Desire, than to satisfy all that follow it.

707

不要根據人們禮拜日的表現,來判斷其是否有錢或虔誠。

Don't judge of Mens Wealth or Piety, by their Sunday Appearances.

708

拜訪朋友可增進友誼,但不要頻繁拜訪。

Friendship increases by visiting Friends, but by visiting seldom.

709

假如財富是屬於你的，那你為何不把它帶去另一個世界呢？

If your Riches are yours, why don't you take them with you to the other World?

710

什麼比黃金更寶貴？鑽石。什麼又比鑽石更寶貴？美德。

What more valuable than Gold? Diamonds. Than Diamonds? Virtue.

711

今天是昨天的學生。

Today is Yesterday's Pupil.

712

如果財富無法使我免於死亡，那麼它們也不應阻礙我獲得永生。

If worldly Goods cannot save me from Death, they ought not to hinder me of eternal life.

713

向朋友坦白自己的缺點，是對朋友極大的信任，而當面指出朋友的缺點，則是對他更大的信任。

It is great Confidence in a Friend to tell him your Faults, greater to tell him his.

714

詆毀反對宗教信仰好比放出一隻老虎，被釋放的野獸很可能反噬自己的拯救者。

Talking against Religion is unchaining a Tyger; The Beast let loose may worry his Deliverer.

715

因貪婪而處心積慮斂聚來的財物，常被野心愚蠢地揮霍掉。

Ambition often spends foolishly what Avarice had wickedly collected.

716

大資產可冒更多險，而小船必須靠岸行。

Great Estates may venture more; Little Boats must keep near Shore.

717

美食家難遇美食。

Nice Eaters seldom meet with a good Dinner.

718

不監督工人做事，相當於把你敞開的錢包留給他們。

Not to oversee Workmen, is to leave them your Purse open.

719

聰明勇敢的人勇於承認自己的錯誤。

The wise and Brave dares own that he was wrong.

720

投機取巧源於能力不足。

Cunning proceeds from Want of Capacity.

721

高傲自負的人厭惡其他人的高傲。

The Proud hate Pride-in others.

722

誰能最準確地判斷一個人,他的敵人還是他自己?

Who judges best of a Man, his Enemies or himself?

723

醉酒是最糟糕的惡習,它使一些人變成傻瓜,一些人變成畜生,一些人變成魔鬼。

Drunkenness, that worst of Evils, make some Men Fools, some Beasts, some Devils.

724

若沒有虔誠之心,節日不能稱之為節日。

Tis not a Holiday that's not kept holy.

1752 年

725

人類是非常奇怪的生物:一些人自責自己所做的事情,另一些人做著自己所譴責的事情,剩下的人總是做嘴上工夫,並不動手做。

Mankind are very odd Creatures: One Half censure what they practise, the other half practice what they censure; the rest always say and do as they ought.

726

國王統治的疆域很廣闊,但厄運統轄的範圍更廣,沒有人能逃脫它的掌心。

Kings have long Arms, but Misfortune longer: Let none think themselves out of her Reach.

727

馬掌沒有釘子就形同虛設，馬兒沒有馬掌就無法肆意馳騁，騎士沒有馬兒就毫無用武之地。

For want of a Nail the Shoe is lost; for want of a shoe, the Horse is lost; for want of a Horse the Rider is lost.

728

忙人很少有閒客來訪；蒼蠅從不接近沸水鍋。

The busy Man has few idle Visitors; to the boiling Pot the Flies come not.

729

災禍和成功是檢驗正直的試金石。

Calamity and Prosperity are the Touchstones of Integrity.

730

揮霍比貪婪更無道義。

The Prodigal generally does more Injustice than the Covetous.

731

慷慨之心都是相似的。

Generous Minds are all of kin.

732

和受到傷害還以報復相比，給予寬恕更為高尚，予以蔑視更顯氣魄。

It is more noble to forgive, and more manly to despise, than to revenge an Injury.

733

親兄弟不一定是好朋友,但好朋友往往親如兄弟。

A Brother may not be a Friend, but a Friend will always be a Brother.

734

卑鄙滋生傲慢。

Meanness is the Parent of Insolence.

735

嚴苛往往意味著仁慈,反之亦然。

Severity is often Clemency; Clemency Severity.

736

若有兩次對他人有求必應,那麼他人很快又會有求於你。

He gives twice that gives soon; he will soon be called upon to give again.

737

容忍力強的人,將承受得更多。

A Temper to bear much, will have much to bear.

738

驕傲的人,早上虛榮浮華,晚上遭受恥辱。

Pride dines upon Vanity, sups on Contempt.

739

真正的美德和驕傲都是靦腆緘默的,它們不事張揚。

Great Merit is coy, as well as great Pride.

740

不孝順的女兒，也將是個不賢慧的妻子。

An undutiful Daughter, will prove an unmanageable Wife.

741

大人和小孩一樣也有自己的玩具，只是價格不同而已。

Old Boys have their Playthings as well as young Ones; the Difference is only in the Price.

742

濫好人永遠不會體貼自己。

The too obliging Temper is evermore disobliging itself.

743

在飯前商討正事，因為吃飽後就懶得思考和行動了。

Hold your Council before Dinner; the full Belly hates Thinking as well as Acting.

744

勇士和智者都心懷憐憫和寬容，而懦夫和傻瓜則毫不仁慈。

The Brave and the Wise can both pity and excuse; when Cowards and Fools shew no Mercy.

745

客套不是禮貌，禮貌也不是客套。

Ceremony is not Civility; nor Civility Ceremony.

746

若想實現一半的理想，就要付出加倍的努力。

If Man could have Half his Wishes, he would double his Troubles.

747

工匠的工具若出問題，後果會很嚴重，而醫生的工具更不能出半點差錯。

It is ill Jesting with the Joiner's Tools, worse with the Doctor's.

748

孩子和王子往往因為一些小事而爭吵。

Children and Princes will quarrel for Trifles.

749

讚美不值得讚美的人，是非常卑劣可恥的行為。

Praise to the undeserving, is severe Satyr.

750

成功毀掉了許多人。

Success has ruin'd many a Man.

751

驕傲自大和卑鄙無恥是盟友，它們親密無間難分你我。

Great Pride and Meanness sure are near ally'd; Or thin Partitions do their Bounds divide.

附錄　格言

1753 年

752

失意時，沒有人了解你；得意時，你不了解你自己。

When out of Favour, none know thee; when in, thou dost not know thyself.

753

支付利息違背了一些人的原則，但支付本金似乎又違背了另一些人的利益。

It is against some Mens Principle to pay Interest, and seems against others Interest to pay the Principal.

754

哲學家和紈褲子弟一樣，經常改變潮流風尚。

Philosophy as well as Foppery often changes Fashion.

755

樹立太過完美的榜樣是對先賢聖人的中傷詆毀，難以原諒。

Setting too good an Example is a Kind of Slander seldom forgiven; 'Tis Scandalum Magnatum.

756

說大話的人可能不傻，但相信他的人肯定是傻瓜。

A great Talker may be no Fool, but he is one that relies on him.

757

如果不聽從理智的勸誡，你將會挨耳光。

When Reason preaches, if you won't hear her she'll box your Ears.

758

閒暇時間也應好好利用。

It is not Leisure that is not used.

759

若無切實有效的行為,管理者的美好願景也將落空。

The Good-will of the Governed will be starv'd, if not fed by the good Deeds of the Governors.

760

對於畫作和打架,最好都離遠點看。

Paintings and Fightings are best seen at a distance.

761

若想獲得讚賞,你必須說得體的話,做有益的事。

If you would reap Praise you must sow the Seeds, Gentle Words and useful Deeds.

762

無知使人拉幫結派,羞愧又讓其難以脫身。

Ignorance leads Men into a Party, and Shame keeps them from getting out again.

763

倉促草率造成浪費。

Haste makes Waste.

764

很多人為宗教信仰辯護,但從未踐行過自己的信仰。

Many have quarrel'd about Religion, that never practis'd it.

765

突如其來的權勢易使人傲慢,從天而降的自由往往讓人莽撞,最好的做法是一點一點增加。

Sudden Power is apt to be insolent, Sudden Liberty saucy; that behaves best which has grown gradually.

766

越了解這個世界,就越不喜歡這個世界。

He that best understands the World, least likes it.

767

憤怒總有自己的理由,但很少有正當理由。

Anger is never without a Reason, but seldom with a good One.

768

認為金錢是萬能的人,很可能為了金錢不擇手段。

He that is of Opinion Money will do every Thing, may well be suspected of doing every Thing for Money.

769

傷口可以癒合,但壞名聲卻難以消除。

An ill Wound, but not an ill Name, may be healed.

770

獎勵即使微薄,也勝過一大堆溢美之詞。

A lean Award is better than a fat Judgment.

771

上帝、父母和教師的恩情,永遠報答不完。

God, Parents, and Instructors, can never be requited.

772

未權衡得失就開始行動是愚蠢的;權衡後再行動,往往又會發現自己未考慮周全。

He that builds before he counts the Cost, acts foolishly; and he that counts before he builds, finds he did not count wisely.

773

做買賣要有耐心,這樣才會賺錢。

Patience in Market, is worth Pounds in a Year.

774

危險是祈禱者的調味品。

Danger is Sauce for prayers.

775

如果罐子裡沒有蜜,就讓嘴裡先有蜜。

If you have no Honey in your Pot, have some in your Mouth.

776

一雙善於傾聽的耳朵,勝過一百張嘴巴。

A pair of good Ears will drain dry an hundred Tongues.

777

侍奉上帝要與人為善，但祈禱被認為是更簡單的行為，因此更多人選擇祈禱。

Serving God is Doing Good to Man, but Praying is thought an easier Service, and therefore more generally chosen.

778

野心向上攀升時，是最為謙卑的。

Nothing humbler than Ambition, when it is about to climb.

779

不知足的人很難找到舒適的椅子。

The discontented Man finds no easy Chair.

780

美德和一技之長是給孩子最好的財產。

Virtue and a Trade, are a Child's best Portion.

781

最受期待的禮物是自己買來的，而不是他人給予的。

Gifts much expected, are paid, not given.

1754 年

782

你可能犯大錯，因為你認為自己永遠正確。

You may sometimes be much in the wrong, in owning your being in the right.

783

自以為是是最為愚蠢的,其次是故作聰明,再次是輕視忠告。

The first Degree of Folly, is to conceit one's self wise; the second to profess it; the third to despise Counsel.

784

留意甜酒裡的醋,當心性情溫和者的怒火。

Take heed of the Vinegar of sweet Wine, and the Anger of Good-nature.

785

鐘聲召喚人們去教堂,但它自己卻從不做彌撒。

The Bell calls others to Church, but itself never minds the Sermon.

786

剪掉母雞的翅膀,牠走路就會很費力;剪掉希望的翅膀,前進的腳步就會蹣跚。

Cut the Wings of your Hens and Hopes, lest they lead you a weary Dance after them.

787

在河裡,最輕的東西浮在上面;在糟糕的政權中,最膚淺的人擁有至高權力。

In Rivers and bad Governments, the lightest Things swim at top.

788

戴著手套的貓逮不到老鼠。

The Cat in Gloves catches no Mice.

789

如果你想知道金錢的價值,向別人借借看就清楚了。

If you'd know the Value of Money, go and borrow some.

790

馬想的是一回事,但騎手想的卻是另一回事。

The Horse thinks one thing, and he that saddles him another.

791

愛你的鄰居,但不要拆除你的籬笆。

Love your Neighbour; yet don't pull down your Hedge.

792

有些人譴責在教堂戴帽子的行為,卻對偷取聖壇之物的行為無動於衷。

Some make Conscience of wearing a Hat in the Church, who make none of robbing the Altar.

793

在世事紛擾中,人們得以救贖,不是靠信仰,而是靠對信仰的渴望。

In the Affairs of this World Men are saved, not by Faith, but by the Want of it.

794

友誼裡不能有虛偽客套,但又不能沒有禮貌。

Friendship cannot live with Ceremony, nor without Civility.

795

少一些讚美,更要少一些指責。

Praise little, dispraise less.

796

有學問的傻瓜比沒學問的傻瓜更會用華麗辭藻粉飾自己的胡言亂語，但終究還是一派胡言。

The learned Fool writes his Nonsense in better Language than the unlearned; but still tis Nonsense.

797

在小孩眼裡，20 先令和 20 年的時光怎麼用都用不完。

A Child thinks 20 Shillings and 20 Years can scarce ever be spent.

798

別自以為聰明，而不把其他人放在眼裡。一個精明人敵不過更多的精明人。

Don't think so much of your own Cunning, as to forget other Mens: A cunning Man is overmatch'd by a cunning Man and a Half.

799

柳枝雖柔軟，但能捆住柴把。

Willows are weak, but they bind the Faggot.

800

你或許能給他人一官半職，但你無法給他謹慎的個性。

You may give a Man an Office, but you cannot give him Discretion.

801

做了不該做的事，必將產生不願有的感受。

He that doth what he should not, shall feel what he would not.

802

和傻瓜交朋友,如同睡在剃刀上。

To be intimate with a foolish Friend, is like going to bed to a Razor.

803

小混混易變成大無賴。

Little Rogues easily become great Ones.

804

朋友是君王真正的權杖。

Friends are the true Sceptres of Princes.

805

缺少智慧,就缺少一切。

Where Sense is wanting, everything is wanting.

806

很多君王都和大衛王一樣犯有過失,但少有人像他一樣懺悔。

Many Princes sin with David, but few repent with him.

807

不曾遭遇厄運的人也將被好運所困。

He that hath no ill Fortune will be troubled with good.

808

盡你所能儲蓄金錢,以備年老和急需時所用。早晨的太陽不可能照射一整天。

For Age and Want save while you may; No Morning Sun lasts a whole Day.

809

學問為勤奮刻苦者所獲；財富為仔細謹慎者所得；權勢為大膽英勇者所握；天堂為正直善良者所屬。

Learning to the Studious; Riches to the Careful; Power to the Bold; Heaven to the Virtuous.

810

聖誕快樂，為窮人帶去歡樂，感謝上帝，讓這一年圓滿結束。

Now glad the Poor with Christmas Cheer; Thank God you're able so to end the Year.

1755 年

811

少說多做。

Speak little, do much.

812

劇烈運動前，應當少吃。

He that would travel much, should eat little.

813

美酒入肚，真話出口。

When the Wine enters, out goes the Truth.

814

如果你想被愛，就先愛人並成為可愛之人。

If you would be loved, love and be loveable.

815

索取與擁有，有時須付出昂貴的代價。

Ask and have, is sometimes dear buying.

816

輕率倉促的母狗會生下失明的小狗。

The hasty Bitch brings forth blind Puppies.

817

挨餓的地方，法律不會得到重視；

法律不被重視的地方，終將挨餓。

Where there is Hunger, Law is not regarded;

and where Law is not regarded, there will be Hunger.

818

兩根乾樹枝就能燒毀一片綠洲。

Two dry Sticks will burn a green One.

819

誠實者經歷艱辛，然後享受歡樂；奸詐者縱情享樂，隨後便遭受苦痛。

The honest Man takes Pains, and then enjoys Pleasures; the Knave takes Pleasure, and then suffers Pains.

820

思考三件事：你從哪裡來，要到哪裡去，你必須對誰負責。

Think of three Things, whence you came, where you are going, and to whom you must account.

821

需求面前無法律。為什麼?因為沒有金錢,它們什麼都不是。

Necessity has no Law; Why? Because 'Tis not to be had without Money.

822

劣質鋼鐵造不出優質刀具。

There was never a good Knife made of bad Steel.

823

狼每年換一次毛,但秉性卻從來未改。

The Wolf sheds his Coat once a Year, his Disposition never.

824

誰是智者?向每個人學習的人。

誰是強者?能控制自身情感的人。

誰是富人?懂得知足的人。

誰是這樣的人?沒有人。

Who is wise? He that learns from every One.

Who is powerful? He that governs his Passions.

Who is rich? He that is content.

Who is that? Nobody.

825

肚飽生萬惡。

A full Belly brings forth every Evil.

826

一天很短暫，工作量艱鉅，工人懈怠而薪資又高，雇主不斷催促：趕緊做事！

The Day is short, the Work great, the Workmen lazy, the Wages high, the Master urgeth; Up, then, and be doing.

827

智慧之門永遠是敞開的。

The Doors of Wisdom are never shut.

828

草藥有很多功效，而人類甚少美德。

Much Virtue in Herbs, little in Men.

830

品嘗蜂蜜時，也別忘了膽汁。

When you taste Honey, remember Gall.

831

無知並不可恥，不願學習才是真正的恥辱。

Being ignorant is not so much a Shame, as being unwilling to learn.

832

上帝垂青勤勉者。

God gives all Things to Industry.

833

　　一百個小偷也偷竊不了一個赤身裸體之人，尤其這個人連臉皮都沒有的話。

An hundred Thieves cannot strip one naked Man, especially if his Skin's off.

834

　　勤奮能克服困難，懶惰則製造困難。

Diligence overcomes Difficulties, Sloth makes them.

835

　　不改正小錯，終將釀成大禍。

Neglect mending a small Fault, and 'twill soon be a great One.

836

　　不義之財實際上是一種損失。

Bad Gains are truly Losses.

837

　　活得長並不一定活得好，活得好，多長都足矣。

A long life may not be good enough, but a good Life is long enough.

838

　　與惡習抗爭，與鄰居和睦相處，讓自己一年比一年更好。

Be at War with your Vices, at Peace with your Neighbours, and let every New-Year find you a better Man.

1756 年

839

熱愛你的敵人,因為是他們讓你看清自己的缺點。

Love your Enemies, for they tell you your Faults.

840

對智者來說,命運沉浮如同月亮陰晴圓缺,並沒有多大影響。

A Change of Fortune hurts a wise Man no more than a Change of the Moon.

841

傷害、不法行為和戰爭使人不快,但想想上帝在上,便會寬心許多。

Does Mischief, Misconduct, and Warrings displease ye; Think there's a Providence, 'twill make ye easy.

842

我的,好過我們的。

Mine is better than Ours.

843

有了手藝,就有了名利。

He that has a Trade, has an Office of Profit and Honour.

844

禮待所有人,幫助很多人,和少許人熟絡,交一個摯友,不與任何人樹敵。

Be civil to all; serviceable to many; familiar with few; Friend to one; Enemy to none.

845

驕傲之花徒自盛開,卻從不結果。

Vain-Glory flowereth, but beareth no Fruit.

846

法律太溫和就無人服從,太嚴苛就難以執行。

Laws too gentle are seldom obeyed; too severe, seldom executed.

847

煩惱源自懶惰,勞苦源自安逸。

Trouble springs from Idleness; Toil from Ease.

848

愛人,然後才能被愛。

Love, and be loved.

849

智者懂得知足,他只是獲得應得的,適度地使用,快樂地分享,滿足地離去。

A wise Man will desire no more, than what he may get justly, use soberly, distribute chearfully, and leave contentedly.

850

假朋友和影子一樣,只在陽光照耀的時候才會出現。

A false Friend and a Shadow, attend only while the Sun shines.

851

明天要改正所有的錯誤,但這個明天遲遲未來。

Tomorrow, every Fault is to be amended; but that Tomorrow never comes.

附錄　格言

852

在懶漢睡覺時辛勤耕種吧,這樣你將收穫糧食,用以銷售和貯藏。

Plough deep, while Sluggards sleep; And you shall have Corn, to sell and to keep.

853

懶惰走得太慢,貧困很快就追了上來。

Laziness travels so slowly, that Poverty soon overtakes him.

854

朋友之間做生意,要白紙黑字寫清楚協議,這樣友情才會長久。

When a Friend deals with a Friend Let the Bargain be clear and well penn'd, That they may continue Friends to the End.

855

吃得不多的人,永遠不會懶惰。

He that never eats too much, will never be lazy.

856

以學識為傲,猶如被亮光弄花了眼;以美德為榮,如同用解藥毒害自己。

To be proud of Knowledge, is to be blind with Light; to be proud of Virtue, is to poison yourself with the Antidote.

857

盡你所能去爭取,掌握你所獲得的,這是點石成金的訣竅。

Get what you can, and what you get, hold; It is the Stone that will turn all your Lead into Gold.

858

正直的人不會接受不應得的錢財和讚美。

An honest Man will receive neither Money nor Praise, that is not his Due.

1757 年

859

很多人的舌頭都會出賣自己的想法。

Many a Man's own Tongue gives Evidence against his Understanding.

860

想攀升至高位的人,必先忍辱負重。

He that would rise at Court, must begin by Creeping.

861

沒有什麼比眼淚乾得更快。

Nothing dries sooner than a Tear.

862

建兩個煙囪容易,但讓一個煙囪一直生著火則有些難。

It's easier to build two Chimneys, than maintain one in Fuel.

863

讓傻瓜閉嘴是無禮的,而放任他喋喋不休又太殘忍。

It is Ill-Manners to silence a Fool, and Cruelty to let him go on.

附錄　格言

864

紅衣、絲綢和天鵝絨，可以討廚房裡老婆的歡心。

Scarlet, Silk and Velvet, have put out the Kitchen Fire.

865

想釣到魚，必須捨得投魚餌。

He that would catch Fish, must venture his Bait.

866

掩飾錯誤比改正錯誤更勞心費神。

Men take more pains to mask than mend.

867

一個今天勝過兩個明天。

One Today is worth two Tomorrows.

868

個人的力量是極其有限的，所以單憑一己之力做不成大事，需要藉助他人的力量，合力完成。個人必須先獲得他人的信任，才能得到他人熱情主動的幫助。而人們總是要感受到他人對自己的真誠，才會去信任對方，所以偽君子一旦露餡，就將一事無成。一個人若得不到他人的信任，也就無法獲得他人的幫助，只得孤軍奮戰。即使有所成績，也是可鄙的。

Since Man is but of a very limited Power in his own Person, and consequently can effect no great Matter merely by his own personal Strength, but as he acts in Society and Conjunction with others; and since no Man can engage the active Assistance of others, without first engaging their Trust; And moreover, since Men will trust no further than they judge one, for his Sincerity, fit to be trusted; it follows, that a discovered Dissembler can achieve nothing great or considerable. For not being able to gain Mens Trust, he cannot gain their Concurrence; and so is left alone to act singly and upon his own Bottom; and while that is the Sphere of his Activity, that entire he Call do must needs be contemptible.

869

真誠有著無法抗拒的吸引力，

她常能讓凶猛的敵人放下武器，

她純潔自然，毫不粉飾，

她思想純潔，直接坦蕩，

她極力減少自己的缺點和錯誤，

沒有她，其他美德都黯然失色，

善良的光明之源，請屈尊助我一臂之力，

時刻審視我的內心和言行。

Sincerity has such resistless Charms,

She oft the fiercest of our Foes disarms:

No Art she knows, in native Whiteness dress'd,

Her Thoughts all pure, and therefore all express'd:

She takes from Error its Deformity;

And without her all other Virtues die.

Bright Source of Goodness! to my Aid descend,

Watch o'er my Heart, and all my Words attend.

870

想安全,就要時刻保持警惕。

The way to be safe, is never to be secure.

871

不要調戲別人的女人,也不要亂碰別人的錢財。

Dally not with other Folks Women or Money.

872

像能活100歲那樣努力工作,像明天就要死去一樣虔誠祈禱。

Work as if you were to live 100 Years, Pray as if you were to die Tomorrow.

873

　　冒著失去一個朋友的風險來開玩笑,是非常愚蠢的行為。然而很少有人意識到,朋友很容易因為一個玩笑而反目成仇。有些人認為朋友了解包容自己,因而無所顧忌地尋朋友開心,開不敢與他人開的玩笑,殊不知,這會對朋友造成極大的傷害。即使再親密的朋友,也無法保證能肆無忌憚地開玩笑,除非你肯定朋友這麼做絲毫不會傷害到你,否則,認為朋友之間能隨便開玩笑實在是愚蠢荒謬的。

It is generally agreed to be Folly, to hazard the loss of a Friend, rather than lose a Jest. But few consider how easily a Friend may be thus lost. Depending on the known Regard their Friends have for the, Jesters take more Freedom with Friends than they would dare to do with others, little thinking how much deeper we are wounded by an Affront from one we love. Bat the strictest Intimacy can never warrant Freedoms of this Sort; and it is indeed preposterous to think they should; unless we can suppose Injuries are less Evils when they are done us by Friends, than when they come from other Hands.

874

聰明過度就容易心生欺詐，

玩笑不是總能被微笑化解，

人們掩飾內心的怨恨，

表面看上去泰然自若，然而內心卻痛苦不堪。

我們誤以為所有這些傷痛都會自然痊癒，

唉！結果卻越來越糟糕。

就像傷口還未癒合又被抓破，痛上加痛，

漸漸發炎、潰爛。

Excess of Wit may oftentimes beguile:

Jests are not always pardon'd by a Smile.

Men may disguise their Malice at the Heart,

And seem at Ease —— tho' pain'd with inward Smart.

Mistaken, we —— think all such Wounds of course.

Reflection cures; —— alas! It makes them worse.

Like Scratches they with double Anguish seize,

Rankle in time, and fester by Degrees.

875

挖苦嘲笑他人的外貌或行為，雖然讓人難以承受，但總強過嘲笑他人的信仰。不管是出於道德良知，還是自身主觀判斷，人們都對自己的信仰充滿熱情並深信不疑。樸實正直的平民百姓重視拯救靈魂，無法忍受他人嘲笑自己的信仰。還有些人對宗教的信仰更多來自思辨，而不是心靈，但他們對宗教的熱愛，絲毫不亞於真正的宗教狂熱者。輕視嘲笑

他人的信仰，就像在貶低他人的智力，自然會招致他人的厭惡憎恨，稍有常識的人都不會冒此風險，更不用說那些一心與人為善、有教養的人了。

  But sarcastical Jests on a Man's Person or his Manners, tho hard to bear, are perhaps more easily borne than those that touch his Religion. Men are generally warm in what regards their religious Tenets, either from Tenderness of Conscience, or a high Sense of their own Judgements. People of plain Parts and honest Dispositions, look Off Salvation as too serious a Thing to be jested with; and Men of speculative Religion, who profess from the Conviction rather of their Heads than Hearts. are not a bit less vehement than the real Devotees. He who says a slight or a severe Thing of their Faith, seems to them to have there by undervalued their Understandings, and will consequently incur their Aversion, which no Man of common Sense would hazard for a lively Expression; much less a Persor of good Breeding, who should make it his chief Aim to be well with all.

876

宗教像出身高貴而莊重的婦女，

美麗而讓人敬畏。

正義感教導我們要尊重女性，

不要用魯莽的玩笑玷汙她的聲譽。

生活中應謹記這一真理，

只有傻瓜才會樂此不疲地嘲弄他人。

同樣，不要以為謹慎是無用的，

懂禮節的人無須褻瀆神靈。

Like some grave Matron of a noble Line,

With awful Beauty does Religion shine.

Just Sense should teach us to revere the Dame,

Nor, by imprudent Jests, to spot her Fame.

In common Life you'll own this Reas'ning right,

That none but Fools in gross Abuse delight:

Then use it here —— nor think the Caution vain,

To be polite, Men need not be profane.

877

驕傲之人，享用豐盛的早餐，吃下寒酸的午餐，嚥下苦澀的晚餐。

Pride breakfasted with Plenty, dined with Poverty, supped with Infamy.

878

隱居不一定就能修身養德，鬧市裡也有很多正直的人，深山裡亦會有惡人。

Retirement does not always secure Virtue; Lot was upright in the City, wicked in the Mountain.

879

懶惰猶如死海，吞沒所有美德。積極努力地工作，就會免受外在誘惑。呆坐著的鳥很容易被射殺。

Idleness is the Dead Sea, that swallows all Virtues; Be active in Business, that Temptation may miss her Aim; The Bird that sits, is easily shot.

880

在學習法律、物理以及其他藝術或科學的過程中，你可能剛開始會感覺困難、厭煩，但只要勤奮、忍耐並堅持，這種厭倦感就會逐漸消退，你的付出終將使你收穫成功，你將超越那些粗心、懶惰、淺嘗輒止的對手，成為自己專業領域的佼佼者。

In studying Law or Physic, or any other Art or Science, by which you propose to get your Livelihood, though you find it at first hard, difficult and unpleasing, use Diligence, Patience and Perseverance; The Irksomness of your Task will thus diminish daily, and your Labour shall finally be crowned with Success. You shall go beyond all your Competitors who are careless, idle or superficial in their Acquisitions, and be at the Head of your Profession.

881

在西班牙廣闊的海岸附近，

一些島嶼戰勝了狂暴凶猛的大海。

聲音悅耳的詩人說，那裡自古就有人居住，

他們都是驍勇善戰的投石手，所有戰利品盡收囊中。

在他們童年時期，脆弱的身心就要承受考驗，

不憑藉自身本領爭取，就吃不到東西。

靶子是固定的，但少年很難投中，

飛石總是偏離靶心。

經過長期練習，最終熟能生巧。

之前難以完成的任務，現在已得心應手。

他們手臂敏捷，投擲出的飛石百發百中，

高空中飛翔的獵物也無一倖免。

每個人的技能都逐漸精進，

數月的艱辛，換來長久的技能。

Near to the wide extended Coasts of Spain,

Some Islands triumph o'er the raging Main;

Where dwelt of old, as tuneful Poets say,

Slingers, who bore from all the Prize away.

While Infants yet, their feeble Nerves they try'd;

Nor needful Food, till won by Art, supply'd.

Fix'd was the Mark, the Youngster oft in vain,

Whirl'd the misguided Stone with fruitless Pain:

'Till, by long Practice, to Perfection brought,

With easy Sleight their former Task they wrought.

Swift from their Arm th' unerring Pebble flew,

And high in Air, the flutt'ring Victim slew.

 So in each Art Men rise but by Degrees,

And Months of Labour lead to Years of Ease.

882

馴犬看似溫順，但咬起人來卻很凶猛。

Tho' the Mastiff be gentle, yet bite him not by the Lip.

883

樂善好施並不會讓自己變窮。

Great-Alms-giving, lessens no Man's Living.

884

皇冠也治不好頭痛。

The royal Crown cures not the Headache.

885

為人正直,不懼誹謗中傷。汙垢會黏住髒牆壁,但髒不了光亮平滑的大理石。

Act uprightly, and despise Calumny; Dirt may stick to a Mud Wall, but not to polish'd Marble.

886

欠債人是債主的奴隸,擔保人是兩者的奴隸。

The Borrower is a Slave to the Lender; the Security to both.

887

一意孤行往往會毀掉很多人,多聽取大眾意見才是明智的。

Singularity in the right, hath ruined many; Happy those who are convinced of the general Opinion.

888

布施行善要與自身財力成比例,否則上帝會因你行善太少而削弱你的財力。

Proportion your Charity to the Strength of your Estate, or God will proportion your Estate to the Weakness of your Charity.

889

舌頭一惹禍,耳朵就得挨巴掌。

The Tongue offends, and the Ears get the Cuffing.

890

古代哲學家曾說，幸福更多取決於內心感受，而不是外部環境。任何時候都感覺不到快樂的人，永遠都不會幸福。哲學家告訴我們，想要獲得幸福，必須懂得知足。的確如此。但他們沒有告訴我們如何學會知足。窮理查在此提供一個經驗之談：要想知足，往後看看不如自己的人，別總盯著比自己好的人。如果這樣還不知足，那你活該不幸福。

Some ancient Philosophers have said that Happiness depends more on the inward Disposition of Mind than on outward Circumstances; and that he who cannot be happy in any State, can be so in no State. To be happy, they tell us we must be content. Right. But they do not teach how we may become content. Poor Richard shall give you a short good Rule for that. To be content, look backward on those who possess less than you, not forward on those who possess more. If this does not make you content, you don't deserve to be happy.

891

當其他罪惡隨著時間衰老時，貪婪卻正直壯年。

When other Sins grow old by Time, Then Avarice is in its prime.

892

學習是人生中一項很重要的事情，但信仰更為重要，因為它能讓我們今生和來世都獲得幸福。在審判日，我們不會被問及精通哪些語言和哲學知識，而是會問我們活著時是否正直虔誠，是否理智行事，是否遵守宗教教義。那個時候，我們曾出於惻隱之心用麵糠餵食螞蟻的行為，比我們能叫出所有日月星辰的名字更有說服力。因為審判日時，所有星座都會消失，日月不再有光，整個大自然都將毀於一旦，但我們的善舉

或惡行都將永存，記錄在來世的檔案中。

Learning is a valuable Thing in the Affairs of this Life, but of infinitely more Importance is Godliness, as it tends not only to make us happy here but hereafter. At the Day of Judgment, we shall not be asked, what Proficiency we have made in Languages of Philosophy; but whether we have liv'd virtuously and piously, as Men endued with Reason, guided by the Dictates of Religion. In that Hour it will more avail us, that we have thrown a Handful of Flour or Chaff in Charity to a Nest of contemptible Pismires, than that we could muster all the Hosts of Heaven, and call every Star by its proper Name. For then the Constellations themselves shall disappear, the Sun and Moon shall give no more Light, and all the Frame of Nature shall vanish. But our good or bad Works shall remain for ever, recorded in the Archives of Eternity.

1758 年

893

人們經常看錯自己，卻很少忘記自己。

Men often mistake themselves, seldom forget themselves.

894

一個謀士勝過兩個勇夫。

One Nestor is worth two Ajaxes.

895

是鐵板就要保持穩定；是鐵錘就要全力敲擊。

When you're an Anvil, hold you still; When you're a Hammer, strike your Fill.

896

無賴之間相互背叛，一個不值得譴責，另一個也無須同情。

When Knaves betray each other, one can scarce be blamed, or the other pitied.

897

小偷小摸慣了的人，碰到大牛時也會順手牽走。

He that carries a small Crime easily, will carry it on when it comes to be Ox.

898

湯姆·克倫普很快樂，因為他看不見自己的駝背。

Happy Tom Crump, ne'er sees his own Hump.

899

笨蛋最需要忠告，但忠告只對聰明人有效。

Fools need Advice most, but wise Men only are the better for it.

900

沉默不一定是智慧的象徵，但喋喋不休必然是愚蠢的表現。

Silence is not always a Sign of Wisdom, but Babbling is ever a Mark of Folly.

901

謙遜背後往往隱藏著優秀品德。

Great Modesty often hides great Merit.

902

你可以拖延，但時間永遠不會。

You may delay, but Time will not.

903

美德或許不能讓人貌美，但惡習必然使人醜陋。

Virtue may not always make a Face handsome, but Vice will certainly make it ugly.

904

浪費時間的人，不僅生活貧困，而且內心貧瘠。

Prodigality of Time, produces Poverty of Mind as well as of Estate.

905

知足是點金石，凡觸及之物都變成金子。

Content is the Philosopher's Stone, that turns all it touches into Gold.

906

知足的人，擁有的已足夠；抱怨的人，往往擁有太多。

He that's content, hath enough; He that complains, has too much.

907

驕傲乘車疾馳，羞恥緊隨其後。

Pride gets into the Coach, and Shame mounts behind.

908

關於公共事務的第一大錯誤，就是盲目參與。

The first Mistake in public Business, is the going into it.

909

一半的真理往往是彌天大謊。

Half the Truth is often a great Lie.

910

通向信仰之路的方法，是閉上理性之眼。只有熄滅蠟燭時，晨光才更清晰明亮。

The Way to see by Faith, is to shut the Eye of Reason; The Morning Daylight appears plainer when you put out your Candle.

911

吃得太多會使頭腦遲鈍，靈感女神在餐廳裡總是餓著肚子。

A full Belly makes a dull Brain; The Muses starve in a Cook's Shop.

912

節約而擁有，勝過揮霍後渴求。

Spare and have is better than spend and crave.

913

善意如同微風，凡吹拂的地方都開出了花。

Good-Will, like the Wind, floweth where it listeth.

914

蜂蜜雖甜，但蜜蜂帶刺。

The Honey is sweet, but the Bee has a Sting.

915

在墮落的時代，要想讓世界井然有序，就會產生混亂，還是各人管好各自的事吧。

In a corrupt Age, the putting the World in order would breed Confusion; then e'en mind your own Business.

916

服務大眾的同時,又想合所有人的心意,這是不可能的。

To serve the Public faithfully, and at the same time please it entirely, is impracticable.

917

傲慢的現代人看不起古代人,這就像教授反被學童嘲笑。

Proud Modern Learning despises the antient: School-men are now laught at by School-boys.

918

懶惰者是魔鬼的侍從,他們衣衫襤褸,飢餓與疾病是他們僅有的報酬。

The idle Man is the Devil's Hireling; whose Livery is Rags, whose Diet and Wages are Famine and Diseases.

919

不要搶劫上帝和窮人,以免自取滅亡。老鷹從聖壇上奪取一塊煤,沒想到引火燒了自己的巢。

Rob not God, nor the Poor, lest thou ruin thyself; the Eagle snatcht a Coal from the Altar, but it fired her Nest.

超譯富蘭克林的《窮理查年鑑》：

集幽默 × 智慧 × 生活哲學於一體，將經典格言轉化為人生真理

作　　　者：	[美]班傑明‧富蘭克林（Benjamin Franklin）
編　　　譯：	伊莉莎
發　行　人：	黃振庭
出　版　者：	複刻文化事業有限公司
發　行　者：	複刻文化事業有限公司
E - m a i l：	sonbookservice@gmail.com
粉　絲　頁：	https://www.facebook.com/sonbookss/
網　　　址：	https://sonbook.net/
地　　　址：	台北市中正區重慶南路一段61號8樓 8F., No.61, Sec. 1, Chongqing S. Rd., Zhongzheng Dist., Taipei City 100, Taiwan
電　　　話：	(02)2370-3310
傳　　　真：	(02)2388-1990
印　　　刷：	京峯數位服務有限公司
律師顧問：	廣華律師事務所 張珮琦律師

國家圖書館出版品預行編目資料

超譯富蘭克林的《窮理查年鑑》：集幽默 × 智慧 × 生活哲學於一體，將經典格言轉化為人生真理 / [美]班傑明‧富蘭克林（Benjamin Franklin）著，伊莉莎 編譯. -- 第一版. -- 臺北市：複刻文化事業有限公司, 2024.10
面；　公分
POD版
ISBN 978-626-7514-98-6(平裝)
1.CST: 格言
192.8　　　　　　113014346

定　　　價：499元
發行日期：2024年10月第一版
◎本書以POD印製
Design Assets from Freepik.com

電子書購買

爽讀APP　　　臉書